算力

筑基数字化竞争力

王志勤◎主编

何宝宏 李 洁 郭 亮◎副主编

人民邮电出版社

北 京

图书在版编目（CIP）数据

算力：筑基数字化竞争力 / 王志勤主编. -- 北京：
人民邮电出版社，2024.1
ISBN 978-7-115-63462-7

Ⅰ. ①算… Ⅱ. ①王… Ⅲ. ①信息经济－基础设施建
设－研究－中国 Ⅳ. ①F492.3

中国国家版本馆CIP数据核字(2024)第000022号

内 容 提 要

　　算力已成为数字经济时代的关键生产力，是全社会数字化、智能化转型的重要基础。要紧紧围绕经济社会发展需求，统筹发展和安全，以智能化、绿色化、融合化为主攻方向，一体化推进基础设施建设、产业技术创新和深度融合应用，做强、做优、做大算力产业，为建设制造强国、网络强国、数字中国提供有力支撑。本书聚焦算力中心设施、服务器、网络、边缘计算、存储、安全和测试等多个领域，联合业界专家探索技术发展路径和推动成果落地，促进算力产业发展和行业数字化转型。本书关注算力中心领域热点话题，探讨数据处理器、边缘计算、第三方数据中心服务商、算力碳效、源网荷储、绿色设计、可持续发展、智能化运维和算力网络等方面的创新发展。本书适合各地政府、科研机构、算力产业的上下游企业的领导、专家参考阅读。

◆　　主　　编　王志勤
　　　　副主编　何宝宏　李　洁　郭　亮
　　　　责任编辑　赵　娟
　　　　责任印制　马振武
◆　人民邮电出版社出版发行　　北京市丰台区成寿寺路 11 号
　　邮编　100164　　电子邮件　315@ptpress.com.cn
　　网址　https://www.ptpress.com.cn
　　固安县铭成印刷有限公司印刷
◆　开本：720×960　1/16
　　印张：16.75　　　　　　　　　2024 年 1 月第 1 版
　　字数：288 千字　　　　　　　2024 年 1 月河北第 1 次印刷

定价：89.90 元

读者服务热线：(010) 81055493　印装质量热线：(010) 81055316
反盗版热线：(010) 81055315
广告经营许可证：京东市监广登字 20170147 号

编 委 会

主 编

王志勤　　正高级工程师，中国信息通信研究院副院长

副主编

何宝宏　　正高级工程师，中国信息通信研究院云大所所长
李　洁　　正高级工程师，中国信息通信研究院云大所副所长
郭　亮　　正高级工程师，中国信息通信研究院云大所总工程师

编 委

王少鹏　　中国信息通信研究院云大所数据中心部副主任
谢丽娜　　中国信息通信研究院云大所数据中心部副主任
王　月　　中国信息通信研究院云大所数据中心部副主任
吴美希　　中国信息通信研究院云大所数据中心部副主任
李宁东　　中国信息通信研究院云大所数据中心部
常金凤　　中国信息通信研究院云大所数据中心部
许可欣　　中国信息通信研究院云大所数据中心部
张一星　　中国信息通信研究院云大所数据中心部
邱　奔　　中国信息通信研究院云大所数据中心部
孙　聪　　中国信息通信研究院云大所数据中心部
于美泽　　中国信息通信研究院云大所数据中心部
阮　迪　　中国信息通信研究院云大所数据中心部
邢玉萍　　中国信息通信研究院云大所数据中心部
温小振　　中国信息通信研究院云大所数据中心部

前　言

近年来，我国算力产业规模快速提升，在算力、存力和运力等方面均取得显著进展。在算力方面，截至 2023 年 6 月底，全国在用数据中心标准机架超过 760 万架，算力总规模达到 197EFLOPS，其中智能算力占比提高到 25.4%。在存力方面，我国存力总规模超过 1080EB，年增速达到 25%。在运力方面，我国已建成世界上最大的信息通信网络，光纤里程、5G 基站数稳步增长，算力设施内、算力设施间、用户入算等网络技术创新加快，有力支撑"东数西算"工程等应用场景。

本书的创作团队始终立足技术创新，推动算力变革，聚焦算力中心设施、服务器、网络、边缘计算、存储、安全和测试等多个领域，联合业界专家探索技术发展路径和推动成果落地，促进算力产业发展和行业数字化转型。本书关注算力中心领域热点话题，探讨数据处理器、边缘计算、算力碳效、源网荷储、数据中心绿色设计、数据中心可持续发展、数据中心智能化运维、第三方数据中心服务商和算力网络发展评估体系等方面的创新发展，展现行业前沿技术，希望读者能有所收获。

王志勤

2023 年 10 月 9 日

目　录

第一章
概述

当前，5G、云计算、人工智能等新一代信息技术与传统产业加速融合，数字经济蓬勃发展。数据中心作为各个行业信息系统运行的物理载体，已成为经济社会运行不可或缺的关键基础设施，在数字经济发展中扮演着至关重要的角色。围绕数据中心芯片、运维、绿色低碳、产业总体等方面的研究正如火如荼地进行着。

1.1 数据处理单元技术备受关注

在数字经济时代，数据中心是支撑发展的关键基础设施，"网络＋计算"是推动数据中心规模建设和应用赋能的引擎。数据处理单元（Data Processing Unit，DPU）作为应对数据流量指数级增长而带来性能问题的关键技术，将部分计算任务从中央处理器（Central Processing Unit，CPU）转移至 DPU，进而释放 CPU 的资源，以进一步提升整体计算效率。在政策方面，全国一体化大数据中心、新型数据中心等政策文件的出台，以及"东数西算"工程的实施，指引 DPU 产业高质量发展。在技术方面，DPU 架构不断演进成为迈向"联接 + 计算"的关键技术，且软件、硬件技术协同发展，全方位生态能力不断实现。在产业方面，网络、计算、存储、安全等多样化的场景需求快速涌现，为 DPU 产业发展提供了有效的市场牵引，推动我国 DPU 产业高质量发展。未来，DPU 技术将不断迭代创新、应用场景趋于多元，以更好地满足行业用户的需求。

本书第二章从产业政策、产业规模、赋能实体经济 3 个方面，详细阐述了算力，分析了数字基础设施发展的需求。同时，综合考虑 DPU 技术及产业等发展要素，重点梳理了 DPU 技术热点及核心价值，从远程直接存储器访问（Remote Direct Memory Access，RDMA）高速网络、数据面转发、网络可编程、开放网络及 DPU 软件生态等方面分析了 DPU 发展的关键技术，并从政策驱动、技术创新、应用场景等方面展望了 DPU 的未来发展方向。

1.2 边缘计算产业前景广阔

在数字化浪潮的带动下，AI、5G、物联网等技术应用潜力迸发，产业化市场服务纵深发展，带来了信息流量和计算要求的巨大变化。边缘计算通过就近提供计算、存储、传输等关键能力，加速赋能经济社会的转型升级。我国不断加大对边缘计算的政策支持力度，《"十四五"国家信息化规划》指出，构建具备周边环境感应能力和反馈回应能力的边缘计算节点，提供低时延、高可靠、强安全的边缘计算服务。《"十四五"数字经济发展规划》指出，加强面向特定场景的边缘计算能力，强化算力统筹和智能调度，我国边缘计算产业迎来了重大的发展机遇。

为推动边缘计算产业高质量发展，落实国家政策文件，汇聚"产、学、研、用"

各方力量，推进边缘计算产业标准制定、技术突破和生态建设。本书第三章通过"政策—产业—市场—技术"全方位、多角度的研究方式，以边缘计算的基本特性、历史发展阶段、技术架构为出发点，分析产业基本情况、国家政策、现有标准、市场情况、技术趋势和产业生态，绘制产业图谱，总结应用案例，最后提出发展建议，多维度、立体化地描绘我国边缘计算产业生态建设情况，助力边缘计算行业的健康有序发展。

1.3　服务器低碳发展

在数据中心中，服务器是最主要的业务耗能设备之一。在应对气候变化和践行"双碳"目标的大背景下，构建数据中心服务器碳效模型、降低其能耗及碳排放对于数据中心实现绿色发展和落实"双碳"目标具有重大意义。本书梳理了全球主要国家的"碳中和"目标及数据中心降碳政策，分析了数据中心和服务器产业头部企业的降碳路径，总结了服务器及芯片产业的节能降碳热点技术。

同时，本书第四章首次定义了服务器算力碳效的概念，并构建了碳效模型，根据测试结果可得出：随着服务器性能的提升，碳排放总量呈上升趋势，但性能提升的速度超过碳排放增加的速度，单位算力的相对碳排放在降低；不同的产品技术，碳效存在一定差异，性能与碳排放呈现的特点不同，在服务器使用周期为 5 年的情况下，单位性能得分的碳排放量在 20 ~ 60kg。相关数据和结论将为数据中心根据业务需求选择性能与碳效最佳的服务器、降低数据中心整体碳排放量提供参考。

1.4　"源网荷储"一体化提供能源利用新思路

在"双碳"目标的背景下，能源生产、消费和利用呈现新的发展趋势，电力行业迎来新一轮的重大变革。随着新能源的快速发展，具有绿色低碳、灵活柔性、数字智能等特征的新型电力系统是实现可再生能源充分利用、低碳能源发展目标的重要支撑。

2022年2月，国家发展和改革委员会、国家能源局发布《关于完善能源绿色低碳转型体制机制和政策措施的意见》，提出加强新型电力系统顶层设计，鼓励各类企业等主体积极参与新型电力系统建设，开展相关技术试点和区域示范。2022年3月，国家能源局等部委联合发布《"十四五"现代能源体系规划》，提出要全力推动电力系统向适应大规模、高比例的新能源方向演进，统筹高比例新能源发展和电网安全稳定运行。2022年5月，《关于促进新时代新能源高质量发展的实施方案》提出全面提升新型电力系统调节能力和灵活性，支持和指导电网企业积极接入和消纳新能源。

本书第五章介绍了通过新型电力系统构建"源网荷储"新生态，加快建设适应新能源快速发展的新型电力系统市场机制和政策体系。通过先进的信息和控制技术，进一步加强电源侧、电网侧、负荷侧、储能侧的多向互动，有效解决清洁能源的消纳问题，提高电力系统的综合效率。

1.5　数据中心越发重视绿色设计

绿色设计对于从源头上构建数据中心绿色产业生态，引导数据中心产业绿色发展方向具有重大意义。本书梳理了全球及我国数据中心机架规模和电能利用效率（Power Usage Effectiveness，PUE）水平，从国家和地方层面分析了数据中心绿色节能政策和已发布的数据中心能效标准，分析了数据中心绿色发展面临的诸多挑战。

本书第六章详细阐述了数据中心绿色设计的理念和基本要素，总结了数据中心IT设备、供电系统、制冷系统、监控系统的绿色设计先进技术和方案，并给出了数据中心绿色设计优秀案例。相关技术和方案将为数据中心在建设、运行和改造的全生命周期采用绿色设计提供参考，促进数据中心产业整体朝绿色低碳高质量的方向发展。

1.6 可持续发展能力研究

在一体化大数据中心与新型数据中心蓬勃发展的背景下，健全数据中心可持续发展标准体系，是适应"东数西算"工程和新型数据中心系统建设、运营管理和业务发展等新要求的关键支撑和重要举措，为各级政府和相关企业增强数据中心可持续发展能力提供了标准支撑和技术指引。

为规范数据中心信息与通信技术（Information and Communication Technology，ICT）设备及相关产品可持续能力建设，本书第七章以稳定供应为核心，以连续技术为基础，以先进技术为导向，依托《数据中心可持续发展能力提升指南》进行深入研究。主要规定了数据中心（含设备）可持续发展的能力要求，涉及设备及基础软件能力和数据中心能力，在设备及基础软件方面，从主要部件及元器件、整机和基础软件，确定服务器、存储设备、网络设备和基础软件等数据中心相关设备的可持续发展能力，并将ICT硬件设备的可持续发展能力划分为3个级别。在数据中心可持续发展能力方面，根据设备和基础软件的可持续发展综合能力，确定单体数据中心的可持续发展等级，并在此基础上进一步确定数据中心集群的可持续发展能力水平。

1.7 智能化运维快速发展

新型数据中心是支撑5G、云计算、人工智能等新一代信息技术发展的算力载体，是推动经济社会数字转型、智能升级和融合创新的关键基础设施。随着以高技术、高算力、高能效、高安全为代表的"四高"成为产业发展新目标，智能化作为新型数据中心"高技术"的重要体现，已经成为新型数据中心的重要发展趋势。

为切实引导新型数据中心加快向"高技术"发展，本书第八章聚焦新型数据中心智能化运维的基础研究：分阶段回顾了我国数据中心运维发展历程，对智能化运维的基本概念、发展历程等进行分析，深化产业认识，激发发展共识；首次提出智能化运维发展的三大目标和理念，体现出产业界发展理念与体系的创新升级；总结分析智能化运维的发展核心——设施、平台、体系和服务的发展态势，明晰智能化运维对产业界的价值。

1.8 第三方数据中心服务商表现亮眼

近年来，我国高度重视数据中心产业的发展，政策引导力度逐渐加大。2022 年 2 月，国家发展和改革委员会联合四部委正式批复同意在京津冀、长三角、粤港澳大湾区、成渝、内蒙古、贵州、甘肃、宁夏 8 地启动建设国家算力枢纽节点，并规划了 10 个国家数据中心集群。

为响应"东数西算"政策，第三方数据中心服务商灵活转变发展思路，调整业务布局，扎根西部地区的算力服务市场，同时积极拓展东南亚等海外市场。本书通过对第三方数据中心服务商的多方调研，梳理第三方数据中心服务商的建设规模和经营情况，总结第三方数据中心服务商发展的新定位，记录 2022 年第三方数据中心服务商在国内外市场建设运营的大事件，以及运维发展过程中的技术亮点。

本书第九章从总体规模、能力建设、财务状况和绿色低碳 4 个维度，全面客观地对全国第三方数据中心服务商进行科学评价。依据第三方数据中心服务商发展指标体系指数得分情况以及调研其发展能力、特征及市场地位，将第三方数据中心服务商分别划分为数据中心发展实力超群的强势领先企业、厚积薄发的后起之秀企业及跨界踏入数据中心行业领域的转型新星企业，通过描绘全景图谱助力第三方数据中心行业研究，以期引领数据中心市场朝着更健康、更有序的方向发展。

1.9 算力网络发展是大势所趋

随着各类业务和应用的创新与发展，其产生的数据传输、存储与计算需求呈指数级增长。为顺应信息技术发展趋势和基础设施功能演进需求，寻求新技术的支撑，探索算力网络发展是大势所趋。

当前，我国加速算力网络总体布局，推动八大全国一体化算力网络枢纽节点建设，启动"东数西算"工程，致力于构建数据中心、云计算、大数据一体化的新型算力网络体系。尽管我国已经取得一定的先发优势，但仍面临算力布局供需失衡、算力需求有待激发、创新研发基础薄弱、算网产业融合不深、算力标识和度量不统一等发展难题。要逐步增强算力资源感知和算力任务调度能力，打造集感知设施、网络设施、算力设施、数据设施、新技术设施于一体的新型信息基础设施体系，推动算力网络由概念走向落地应用，仍需产业界不懈努力。

为衡量算力网络的发展程度，指引算力网络规划和设计，引导算力网络运营和服务，本书第十章针对我国算力网络三大发展阶段开展研究，从算力、网络、调度控制、融合服务、安全可控和低碳节能等维度构建全面的评估体系，衡量算力网络各阶段发展水平，以期推动全国算力网络高效协同发展，激发算力产业无限活力。

第二章
DPU 技术

2.1 算力成为新型生产力

2.1.1 算力产业政策关注高

在数字时代，算力正在成为一种新型生产力，广泛融合企业的生产经营活动，推动数字经济向前发展。算力基础设施是实现算力供给的载体，是衡量国家信息化发展程度的重要标志。美国、欧洲及日本等国家和地区不断强化政策引领，推动算力基础设施建设。美国于 2015 年启动了"国家战略计算计划"，该计划的主要目标是在 2025 年以前，建造世界上速度最快的高性能计算机。2019 年 11 月，美国白宫科学技术政策办公室对这一计划进行了更新，发布了《国家战略性计算计划（更新版）：引领未来计算》，与 2016 年版本相比，2019 年版本不仅关注技术突破，同时更加侧重于构建算力生态，包括开拓数字世界与非数字世界间的新领域，推进计算基础设施和生态系统发展，以及建立并扩大合作伙伴关系等。英国政府借鉴美国的经验和做法，积极鼓励发展数据中心业务，多家大型互联网企业纷纷在英国建设数据中心。2020 年，欧盟对"欧洲高性能计算共同计划"进行了升级，重点发展下一代超级计算，强化欧洲数字主权。日本具有发达的半导体产业基础，但日本能源、资源匮乏，亟须强化数字技术应用，提升生产力。2022 年，日本发布《2022 年先进数字技术制度政策动向调查报告》，该报告对日本、欧洲、美国及中国政府数字技术制度和政策动向进行了全面调查解析，以此推动日本人工智能、物联网、区块链及量子计算机的发展。

我国政府高度重视算力基础设施发展，将数据中心列入新基建范畴，并强化政策引领，加快基础设施建设。 中国共产党第十九次全国代表大会上的报告进一步提出"推动互联网、大数据、人工智能和实体经济深度融合，在中高端消费、创新引领、绿色低碳、共享经济、现代供应链、人力资本服务等领域培育新增长点、形成新动能"。2020 年 4 月 20 日，国家发展和改革委员会对"新基建"概念作出正式解释，细化新一代信息技术引领的新基建的具体内容。在新基建的重点方向中，信息领域基础设施建设是基础，将为各行业数字化转型和智能化升级提供重要保障。

2.1.2 产业规模迅速增长

随着我国数字化转型加速，算力应用需求将进一步增长，我国算力产业规模仍将持续扩大。 算力产业成为国家数字化竞争领域中的关键领域，算力产业的发展不仅能够带动信息通信相关的技术创新，提升国家的科技创新能力，也能够为各行业提供算力服务，进而赋能各个行业数字化转型。同时，我国算力需求多元化趋势逐步显现，石油勘探、疫苗研发、航空航天等场景对超算需求的提升，推动了我国超算建设的发展。在通用算力和智能算力方面，随着"东数西算"工程的实施，八大算力枢纽节点均在强化数据中心算力基础设施和网络基础设施建设。

2.1.3　全面赋能实体经济

算力是激活数据要素潜能、驱动经济社会数字化转型、推动数字中国建设的新引擎，也是新型生产力，对实体经济的影响日益深化。 数据要素价值的发挥依赖于算力，在缺乏算力支撑的情况下，数据将成为"无源之水"，无法得到有效使用，各类数字化应用场景也无法构建。算力对数据处理、存储及传输能力的实现主要依赖于各类信息通信技术，涵盖软件和硬件。

随着新一代信息技术的快速发展，用户对数字化应用场景需求愈发强烈，企业也在积极利用上述信息技术优化业务过程、开展数据处理，推动"上云用数赋智"，显著提升生产经营效率。 在我国现有行业中，互联网企业、电信运营商、金融机构、政府等面向终端用户提供服务，需快速响应用户需求，数字化程度较高。在互联网企业中，阿里巴巴、百度、腾讯、京东等在电子商务、搜索、社交等领域发力，其主要通过自建或租用数据中心等形式承载各类互联网应用，满足用户需求。在金融机构中，中国工商银行、中国农业银行、中国建设银行、交通银行及中国银行，以及股份制商业银行等不断加强数据中心建设，且大多已经形成"两地三中心"的数据中心灾备布局架构。受原材料上涨、用户需求升级等因素的影响，能源、工业、农业等传统行业企业，例如，国家电网、国家电力投资集团、中国石油、中国石化等也在积极开展算力基础设施建设，不断深入推动数字化转型。

2.2　数字基础设施发展综述

2.2.1　数字基础设施发展进入以算力为中心的时代

与用户算力需求升级相适应的，数字基础设施形态和服务能力也经历了不同的发展阶段，形态更加丰富多样，服务能力不断优化升级。早期，用户需求主要以 Web 浏览、语音等应用为主，对算力资源需求较少，在 IT 机房中部署少量服务器即可满足需求，这一时期的算力基础设施主要以小规模机房为载体。随着虚拟化技术的发展，IT资源供给更加灵活。与此同时，软件开发能力创新迭代，通信带宽不断提升，电子商务、交易系统和电子游戏等应用加速涌现，算力需求快速增加，进而需要更多的服务器提供支持。在上述情况下，机房内服务器规模进一步扩大，形成初具规模的数据中心。数据中心内服务器数量增加，一些服务器堆积密度更大的数据中心对电能持续供应能力的要求提升。同时，热能的增加也对制冷提出了更高的要求。因此，数据中心制冷、供配电设施建设也得到了同步发展。随着多样化算力需求的不断演进，以及信息通信技术的持续迭代，数据中心形态更加丰富，逐步演变出云计算中心、智算中心和超算中心等不同的形态。

云计算数据中心通过虚拟化技术提升资源利用率，为互联网场景提供通用算力服务。 云计算数据中心是一种基于云计算架构的，计算、存储及网络资源松耦合，完全虚拟化各种IT设备，模块化程度较高、自动化程度较高，具备较高绿色节能程度的数据中心。云计算数据中心对计算、存储、网络资源池化能力要求较高，需要通过OpenStack或自主研发的云资源管理平台对资源进行精细化管理，为用户提供更加弹性可靠、敏捷高效的云计算服务。云计算数据中心可承载电子商务、在线办公、视频、企业管理平台、在线交易、即时通信等常规性的业务应用。算力关系示意如图2-1所示。

资料来源：中国信息通信研究院

图2-1　算力关系示意

高适配、强算力的人工智能计算中心是保障人工智能产业发展的重要平台。 当前，人工智能产业化正进入快速发展阶段，无人驾驶、机器人、刷脸支付等人工智能产品和应用加速落地，人工智能领域正从极具想象力的商业概念成为具有超强发展前景的商业赛道。传统人工智能技术无法满足大模型、多模态等技术的发展，因此，强大算力集群的智能计算中心成为突破人工智能发展瓶颈的重要基础保障。当前，上海、南京、武汉、杭州、广州等多地正在加速布局人工智能计算中心。2021年，武汉正式投入运营人工智能计算中心，该人工智能计算中心具备100P级算力规模，支持人工智能重大应用的模型训练及推理，其围绕数字设计、智能制造、自动驾驶和基因测序等应用场景，可广泛服务于智慧城市、智慧医疗和智慧交通等多个领域。

受国内外竞争场景的加速驱动，高性能计算领域取得长足发展。 20 世纪 90 年代以来，国内外在高性能计算机研制方面不断发展，有力地推动了高性能计算的发展。美国提出"国家战略计算计划"，促进了多个政府部门协同发展高性能计算产业。欧盟也计划 2030 年在"欧洲高性能计算共同计划"的基础上，建立多台高性能计算设备。在欧盟的主要支持下，依托巴塞罗那超算建立欧洲开放计算机系统体系实验室，为高性能计算的研发提供重要技术基础。我国也紧跟国际脚步，加速研发计算技术。2021 年 3 月，我国"十四五"规划中明确提出，要"加快构建全国一体化大数据中心体系，强化算力统筹智能调度，建设若干国家枢纽节点和大数据中心集群，建设 E 级和 10E 级超级计算中心"。

2.2.2　算力基础设施从云网协同走向算网一体

数据中心建设是"东数西算"工程实施最重要的组成之一，计算、存储、网络是数据中心的三大核心功能。 "东数西算"工程的实施需依托八大枢纽节点，同时还需要结合算力网络的相关技术。以算网融合为基础，通过算力调度构建全国一体化算力网络，成为推动全国算力资源优化配置的关键。

以算网融合目标为驱动，构建弹性开放、高效协同的计算基础设施成为产业融合发展的重要共识。 当前，我国算网融合发展尚处于起步阶段，算网融合技术、运营机制及监管体制仍有待完善。对于以电信运营商为核心的通信行业，网络云化不断深入，正在从"云网融合"走向"算网融合"，并以 5G 和算力网络为抓手，面向算力和连接进行优化，积极布局提供算力服务的新一代网络基础设施。在以云计算服务商、云计算数据中心和超算为代表的算力行业，长久以来，网络被视为全局化算力调度的"发展盲区"，网络资源与计算资源的隔离阻挠了全局化算力调度，形成碎片化的"算力孤岛"。因此，面向智能化场景的算力需求，打造以算网融合为核心的计算基础设施，是下个阶段我国算网设施发展的重要方向之一。

2.2.3 "联接 + 计算"构建下一代新型算力的基础

在数字经济时代,数据中心作为数字化发展的关键基础设施处于高速发展阶段,"网络 + 计算"已成为推动数据中心规模扩张的双引擎。为适应当前数据中心的加速变革,不断提升交换芯片在内的网络能力。数据中心业务多样化导致内部流量爆发性增长,造成网络拥塞、时延等问题,已成为影响产业发展的重要因素。终端用户与服务之间的瓶颈已经从原来端云之间逐渐转移到云内,内部大量的流量负载很难控制得当,当越来越多的流量混跑在一起时,传统的以 CPU 为中心的计算机体系结构已经无法支撑。而因流量冲突和拥塞导致的 CPU 等待时间较长的问题,已经成为限制整个数据中心算力释放的巨大瓶颈。

以"联接 + 计算"为中心的架构能够通过提升网络能力,对数据做转换、传输、延伸和分发,在端到端的网络上控制时延,降低大规模流量的时延,满足业务的服务质量(Quality of Service,QoS),使 CPU、GPU、存储和加速器等可以在不同的位置或物理机上,通过数据中心网络分发和调度数据,实现各资源互相协同工作,提升运行的效率。

2.3 DPU 成为迈向"联接 + 计算"的关键一步

2.3.1 DPU 的技术发展综述

1. 标准网络接口卡

传统的标准网络接口卡(Network Interface Card,NIC)是将计算机接入局域网的设备,其插在计算机主板的总线插槽中,负责将用户要传递的数据转换为网络设备能够识别的格式,主要通过网络介质传输。标准网络接口卡如图 2-2 所示。

简而言之,标准 NIC 没有任何面向应用的加速功能,只是承担了将主机接入网络的工作,操作系统收到数据包后由主机 CPU 承担所有数据报文处理的工作。显而易见，随着网络带宽的快速增长，以及基础设施数据处理功能越来越复杂，消耗主机的 CPU 资源和性能也越来越多。

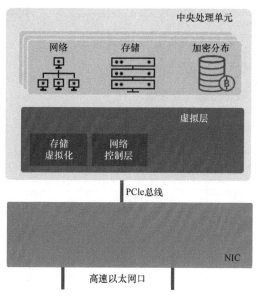

资料来源：中国信息通信研究院

图 2-2　标准网络接口卡

2. 智能网卡和DPU

随着信息通信技术的加速发展，全球数据流量呈现爆发式增长，在云计算、数据中心、智算中心等基础设施快速扩容的背景下，计算需求急速扩张。例如，随着媒体对更高分辨率的需求，物联网设备的快速增加，大数据和人工智能计算量的迅速增长，推动数据中心在数量和规模上不断增长。同时，随着 5G 的发展，计算和网络均产生对物联网和边缘计算的新需求，计算被推向了边缘位置。智能 NIC 和 DPU 如图 2-3 所示。

相较于标准 NIC，最初具备加速和卸载功能的 NIC 被称为智能 NIC，当 DPU 的概念出现后，智能 NIC 和 DPU 的概念则缺乏一个清晰的定义。在从智能 NIC 到 DPU 的发展过程中，NVIDIA 收购 Mellanox 后将 BlueField 系列 NIC 升级为 DPU，而把主要针对数据平面实现加速和卸载功能的 CX 系列称为

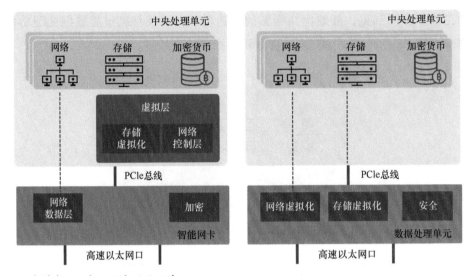

资料来源：中国信息通信研究院

图 2-3　智能 NIC 和 DPU

智能 NIC。目前市场主流的智能 NIC 和 DPU 的定义也沿用了这一说法。在硬件架构层面，BlueField 系列 NIC 相较于 CX 系列 NIC，主要增加了多核的 ARM 通用 CPU，用于满足控制平面的卸载，以实现 DPU 的基础设施服务的全卸载和宿主机业务物理上的安全隔离。但无论是智能网卡还是 DPU，最核心的功能包括 RDMA 融合以太网（RDMA over Converged Ethernet，RoCE）、传输控制协议（Transmission Control Protocol，TCP）、NVMe-oF、互联网络层安全协议（Internet Protocol Security，IPSec）、传输层安全协议（Transport Layer Security，TLS）、深度包检测（Deep Packet inspection，DPI）、开放虚拟交换机（Open Virtual Switch，OVS）、存储网络 I/O 虚拟化等，都是落在数据平面的加速和卸载单元的实现上。以 DPU 为中心的基础架构如图 2-4 所示。

　　我们将智能 NIC 和 DPU 都称为广义上的 DPU，以异构高能效方式实现的数据平面加速和卸载单元是 DPU 区别于 CPU 通用算力的关键。只有 PPA[1]远高于通用 CPU 技术的数据处理单元，才能担负起将"以计算为中心"的数

1．PPA（Performance Power Area，性能、功率、面积）。

据处理逻辑改变为"以数据为中心"的重任，而采用通用 CPU 架构实现数据平面加速的DPU，是向 DPU 最终形态演进的过渡形态。

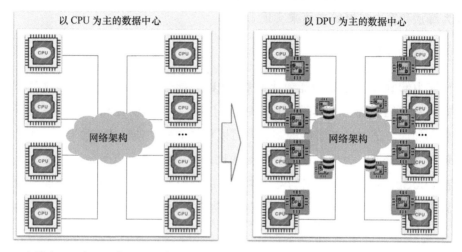

资料来源：中国信息通信研究院

图 2-4 以 DPU 为中心的基础架构

广义上的DPU 是基于异构领域专用架构（Domain Specific Architecture，DSA），采用软件定义技术路线，支撑基础设施资源层虚拟化，具备提升计算系统效率、降低整体系统的总拥有成本（Total Cost of Ownership，TCO）能力，为大带宽、低时延和数据密集的计算场景提供计算引擎的专用处理器。

2.3.2 DPU 的核心技术价值

后摩尔时代，算力的持续提升成为数据中心高质量发展的重要保障。全球数字经济建设加速推进，以互联网、大数据、人工智能、云原生等为代表的新一代信息技术创新加速迭代，"数据要素"已成为数据经济发展的重要引擎。IDC 数据显示，全球数据量在过去 10 年的年复合增长率接近50%，对算力的需求每 4 个月就会翻倍。与此同时，随着数据中心规模加速扩张，数据中心网络的带宽不断提高，交换芯片单芯片的吞吐容量急速提升，数据处理需求不断增长，导致 CPU 收发数据调度负担加大，运行高负载持续。随着摩尔定律放缓，CPU 算力的提升节奏已无法应对计算的爆炸式需求引发的海量数据存储难、数据验证效率低和网络安全无保障等系列问题。

DPU作为继CPU、GPU之后的又一类芯片，其核心价值需算力卸载、算力释放和算力扩展等方面来实现。

1. 算力卸载

算力卸载即以更高的能效比卸载CPU的部分算力。DPU作为数字基础设施的重要组成部分，其基本功能包括网络、存储、安全和管理控制功能的卸载和加速。通过这些功能的卸载，可以释放对应功能原本在主机CPU上所消耗的算力资源。另外，通过更高能效比的DPU，也可以有效降低能耗。尤其在100Gbit/s或更高带宽的网络中，采用主机CPU来支持通信处理已经越来越困难，通过DPU实现基础设施能力势在必行。通过卸载释放算力演示如图2-5所示。

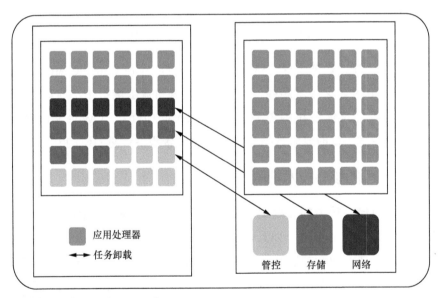

资料来源：中国信息通信研究院

图2-5　通过卸载释放算力演示

从性能角度来讲，DPU除了以更高的能效比卸载CPU的算力，更重要的是可以大幅提升业务性能，达到CPU较难达到的性能效果。根据业界实际的部署经验，在某些场景下，DPU可以带来10倍以上的应用性能提升。

随着数据安全需求的激增，DPU基于独立、安全的基础设施服务，将安全隐私提升到新高度。在万物互联时代，数据的战略重要性与日俱增，数据已逐渐成为业界发展的重要战略资产，数据安全成为业界重点关注的问题。在网络环境下，数据加密是保障数据安全的必要途径，加密、解密算法将会消耗大量的CPU算力，无法满足海量数据的传输，而DPU可以作为新的数据网关，将加密、解密算法固化在DPU中，将数据安全提升到新高度。同时，DPU独立于主机CPU算力单元，提供网络及数据中心基础设施服务功能，能够为外部网络和业务租户之间提供额外的安全层，满足用户数据安全和物理隔离需求。

2. 算力释放

算力释放即不需要CPU介入多次访问内存和外设，避免不必要的数据搬运、复制和上下文的切换，直接在NIC硬件上对数据完成处理并交付给最终消费数据的应用。传统以CPU为中心的计算机体系结构在处理数据的过程中需要多次在内核和应用之间复制和访问数据，并伴随对性能影响很大的上下文切换，这会带来极大的性能损耗，甚至引发I/O Hung等异常故障。以数据为中心的DPU架构则可以有效改善CPU过度参与数据处理的问题，在数据处理过程中不需要CPU参与，直接将数据送达应用、相关的GPU或者存储设备，能够有效避免性能瓶颈和因CPU负载过大而引发的异常。

以RDMA技术为例，RDMA允许用户态的应用程序直接读取和写入远程内存，不需要CPU介入多次复制内存，并可绕过内核直接向NIC写数据，实现了高吞吐量、超低时延和低CPU开销的效果。

在存储领域，存储网络一直在追求大带宽、高吞吐量以充分发挥存储盘和CPU的效率，随着更高速率的固态硬盘（Solid State Disk，SSD）的规模应用，特别是近年来高速低时延的NVMe技术的出现，存储需要更高速、更高效的网络。RDMA技术时延更低和吞吐量更高，Ethernet技术有远超FC的更大带宽和更低成本，这两个因素使RDMA和Ethernet技术的结合即RoCE成为存储网络技术的新趋势。

DPU 架构和技术使服务器上运行的业务应用和操作系统内核，用简单的本地存储访问 API，就能实现对分布式、超融合或软件定义存储系统的高效透明访问。存储厂商可以把为各行业应用开发的直连式存储（Direct Attached Storage，DAS）、纵向扩展（Scale-up）、横向扩展（Scale-out）、超融合架构（Hyperconverged）等存储解决方案，零开销地推广到各个应用领域的现有业务处理平台和数据中心基础架构中，而所有的安全加密、数据压缩、负载均衡等复杂且必需的功能则完全由 DPU 透明卸载。存储行业的革新算法和实践，可以在 DPU 架构中独立于服务器操作系统进行部署。DPU 技术帮助存储厂商实现真正的"算存分离"，完全发挥自家产品的技术优势，打通最高效服务应用需求的通路。

3. 算力扩展

算力扩展即通过有效避免拥塞消除跨节点的网络通信瓶颈，显著降低分布式应用任务周期中的通信耗时占比，在大规模的集群维度提升计算集群的整体算力。为了提升算力，业界在多条路径上持续演进。随着摩尔定律的放缓，通用 CPU 已很难继续通过提升单核单线程的性能和扩展片内多核的方式来大幅提升算力。单核芯片的工艺提升至 3nm 后，发展放缓；通过叠加多核提升算力，随着核数的增加，单位算力功耗也会显著增长，当 128 核增至 256 核时，总算力水平无法线性提升。在计算单元的工艺演进已经逼近基线，每 18 个月翻一番的摩尔定律即将失效的情况下，为了满足大算力需求，通过分布式系统，扩大计算集群规模、提升网络带宽和降低网络时延成为提升数据中心集群算力的主要手段。

随着计算机视觉、自然语言处理、自动驾驶等场景人工智能应用的落地和快速增长，应用对海量算力的需求以指数级增长，这对基础设施提出了大规模、分布式和高性能的挑战。计算网络，典型代表为高性能计算（High Performance Computing，HPC）等高性能业务，低时延是其极致的追求。但随着 RoCE 技术的深入发展，Ethernet 在计算网络中的应用也逐渐普遍。RDMA 技术通过消除多 GPU 跨节点通信的网络瓶颈，显著降低了训练任务整个周期中的通信耗时占比，提高了 GPU 集群计算资源的利用率和训练效率，也为集群横向扩展到更大规模时的线性加速比提供了保证。

异构算力互联即为 GPU、现场可编程门阵列（Field Proglammable Gate Array，FPGA）、专用集成电路（Application Specific Integrated Circuit，ASIC）或其他加速卡与 CPU 之间的数据连接。在 CPU 与加速卡之间，以及加速卡与加速卡之间形成的芯片互联技术被更多地采用，虽然 PCIe 有着通用的标准化设计，但带宽有限将会产生瓶颈。以 CXL 和 Gen-Z 为代表的下一代互联技术取得快速发展，DPU 作为各种高速互联协议融合的沙盒，最适合成为灵活的高速互联载体，通过采用和扩展"以内存为中心"的互联协议，将带来在单个机箱外部扩展亚微秒级时延技术的机会，为下一代计算架构的创新创造更多的可能性。

2.3.3　DPU 发展的黄金时代来临

从历史发展的进程来看，自 18 世纪以来，人类社会先后经历了四次工业革命，从"蒸汽时代""电气时代"逐步过渡到"信息时代"和"智能时代"。当前，正处于数字技术引领创新与革命的历史进程中，以信息技术为基础，以云计算、大数据、人工智能、物联网为代表的新一代数字技术加速迭代，"数字化、网络化和智能化"的第四次工业革命正在逐步变革。DPU 凭借高技术、高智能和高性能的优势在第四次工业革命中占据重要的地位。

DPU 将成为下一代芯片技术的竞争高地。作为数据中心继 CPU 和 GPU 之后的"第三颗主力芯片"，DPU 的演进也经历了从众核 CPU/NP、FPGA+CPU 到 ASIC+CPU 的多个发展阶段或者技术演进。

基于 CPU/NP、FPGA+CPU 的硬件架构分别具备软件可编程和硬件可编程的灵活优势，在 DPU 发展的初期尤其受到互联网云厂商自研方案的青睐，在快速迭代和灵活定制方面有比较明显的收益。然而，随着网络带宽的快速增长，网络接入带宽迅速从 10Gbit/s、25Gbit/s 演进到 100Gbit/s、200Gbit/s 后，基于 CPU/NP 和 FPGA+CPU 这类硬件架构的 DPU 除在性能上难以为继，在成本和功耗上则有更大的挑战。基于 ASIC+CPU 的硬件架构则是结合了 ASIC 和 CPU 二者的优势，即将通用处理器的可编程灵活性与专用的加速引擎相结合，正在成为最新的产品趋势。业界头部厂商 NVIDIA、Intel 和 AMD

（收购 Pensando）的 DPU 架构都采用了这种架构路线。为了使基于 ASIC 硬件架构的专用加速引擎具备一定的灵活性，支持基于 P4 的可编程能力也成为一个新的技术方向。

从 DPU 芯片的实现角度来看，以 ASIC+CPU 的硬件架构为例，CPU 的研发更多是以系统级芯片的方式集成第三方成熟的 CPU 多核 IP，不同 DPU 厂商的核心竞争壁垒在于专用加速引擎的硬件。由于 DPU 是数据中心中所有服务器的流量入口，并以处理报文的方式处理数据，在网络芯片领域积累更多的厂商将更有优势。

DPU 将成为下一个市场产业的代表。 随着新兴领域的逐步渗透，DPU 凭借"垂直深耕、水平扩展"的技术优势，已伸延到数据中心、云计算、高性能计算、高性能存储和人工智能等多个应用领域，DPU 市场规模加速提升。例如，数据中心领域的云厂商、电信运营商，以及人工智能领域的医疗健康、工业互联网等多家单位已逐步使用 DPU 智能网卡设备。未来，DPU 将持续延伸至其他应用领域，扩展市场规模，保持高速增长态势。

DPU 以数据为中心作为计算架构的核心承载，其产业赋能价值逐步凸显。 在国际，世界主要国家均在积极引导 DPU 产业发展，DPU 行业市场规模日益扩展，投资并购活跃，竞争日益激烈。在国内，在"数字化转型"及"东数西算"等国家层面政策的引导下，充分调动国家资源和社会资源，集中力量推动数字化转型的进程，为我国 DPU 发展提供了重要指导，我国 DPU 产业发展步入新阶段，市场规模稳步提升，低碳高质、协同发展的格局正在逐步形成。

伴随信息化建设与应用的深入，DPU 产业在电信、互联网、智能驾驶、AI 服务器及其他行业应用需求不断增长。在电信领域， 电信运营商均积极布局，推动产品验证，并提出与产业链上的厂商推动 DPU 产业发展的合作意愿。**在互联网领域，** 随着云计算、云原生等业务场景的发展需求，DPU 作为数据中心演进的焦点，受到各大云厂商的广泛关注。头部厂商纷纷投入资源尝试自研，降本增效，实现效益的最大化。**在智能驾驶领域，** 国内外芯片厂商加速布局智能驾驶，不断提升研发效率，为 DPU 的市场发展奠定基础。**针对 AI 服务器及其他领域，** 在数字经济和"东数西算"等政策的影响下，我国 AI 服务器、金融、终端政企及其他领域持续高速发展，对算力的需求不断增长，传统的技术已无法满足当前业务的发展需求，DPU 能够提供成熟的硬件加速方案，提升整个系统的效率，为 AI 服务器、金融及其他领域的发展提供技术支撑，全面推进 DPU 产业未来的发展进程。

2.4 推动 DPU 发展的关键技术及因素

2.4.1 RDMA 高速网络技术

1. RDMA的技术背景

传统 TCP/IP 栈在处理报文转发的过程中，从用户态到内核协议栈再经过网卡转发出去的这个过程中，要触发多次 CPU 的上下文切换，发生多次的内存复制。由于多次数据复制，转发时延一直较高。随着网络带宽的提升，传统内核处理报文的方式已经无法满足更大带宽、更低时延的业务需求。传统 TCP/IP 栈应用到应用的访问流程如图 2-6 所示。

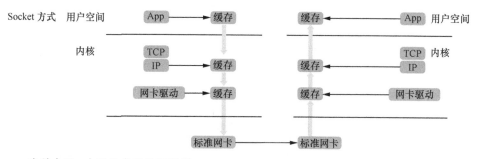

资料来源：中国信息通信研究院

图 2-6　传统 TCP/IP 栈应用到应用的访问流程

RDMA 是一种远程直接内存访问技术，它将数据直接从一台计算机的内存传输到另一台计算机的内存，数据从一端主机的内存通过直接存储器访问（Direct Memory Access，DMA）方式从网卡转发出去，到另一端通过网卡 DMA 直接写入另一端主机的内存，整个数据传输过程不需要操作系统及 CPU

参与，这种 CPU/ 内核协议栈的 bypass 技术通过硬件网卡实现，可以满足未来网络对大带宽、低时延的需求，并进一步释放 CPU 的计算资源。

RDMA 技术具有以下特点。

CPU 卸载。用户态应用程序通过调用 IB verbs 接口直接访问远程主机的内存，可以对远程内存执行读取、写入和原子操作等多种操作，而且不需要两端主机 CPU 参与。

内核旁路。RDMA 采用基于 verbs 的编程方式，不同于 Socket 编程方式，需要用户态与内核态的切换，应用程序可以直接在用户态调用 RDMA 的 verbs 接口，消除上下文切换带来的额外开销，并实现了内核系统旁路。

零复制。本端应用程序内存数据通过网卡 DMA 直接发送到远端网卡，远端网卡通过 DMA 方式直接写入对端内存，整个过程中消除了传统 TCP/IP 传输方式的多次内存复制的过程，实现内存零复制，进一步降低了整个网络的时延。

RDMA 协议栈应用到应用的访问流程如图 2-7 所示。

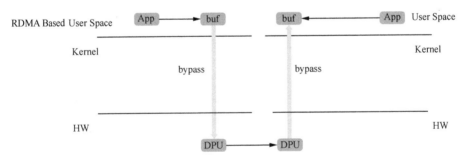

资料来源：中国信息通信研究院

图 2-7 RDMA 协议栈应用到应用的访问流程

为了达到 RDMA 在高性能和低时延上的技术优势，RDMA 有较高的技术门槛，需要端到端的拥塞控制来避免拥塞和降低网络时延。实现端到端的高性能 RDMA 网络需要考虑以下内容。

网络收敛比。设计数据中心网络架构时，从成本和收益两个方面来考虑，多数会采取非对称带宽设计，即上下行链路带宽不一致，交换机的收敛比简单说就是总的输入带宽除以总的输出带宽。

ECMP 哈希均衡。当前数据中心网络多采用 Fabric 架构，并采用 ECMP

来构建多条等价负载均衡的链路，通过设置扰动因子，采用 HASH 选择一条链路来转发是简单的方式，但这个过程没有考虑所选链路本身是否有拥塞。ECMP 并没有拥塞感知机制，只是将流分散到不同的链路上进行转发，对于已经产生拥塞的链路来说，很可能加剧链路的拥塞。

Incast 流量模型。Incast 是多打一的通信模式，在数据中心云化的大趋势下，这种通信模式常常发生，尤其是那些以 Scale-Out 方式实现的分布式存储和计算应用，包括电子制动（Electronic Brakes Systems, EBS）云存储、AI 集群、高性能数据库、Hadoop、MapReduce、分布式文件系统等。

无损网络交换机的流量控制、QoS 和拥塞控制机制，以及相应的水线设置能够让 RDMA 得到规模部署，且广泛应用的就需要 RDMA 的拥塞控制算法支撑。在 Fabric 网络复杂、多路径的场景下，伴随着多打一、突发等情况的出现，拥塞控制算法让 RDMA 的高性能得以充分展现，为 RDMA 的高性能保驾护航。

端到端拥塞控制算法的基本原理是依托拥塞节点交换机对出向报文的 ECN 标记，目的端通过 ECN 标记处理反馈 CNP 使源端调节速率，从而解决拥塞的问题。DCQCN 拥塞控制算法如图 2-8 所示。

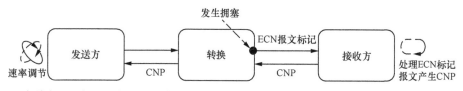

资料来源：中国信息通信研究院

图 2-8　DCQCN 拥塞控制算法

随着 RDMA 技术的普及，不同的云厂商用户结合不同的业务场景和网络环境提出了多种拥塞控制算法，代表性算法有被业界大规模验证过的 DCQCN 算法，阿里巴巴提出的 HPCC 算法，以及谷歌提出的 TIMELY 和 Swift 算法等。不同的用户或者业务场景对拥塞控制算法的需求不同。因此，DPU 芯片需要支持多种拥塞控制算法，或者能够一步到位地支持拥塞控制算法的可编程能力。

最后，除了满足网卡和交换机紧密配合的要求，以及解决转发面无损网络的需求，还要端到端提供精细化运维的能力，以帮助用户实现大规模部署高性能 RDMA 网络的目标。

2. RDMA应用价值

RDMA 对比传统 TCP 传输方式在提升吞吐量、降低 CPU 占用率和降低时延方面均有明显的优势。后摩尔时期，尤其是在网络进入 100Gbit/s 甚至 200Gbit/s 以上的带宽情况下，传统 TCP 栈内核转发完全无法满足性能要求，随着网络技术的演进，高吞吐量、低时延的 RDMA 技术将承担基础的网络传输功能，进一步提升数据中心的整体算力。TCP 传输方式与 RDMA 传输方式在吞吐量及 CPU 利用率的对比分析如图 2-9 所示。

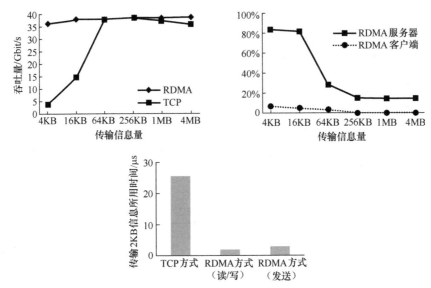

资料来源：Congestion Control for Large-Scale RDMA Deployments

图 2-9　TCP 传输方式与 RDMA 传输方式在吞吐量及 CPU 利用率的对比分析

随着大数据计算、AI、机器学习等数据模型不断扩大，CPU+GPU 的异构计算模型已经成为高性能计算领域中的主流计算架构。而高吞吐量、低时延是高性能计算场景中最迫切的应用需求。GPU Direct RDMA 是 RDMA 在异构计算场景中的应用延伸，使 GPU 之间的通信不再依赖 CPU 转发，从而进一步提升高性能计算场景中的整体算力。GDR without 与 GDR 性能对比如图 2-10 所示。

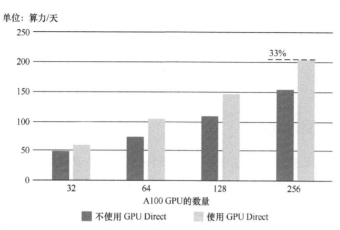

单位：算力/天

资料来源：Mellanox GDR 性能测试报告

图 2-10　GDR without 与 GDR 性能对比

NVMe 作为存储的主流协议，凭借其高 IOPS[1]、低时延、节能和驱动适应性广等特点在存储领域得到了广泛应用，而在 NVMe 协议架构中已结合 RDMA 技术实现远程存储。二者都有着高吞吐量、低时延的技术特性，通过 NVMe over RDMA 技术实现高性能存储网络，从而满足多种应用的需求。NVMe-oF RDMA 与 Kernel 性能测试对比如图 2-11 所示。

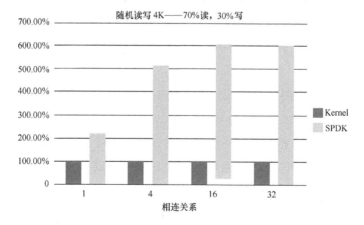

资料来源：SPDK NVMe-oF RDMA Performance Report Release 19.10

图 2-11　NVMe-oF RDMA 与 Kernel 性能测试对比

1．IOPS（Input/Output Operations Per Second，每秒进行读写操作的次数）。

RDMA 凭借其高吞吐量、低时延、CPU 旁路、适应性广和技术成熟等特点，已经成为数据中心基础服务的一个重要组成部分，承载着多种不同的业务类型，并且随着网络技术及应用的发展，RDMA 的应用将进一步扩大。

2.4.2　数据面转发技术

随着网络流量的指数增长，基于硬件数据面转发技术越来越受到关注，在传统交换机和路由器上已经成熟应用的数据面转发技术也被应用到 DPU 领域。在数据面硬件转发技术中，基本的硬件处理架构有两种：基于 NP 的实时时钟（Real Time Clock，RTC）转发架构和 Pipeline 转发架构。

1. 基于NP的RTC转发架构

通用 RTC 处理器转发模型，报文进入后，经过调度分发器后，被分配到一个报文处理引擎上处理。RTC 是一种非抢占机制，当报文进入该处理引擎后，根据转发需求进行处理，直到处理结束后退出。

在 RTC 转发架构中，每个处理器上都是标准的冯·诺依曼架构，包括程序计数器（Program Counter，PC）、指令存储器、译码器、寄存器堆和逻辑运算单元。通常，报文处理流程通过 C 语言或微码编程后，会被编译成一系列的指令执行。由于转发需求和报文长度不同，每个报文在处理器内部的处理时间差异很大。

在 RTC 转发架构中，指令处理过程通过采用多线程来提高报文的处理性能，原因如下。

取址方式。报文根据起始 PC 读取指令，在指令执行结果中获取下一条需要执行指令的 PC 信息。当遇到上下文切换指令时，受带宽限制，当多线程中的报文同时访问指令存储器时产生读写冲突，从存储器中读取指令，到指令信息返回，时延受到影响。

查表内存访问冲突。对于 RTC 转发架构，在转发流程中，多核处理器之间动态共享存储器资源，通过 crossbar 访问表项存储器时，会导致表项读取产生冲突。

2. Pipeline转发架构

在 Pipeline 转发架构中，整个处理流程被拆分成多个不同的处理阶段，对应到不同的步骤，每一级转发处理可以做成专用的硬件处理单元。当第一个报文执行完第一个步骤并进入第二个步骤时，第二个报文才可以进入流水线中的第一个步骤进行处理。Pipeline 转发架构下的处理流程如图2-12所示。

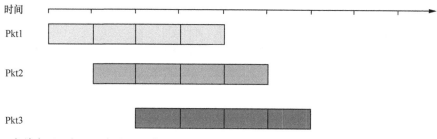

资料来源：中国信息通信研究院

图 2-12　Pipeline 转发架构下的处理流程

根据业务需求，将转发流程拆分成多个处理步骤，每个步骤中只执行特定的逻辑处理，主要应用在数据中心交换机上，例如 Broadcom TD 系列。固化 Pipeline 转发流程如图 2-13 所示。

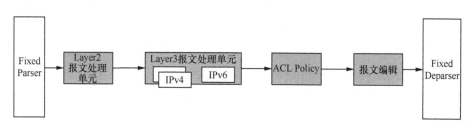

资料来源：中国信息通信研究院

图 2-13　固化 Pipeline 转发流程

Match-Action Pipeline 架构是一种业界常用的 Pipeline 转发架构，与固化 Pipeline 转发架构相比，每个步骤中可根据业务生成灵活的查表信息，根据查表结果，对报文进行相应的逻辑处理。Match-Action Pipeline 转发架构如图 2-14 所示。

在性能上，固化 Pipeline 转发架构近乎定制化 ASIC，与可编程 Pipeline

转发架构相比，吞吐量更高，时延更低，逻辑处理单元复杂度更低。但固化 Pipeline 转发架构不支持可编程和添加新业务。而可编程 MA 架构可以保留一部分灵活可扩展性，在资源允许的情况下，支持新业务拓展。

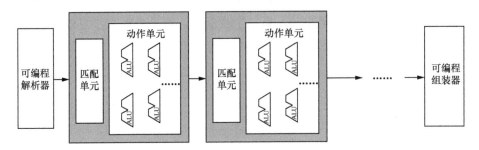

资料来源：中国信息通信研究院

图 2-14 Match-Action Pipeline 转发架构

3. Pipeline和RTC

Pipeline 和 RTC 作为两个主流转发架构，RTC 转发架构在转发业务中表现出丰富的灵活性，但随着网络流量的不断增加，Pipeline 转发架构表现出相对优势，具体如下。

在性能方面，在相同处理性能下，RTC 转发架构中通常采用多核多线程来提高转发性能，由于多线程面积占比较高（每个线程独立维护相应的寄存器信息），报文进入处理器的调度和多核报文调度转发逻辑资源面积较大，导致芯片面积和功耗通常为 Pipeline 转发架构的数倍。由于多核处理器访问内存，带宽压力较大。为提高转发性能，内存会被复制多份，降低内存访问冲突，导致内存占用率很高。

在时延方面，在 Pipeline 转发架构下，不同步骤中的存储器资源进行静态分配，报文在转发过程中执行的指令信息提前预知。与 RTC 架构相比，Pipeline 转发架构能够大幅降低因读写/查表冲突导致的时延，达到 RTC 架构时延的数十分之一。

从功耗、性能、面积的角度考虑，DPU 跟随网络流量需求变化（业务需求不断丰富、网络时延敏感和功耗要求更低），可编程 Pipeline 的硬件架构更符合 DPU 加速硬件报文转发的发展方向。

2.4.3　网络可编程技术

在以算力为中心的时代，网络边缘设备已经从柜顶交换机延展到 DPU，DPU 已经成为数据中心内部网络连接计算、存储的新接入节点，面对不断变化的网络业务需求和自定义网络扩展能力的需要，支持网络可编程技术成为 DPU 应用于新一代数字基础设施的关键技术因素。

DPU 上网络可编程技术主要包括控制平面网络可编程技术和数据平面网络可编程技术：控制平面网络可编程技术主要应用于 DPU 内部的通用系统级芯片上；数据平面网络可编程技术则主要应用在硬件加速器部分。DPU 控制平面如图 2-15 所示。

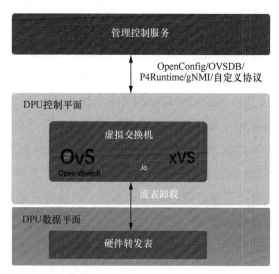

资料来源：中国信息通信研究院

图 2-15　DPU 控制平面

DPU 的数据平面主机侧连接了多种类型的虚拟化设备，网络侧连接多元化的网络业务，除了需要考虑网络协议的发展和演进，还需要兼顾用户自定义网络扩展协议的需求。所以，数据平面支持网络可编程技术已经成为 DPU 的基础能力。

目前，DPU 数据平面网络可编程技术主要包括基于快速流表和基于 P4 流水线两种常见技术。

基于快速流表的 DPU 数据平面网络可编程技术。需要结合 DPU 控制平面上虚拟交换机以软硬协同工作，软硬件耦合较紧密，通常是由软件虚拟交换机来适配 DPU 硬件数据平面来实现的。上述方式是当前市场上 DPU 的主流数据平面网络可编程技术，优点是可以利用原有软件虚拟交换机业务处理能力建立 DPU 硬件数据平面的快速流表，对硬件技术要求相对较低；缺点是 DPU 控制平面软件参与网络首包的数据转发流程，DPU 上系统级芯片要求较高，同时软硬件耦合较严重，需要软件适配工作。

基于 P4 流水线的 DPU 数据平面网络可编程技术。借鉴了白盒交换机上网络可编程技术的最佳实践和发展趋势，以及 Barefoot Tofino 系列可编程芯片和思科 Silicon One 可编程芯片在 P4 领域的成功经验，基于 P4 的协议无关的网络可编程技术，渐渐成为 DPU 上网络可编程技术的发展方向。国内外 DPU 厂商在产品 Roadmap 里均将 P4 网络可编程能力作为 DPU 的重点功能来支持，其中以 Pensando 的 DSC 加速卡和 Intel 的 Mount Evans IPU 为代表，这两个产品也推动着 P4 PNA（Portable NIC Architecture）标准的发展。DPU 硬件数据平面支持基于 P4 流水线的网络可编程技术的优点在于通过 P4 语言可以同时定义了管理控制消息语义和硬件数据平面的业务处理流水线，使 DPU 控制平面上只需要实现管理控制消息转换配置下发给 DPU 硬件数据平面，进而降低对 DPU 上系统级芯片的要求；不足之处在于当前 DPU 上 P4 语言标准对于用户可编程的支持还有待完善，但在厂商可编程、拓展用户场景和延长产品生命周期上已经具备了很高的价值。目前，在 DPU 上具备成熟的 P4 网络可编程技术的厂商还是比较有限的。为了促进 P4 网络可编程技术的发展，开放数据中心委员会（Open Data Center Committee，ODCC）持续开展相关研究，已经发布了《P4 敏捷可编程转发设计白皮书》《P4 超融合网关技术白皮书》等成果。

另外，除了快速流表和 P4 流水线这两种主要的数据平面网络可编程技术，还有基于 eBPF 和 C 语言的网络可编程技术，但基于硬件卸载的应用并不广泛。

2.4.4 开放网络及 DPU 软件生态

因为 DPU 芯片的发展还处于早期阶段，所以 DPU 的软件生态也处于萌芽状态。目前，市场上主流的开放网络及 DPU 软件生态主要有 Linux 基金会宣布的开放可编程基础设施（Open Programmable Infrastructure，OPI）项目、由 Intel 驱动主导的基础设施程序员开发工具包（Infrastructure Programmer Development Kit，IPDK）框架、NVIDIA DPU 的芯片架构上的数据中心基础架构开发平台（Data Center Infrastructure-on-a-Chip Architecture，DOCA）、ODCC 开展的无损网络项目等。

DPU 作为数据中心基础设施的重要芯片，拥有一个社区驱动的、基于标准的开放生态系统，以开放的形式定义 DPU 标准可编程基础设施生态，对 DPU 的长期发展是至关重要的。

一个富有生命力的 DPU 的软件生态需要具备条件提供一个基于开放社区的 DPU 软件堆栈以及用户驱动，且与供应商无关的软件框架和架构。支持既有的 DPU 开源应用程序生态系统，包括 DPDK、OVS、SPDK 等已经在用户侧有广泛应用的开源应用软件。定义 DPU/ 基础设施处理器（Infrastructure Processing Unit，IPU）开放可编程基础设施的 API，用于 DPU/IPU 生态系统相关组件元素进行交互，包括硬件、软件应用程序、主机节点及配置、编排和运维等相关接口，实现裸金属、IaaS 虚拟机和容器化平台的统一管理调度功能。定义统一的目标抽象硬件接口，通过这个接口驱动不同的目标硬件，使上层软件能够做到与底层硬件目标解耦，还支持数据平面的 P4 可编程的编译环境和软件部署模式。开放可编程基础设施如图 2-16 所示。

基于以上标准，我们对现有的 DPU 软件生态进行比较，SONiC 是由用户驱动的开放网络平台项目。 SONiC 是微软于 2016 年发起的，其所有软件功能模块都来自开源生态。端网融合的开放网络基础设施软件生态——SONiC 如图 2-17 所示。SONiC 通过将交换机抽象接口（Switch Abstraction Interface，SAI）作为统一的硬件管理接口，由各厂商在 SAI 之下实现对应硬件驱动。通过这样的方式屏蔽不同厂商硬件之间的驱动差异，SONiC 软件可以运行在各种硬件设备中，形成白盒交换机统一的软件生态。

在 P4 可编程和 DPU 的支持方面，SONiC 先通过 PINS（P4 Integrated Network Stack）版本在 SDN 白盒交换机中落地了最佳实践，得到了产业界的广泛支持；之后又推出了 SONiC DASH（Disaggregated API for SONiC Hosts）版本，将 SONiC 在软件定义网络（Software Defined Network，SDN）交换机市场的最佳实践引入主机侧，实现了主机端与网络白盒交换机统一的开放网络生态，为 DPU 顺利加入数字基础设施的 SDN 域打下了基础。

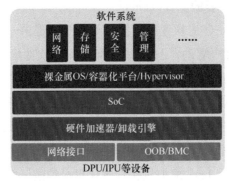

资料来源：中国信息通信研究院

图 2-16　开放可编程基础设施

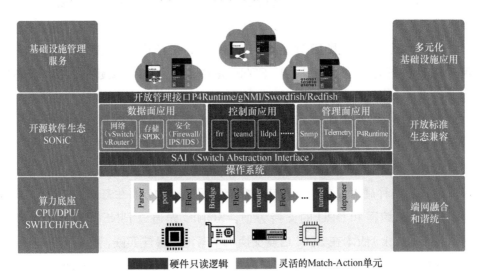

资料来源：中国信息通信研究院

图 2-17　端网融合的开放网络基础设施软件生态——SONiC

在 DPU 软件生态层面，DPU 还是以网络为基础，通过网络业务模式创新和硬件加速技术，构建和拓展存储和安全业务，进而提升计算业务的效能，实现数字基础设施变革。我们期待业界能够基于现有的开放网络软件生态继续支持 DPU 的发展，而不是各家 DPU 厂商各立门户，人为增加使用 DPU 软件的门槛。以 SONiC 为例，如果能在用户的 DPU 软件生态中得到普及，将会构建出端网融合的统一网络基础设施开放平台，这无疑会进一步在更高的维度打开端网协同创新的想象空间。

2.5 发展展望

数据中心作为承载各类数字技术应用的物理底座，其产业赋能价值正在逐步凸显。 从政策维度来看，国务院及有关政府部门先后颁布了一系列支持政策，加大了研发投资的力度，加快 IT 等核心技术研发，为 DPU 行业的发展提供了政策保障。2020 年 4 月 3 日，科学技术部表示加大研发先进计算、核心软件、宽带通信和人工智能等前沿技术，支撑国家新型基础设施建设。2021 年 5 月 24 日，国家发展和改革委员会、中央网络安全和信息化委员会办公室、工业和信息化部、国家能源局发布关于印发《全国一体化大数据中心协同创新体系算力枢纽实施方案》的通知，在国家枢纽节点重点任务部分指出，加大服务器芯片、操作系统、数据库、中间件、分布式计算与存储、数据流通模型等软硬件产品的规模化应用，支持和推广大数据基础架构、分布式数据操作系统、大数据分析等方面的平台级原创技术。2021 年 7 月，工业和信息化部发布《新型数据中心发展三年行动计划（2021—2023 年）》，明确提出"推动 CPU、GPU 等异构算力提升，逐步提高自主研发算力的部署比例""加强专用服务器等核心技术研发""树立基于 5G 和工业互联网等重点应用场景的边缘数据中心应用标杆"等内容，为 DPU 等新型算力芯片的发展提供了政策支撑。从市场助力维度来看，我国数据中心领域市场规模高速增长，DPU 作为数据中心的核心引擎，应用势能加速提升，以应用为驱动，激发企业与国外厂商的竞争意识，促进 DPU 产业的高质量发展。

随着新一代信息技术的不断发展，DPU 正逐渐突破传统技术模式的桎梏，技术发展和服务应用维度逐渐迈向创新驱动，技术创新将持续活跃。 从技术架构维度来看，DPU 以数据为中心的计算架构改变了传统"垂直延伸"的形式，通过"水平扩展"的方式覆盖更多的创新技术。可编程平台、通用的软件生态等新技术开始应用于 DPU 技术创新，以技术促进 DPU 产业变革的趋势不断增强。从应用服务维度来看，随着新兴技术的加速发展，以及应用场景的丰富多元，DPU 技术创新不断提升，DPU 与网络、安全、存储、虚拟化等基础技术的连接日益紧密，同时，智能芯片、高性能计算、高性能存储、智能运维等技术的应用，有效地提升了 DPU 的服务能力。

近年来，数字化转型的范围不断扩大，中国市场巨大的 DPU 需求潜力逐步释放。 在全产业数字化转型趋势之下，DPU 覆盖领域从数据中心逐步向智能驾驶、网络安全、网络存储、云计算、高性能计算、人工智能、边缘计算、数据存储及流媒体等多领域渗透，应用方向比传统的智能网卡更丰富。在"东数西算"背景下，数据中心的算力资源配置优化，而 DPU 通过对网络、存储和算力等资源的有效调度，可提升计算效率，能够较好地满足算力资源优化的需求。

第三章
边缘计算

3.1 产业概述

3.1.1 边缘计算定义与特点

1. 边缘计算的定义

边缘计算是一种将主要处理和数据存储放在网络的边缘节点的分布式计算。从特点来说，边缘计算的应用程序是在数据源头边缘侧发起的，减少了数据在网络上转移的过程，因此其产生的网络服务会更快，在一些行业中的实时业务、应用智能、安全与隐私保护等方面的应用表现优异。

2. 边缘计算的特点

相较于云计算，边缘计算在计算架构、功能特点、时延、通信网络等方面存在较大差异。云计算与边缘计算特点对比见表 3-1。

表 3-1　云计算与边缘计算特点对比

项目	云计算	边缘计算
计算架构	集中式计算	分布式计算
计算资源位置	远离相关设备	靠近应用场景设备或网关
功能特点	所有的数据分析和控制逻辑功能	收集数据、执行指令和部分分析功能
时延	时延相对较高	时延相对较低
目标应用	一般互联网应用	物联网或移动应用
通信网络	广域网	无线局域网，4G/5G 等
提供的服务类型	基于全局信息的服务	基于本地信息的服务

3.1.2　边缘计算发展历程

边缘计算发展历程分为 3 个阶段：原始技术积累时期（2015 年之前）、快速发展时期（2015—2017 年）和稳健发展时期（2018 年及之后）。

1. 原始技术积累时期

随着万物互联时代的到来，边缘数据呈现爆炸式增长。为了解决数据传输、计算和存储过程中的负载和带宽问题，研究人员开始探讨在靠近数据生产者的边缘提高数据处理能力，即万物互联服务功能的上行。其中，具有代表性的包括具有移动性、融合性和分布性特点的移动边缘计算，以及具有低时延、地理分布广泛、移动性高特点的雾计算。具有代表性的技术积累包括：1998 年 Akamai 公司提出的内容分发网络（Content Delivery Network，CDN）技术、2009 年 Satyanarayanan 等人提出的 Cloudlet 的概念等。

2. 快速发展时期

2015—2017 年，边缘计算产业规模迅速增长，因其满足万物互联需求，引起了国内外学术界和产业界的关注。其中，具有代表性的发展技术有远程直接内存访问和数据平面开发套件技术。边缘计算产业在国外的政策、学术研究和产业组织层面均有政府、科研机构及企业的跟进。

（1）国外

在政策方面，1950 年由美国国会成立的美国国家科学基金会（National Science Foundation，NSF）政策引导效果较为明显。2016 年 5 月，美国 NSF 将边缘计算列为计算机系统研究突出领域；8 月，美国 NSF 和英特尔讨论无线边缘网络上的信息中心网络；10 月，美国 NSF 举办边缘计算挑战研讨会，探讨未来发展目标、挑战及各方协同应对策略。

在学术方面，2016 年 5 月，美国韦恩州立大学给出了边缘计算的正式定义，并发表了论文《边缘计算：愿景与挑战》（*Edge Computing: Vision and Challenges*），指出了边缘计算所面临的挑战。同年 10 月，ACM 和 IEEE 开始联合举办边缘计算顶级会议（ACM/IEEE Symposium on Edge Computing，SEC）。自此，ICDCS、INFOCOM、Middleware 等会议也开始增加边缘计算议题。

在产业方面，2015 年 9 月，欧洲电信标准化协会（European Telecommunications Standards Institute，ETSI）发布移动边缘计算白皮书，并在 2017 年 3 月将移动边缘计算工作组更名为多接入边缘计算工作组。2015 年 11 月，思科、ARM、戴尔、英特尔、微软和普林斯顿大学共同成立 OpenFog 联盟，2018 年 12 月并入工业互联网联盟。

（2）国内

2016 年 2 月 1 日，在工业和信息化部的指导下，由工业、信息通信业、互联网等领域的百余家单位共同发起成立工业互联网产业联盟，致力于通过工业互联网与多种新技术的结合，有效提升产业发展质量，其技术方向之一为边缘计算。

2016 年 9 月 27 日，由中国自动化学会、ABB（中国）有限公司、和利时科技集团、三菱电机自动化（中国）有限公司、北京康拓科技有限公司、菲尼克斯（中国）投资有限公司、希望森兰科技股份有限公司共同发起的"智能制造推进合作创新联盟"成立仪式在浙江宁波 2016 国家智能制造论坛上举行，并与宁波（江北）高新产业园合作签约，致力于通过响应国家政策利用基于"端—边—云—网—智"技术架构的"技术 + 服务 + 解决方案"，提升企业智能制造水平。

2016 年 11 月，华为、中国科学院沈阳自动化研究所、中国信息通信研究院、英特尔、ARM 等在北京成立边缘计算产业联盟，推动各方资源合作。

2017 年 5 月，首届中国边缘计算技术研讨会在安徽合肥举行，同年 8 月中国自动化学会边缘计算专委会成立，得到专业学会的认可和推动，其中包括自动化应用领域，边缘计算与自动化装置、自动化应用（历史数据、基于状态的监控、预测维护、资产管理和故障分析等）结合，提升了产业发展质量。

3. 稳健发展时期

2018 年，边缘计算逐渐被大众熟知。在这一阶段，边缘计算的参与者迅速扩大，参与者几乎涵盖了计算机行业的各个方面，主要包括传统云计算厂商、传统国内电信运营商、CDN 厂商、芯片 / 设备制造商和科研机构五大角色。

其中，传统云计算厂商包括微软、AWS、谷歌、百度、腾讯和阿里巴巴等互联网公司；传统国内电信运营商包括中国移动、中国电信、中国联通等；CDN 厂商包括以阿里云、腾讯云、又拍云为代表的云 CDN 提供商，以云帆为代表的创新型 CDN 提供商，传统的专业 CDN 提供商主要包括蓝汛通讯、网宿科技和帝联科技等；芯片 / 设备制造商包括台积电、三星、联华电子、格芯、英特尔、高通、美光科技、博通、英伟达、中芯国际、北方华创等；科研机构包括中国信息通信研究院、之江实验室、中国联通智网创新中心等。该时期主要以边缘技术与各领域应用结合为主，例如边缘计算与交通运输、工业物联网等。

2019 年 4 月，ODCC 设立边缘计算工作组，主要研究边缘计算相关内容，主要项目包括端边结合方案在教育行业的应用、基于边缘平台的虚拟网关、边缘云场景、需求与组网架构等。

3.1.3 边缘计算应用场景

1. 物联网

物联网（Internet of Things，IoT）连接众多设备，产生海量数据。借助边缘计算，在数据源头处理数据，实现快速响应。在电力物联网领域，电力设备状态监测至关重要，全面监测需要大量资源。设备状态信息由边缘节点汇聚、缓存、处理，报告异常，发送告警，可以提升实时监测性能，缓解网络压力，支持智能决策。结合 5G 和边缘计算技术，可以实现机器人智能远程巡检，毫秒级响应，及时发现、上传故障信息，协助处理，提高效率，增强安全性。

2. 智能计算

边缘计算和云计算技术在车联网中发挥着重要作用，使数据处理和信息交换更加迅速、准确。通过实现车辆与路侧单元数据交换，车联网借助高效信息交换、互动和先进计算能力，提升交通管理效率，为车辆提供交通管理、道路智能预测、多媒体服务访问和道路状况监测等服务。边缘计算与 5G 网络的融合，实现车联网在驾驶安全、道路运输效率和信息服务等领域的要求。

3. 虚拟现实和增强现实

虚拟现实（Virtual Reality，VR）和增强现实（Augmented Reality，AR）技术需要快速且低时延的数据处理，边缘计算为此提供了理想的技术支持。通过在边缘节点执行数据处理任务，边缘计算可以实时响应用户操作，为用户带来流畅、沉浸式的体验。在远程教育、游戏娱乐和工业设计等领域，边缘计算极大地提高了 VR 和 AR 应用的实时性与稳定性。

4. 零售和物流

在零售和物流领域，边缘计算能实时处理分析数据，提升业务效率。在零售行业中，边缘计算实时分析消费者购物数据，为商家提供定制化营销建议，增加销售收入。在智能仓库应用中，边缘计算对货物信息进行实时分析，优化存储和运输路径，降低运营开支。

3.1.4 我国边缘计算挑战

1. 从业务角度看，客户类型需要关注

企业客户更加关注边缘计算解决方案的可靠性、安全性、可扩展性及成本效益等。在为不同行业的企业提供边缘计算解决方案时，边缘计算解决方案提供商需要深入挖掘企业的核心诉求，对比多种解决方案的优劣，为企业提供提

高生产效率和竞争力的产品。其难点在于边缘计算解决方案提供商只有对行业有深入的了解，才能真正触达到企业的使用痛点，从而提供满足其需求的产品。

政府部门会更加关注边缘计算解决方案在社会效益、可持续发展及数据安全合规等方面的表现。其难点在于如何在满足公共服务管理需求的同时，提高社会管理和治理的水平。

2. 从产业规范看，技术标准仍未统一

不同供应商和平台间技术实现差异可能导致资源浪费和跨平台互通困难。边缘计算技术标准较为碎片化，尚未建立从基础设施、网络、数据处理、应用、安全、运维等方面的需求、架构及解决方案的完整标准体系。目前，国际标准化组织（例如 ETSI、ITU-T 等）已开展部分标准研制工作，需要针对国内市场情况加快推动相关标准国产化工作。

3. 从平台产品看，产业生态仍不完善

集成问题。技术和架构不统一导致平台间集成和互操作性复杂。解决兼容性问题需要耗费时间和资源，影响项目进度和投资回报。

通用方案缺失。市场解决方案过于专注特定领域，缺乏通用性。企业寻找多场景适用的统一架构面临挑战。

开源生态不成熟。开源生态助力技术创新和成本降低，但我国边缘计算开源生态尚不成熟，统一架构推广应用面临挑战。

3.2 中国边缘计算产业发展现状

3.2.1 边缘计算产业相关政策

1. 国家层面

我国不断重视边缘计算产业发展。我国全力推动云计算与边缘计算行业

壮大，近几年频繁出台政策，涉及投融资制度、税务、产业技术、收益分配、人才引进与培训、知识产权保护等诸多领域，为产业提供政策支持与扶持，创造了良好的发展氛围，推动边缘计算及其他相关产业整体快速成长。近年来国家层面边缘计算产业政策见表 3-2。

表 3-2   近年来国家层面边缘计算产业政策

发布时间	发布部门	政策名称	主要内容
2022.1	国务院	《"十四五"数字经济发展规划》	优化升级数字基础设施，推进云网协同和算网融合发展。加快构建算力、算法、数据、应用资源协同的全国一体化大数据中心体系。加快实施"东数西算"工程，推进云网协同发展，提升数据中心跨网络、跨地域数据交互能力，加强面向特定场景的边缘计算能力，强化算力统筹和智能调度
2021.12	中央网络安全和信息化委员会办公室	《"十四五"国家信息化规划》	构建具备周边环境感应能力和反馈回应能力的边缘计算节点，提供低时延、高可靠、强安全的边缘计算服务。加强国家超级计算设施体系统筹布局，探索大型机对外开放服务的市场化培育机制
2021.7	工业和信息化部	《新型数据中心发展三年行动计划（2021—2023 年）》	推动边缘数据中心互联组网。推动边缘数据中心间、边缘数据中心与新型数据中心集群间的组网互联，促进数据中心、云计算和网络协同发展。加速传统中心与网络、云计算融合发展，加快向新型数据中心演进，构建以新型数据中心为核心的智能算力生态系统

2. 地方政府层面

地方政府政策中不断提到边缘计算。边缘计算业务用户市场导向明显，各省（自治区、直辖市）间边缘计算的发展程度有所差异，经济较为繁荣的省（自治区、直辖市）在边缘计算领域起步更早、发展更快，有效推动了地区产业发展。近年来地方政府层面边缘计算产业政策见表 3-3。

表 3-3　近年来地方政府层面边缘计算产业政策

省（自治区、直辖市）	发布时间	政策名称	主要内容
北京	2021.5	《北京市数据中心统筹发展实施方案（2021—2023 年）》	鼓励发展商用型或混用型云数据中心，提升区域数据中心的整体计算能级和绿色水平。推进数据中心从"云＋端"集中式架构向"云＋边＋端"分布式架构演变
	2021.1	《北京市国民经济和社会发展第十四个五年规划和二〇三五年远景目标纲要》	加快北京张北云计算产业基地建设。支持大数据、人工智能、云计算、数字孪生和区块链等新一代数字应用和集成创新
	2020.6	《北京市加快新型基础设施建设行动方案（2020—2022 年）》	聚合"新网络、新要素、新生态、新平台、新应用、新安全"，实施 30 个重点任务，到 2022 年，北京市基本建成网络基础稳固、数据智能融合、产业生态完善、平台创新活跃、应用智慧丰富、安全可信可控具有国际领先水平的新型基础设施
广东	2021.4	《广东省人民政府关于加快数字化发展的意见》	在大数据、云计算、人工智能、区块链等新技术领域开展基础理论、核心算法及关键共性技术研究。积极推进高等级绿色云计算平台建设，开展边缘计算节点建设
	2020.12	《深圳市信息通信基础设施专项规划》	充分挖掘现状设施服务潜力，精准提升六大信息基础设施的建设质量，新增政务数据中心 20 座、新增通信机楼近 48 座（兼具数据中心功能）
	2020.10	《广东省发展软件与信息服务战略性支柱产业集群行动计划（2021—2025 年）》	加速工业软件关键技术研发和成果应用，鼓励传统工业软件向云化、数字化、智能化转变
	2020.7	《广州市加快推进数字新基建发展三年行动计划（2020—2022 年）》	推动中国电信粤港澳大湾区 5G 云计算中心建设，积极配合广东省改造扩容广州至各数据中心集聚区的直达通信链路建设。充分利用移动互联网、5G、云计算、物联网、人工智能等新一代技术，提升社区基础设施集约化和智能化水平，实现绿色生态社区建设
上海	2021.1	《上海市国民经济和社会发展第十四个五年规划和二〇三五年远景目标纲要》	加强金融科技研发应用，加快推动以大数据、人工智能、区块链、云计算、5G 等为代表的金融科技核心技术研发攻关。大力发展数字贸易，聚焦云服务、数字内容、数字服务、跨境电子商务等重点领域，做强要素流动、数字监管、总部集聚功能。引导中小企业"上云用数赋智"，共享产能、技术、数据、人才、市场等资源

续表

省（自治区、直辖市）	发布时间	政策名称	主要内容
上海	2020.4	《上海市促进在线新经济发展行动方案（2020—2022 年）》	提出推动大型展览展示企业和知名云服务企业共建云展服务实体，打造云会议、云展览、云走秀、云体验等系列活动。结合 5G 互动直播，加快 VR/AR 技术应用；推广"云存储、云应用"模式，提升医疗机构信息化能级；通过"云招商、云洽谈、云签约"等方式，积极开展招商引资和投资服务
浙江	2021.7	《浙江省信息通信业发展"十四五"规划》	打造云边协同的数据中心集群。落实长三角一体化国家战略，支持建设长三角国家级区域型数据中心集群。提升 IPv6 端到端贯通能力。加快网络、数据中心、CDN、云服务等基础设施 IPv6 升级改造，提升 IPv6 网络性能和服务水平
	2020.12	《浙江省政务公开五年行动计划（2021—2025 年）》	坚持数字化转型。充分利用大数据、区块链、云计算等现代信息技术，推动政务公开数字化转型，促进公共数据有序开放，实现数据共享、数字赋能，使政务公开更加权威、高效、精准
	2020.12	《法治浙江建设规划（2021—2025 年）》	加强对大数据、云计算、人工智能等新技术研发应用的跟踪研究和规范管理。加强党内涉网法规制度建设，督促抓好落实
	2020.8	《浙江省民政信息化发展规划（2017 年—2020 年）》	集约建设既是适应云计算技术发展的必然要求，也是降低民政信息化建设投入的重要途径。充分利用物联网、云计算、大数据、移动互联网等新一代信息技术，实现与民政业务的深度融合应用，推动浙江省民政信息化建设总体水平继续保持全国民政系统前列
福建	2021.7	《福建省"十四五"制造业高质量发展专项规划》	以 5G 为牵引的网络通信等领域，深入实施数字经济创新发展工程，加快数字产业化进程，培育壮大大数据、物联网、人工智能等新一代信息通信产业
辽宁	2021.7	《辽宁省"十四五"信息通信业发展规划》	推动工业互联网发展，加快建设改造具有物理隔离特效的高品质企业外标杆网络。加大 5G 等新型技术的应用，升级改造企业内网。支持企业"上云用数赋智"

续表

省（自治区、直辖市）	发布时间	政策名称	主要内容
安徽	2021.7	《安徽省智慧旅游"十四五"行动计划》	实施"135"行动计划，集成化、一体化地推进安徽省"十四五"期间智慧旅游建设，目标进入全国第一方阵。实现"一个中心汇数据、三大平台管全域、五大工程促提升"
江苏	2021.8	《江苏省"十四五"数字经济发展规划》	以数字经济发展的重大需求和重大任务为牵引，聚焦重点产业集群和标志性产业链，实施前瞻性产业技术创新专项，加强云计算等重点领域的技术攻关。做大做强新兴数字产业。围绕云计算等新兴产业，加强企业分类培育引导，发展一批旗舰型数字企业
	2021.7	《江苏省"十四五"现代服务业发展规划》	服务外包加快提档升级，信息技术、云计算、管理咨询、检验检测、工程技术、医药和生物技术研发等高附加值、高技术含量的外包业务增速加快，知识流程外包占比约40%。鼓励应用移动互联网、物联网、大数据、云计算等技术提供农产品质量安全监测、农业生产经营决策、农民技术培训等各类服务

3.2.2 边缘计算产业标准与开源项目

1. 国内外现有标准

在国外标准方面，**各国较早开始边缘计算架构、管理等层面的标准制定。**自2014年欧洲电信标准组织（ETSI）成立移动边缘计算工作组以来，ETSI已发布了关于多接入边缘计算参考架构、用例与需求（Phase 2）、边缘计算管理、边缘计算在网络功能虚拟化（Network Functions Virtualization，NFV）及5G场景下的应用、标准化应用程序接口（Application Program Interface，API）等标准，以及边缘计算网络切片等相关报告或白皮书。2019年，国际标准化组织ITU-T SG13工作组开始在边缘计算的总体需求、微服务、5G 边缘计算、智能边缘计算的协议、管理、架构等方面开展标准化工作，ITU-T SG20 物联网工作组及 IEC 等标准化组织也开始着力推动边缘计算在 IoT 领域应用的标准化工作。此外，针对不同垂直行业的国际边缘计算联盟也积极对边缘计算在不同产业的应用进行探讨，例如开放边缘计算联盟（Open Edge Computing Initiative，OEC）、全球性产业组织工业互联网联盟等。

在国内标准方面，为了规范边缘计算市场，相关政府部门和行业组织制定了一系列边缘计算标准。国内部分边缘计算产业标准见表 3-4。这些标准从多个方面对边缘计算进行规范，包括基本概念、技术要求、架构、接口规范、安全和隐私保护等。这些标准提供了基本框架和技术指导，有助于确保边缘计算应用的稳定性、安全性和互操作性，促进了边缘计算技术在各行业的推广和应用。中国通信标准化协会（CCSA）的 TC1 WG4 工作组在边缘计算的术语定义、基础设施、模块化、虚拟化、一体化能力等方面开展标准研制工作。ODCC 为推动边缘计算产业发展成立了边缘计算工作组，目前已发布"边缘计算技术白皮书""AIoT 智能边缘计算网关 ECOM 架构及参考设计技术规范""边缘计算架构安全要求研究报告""边缘云场景、需求与组网架构"等多项标准及报告，同时积极开展"基于边缘平台的虚拟网关（vCPE）""端边结合方案在教育行业的应用"等方面的研究工作。

表 3-4　国内部分边缘计算产业标准

序号	标准号	标准名称
1	GB/T 41780.1—2022	《物联网 边缘计算　第 1 部分：通用要求》
2	YD/T 4025—2022	《互联网边缘数据中心术语》
3	YD/T 4071—2022	《互联网边缘数据中心虚拟化技术要求和测试方法》
4	T/CCSA 330—2021	《互联网边缘数据中心基础设施技术要求和测试方法》
5	T/CCSA 331—2021	《互联网边缘数据中心模块化技术要求和测试方法》
6	T/CCSA 427—2023	《互联网边缘数据中心服务器技术要求和测试方法》

2. 开源项目

（1）KubeEdge

KubeEdge 的名字来源于"Kube + Edge"，顾名思义就是依托 Kubernetes 的容器编排和调度功能，实现云边协同、计算下沉、海量设备接入等功能，将 Kubernetes 的优势和 CloudNative 云原生使用管理规范延伸到边缘，处理未来智能边缘范畴用户所面临的挑战。

① 将 AI、大数据等延伸到边缘，可以满足云上数据协同、义务协同、管理协同、平安协同诉求。

② 通过数据本地化处置、边缘节点离线自治，解决了云和边缘之间的网络牢靠性和带宽限制的问题。

③ 通过大幅优化边缘组件的资源占用（二进制大小约 46MB，运转时内存占用约 10MB)，解决了边缘资源的约束问题。

④ 通过在云边之间构建双向多路复用网络通道，降低了从云端管理高度离散分布的海量节点和设备的难度。

⑤ 南向支持对接物联网主流的通信协议，解决了异构硬件接入难的问题。

（2）OpenYurt

OpenYurt 是阿里巴巴第一个边缘计算云原生开源项目，汇集了阿里巴巴众多边缘计算业务团队的深厚技术积累，深入挖掘"边缘计算 + 云原生落地实施"诉求。OpenYurt 以"云边一体化"为主要理念，依托本土 Kubernetes 通过多种边缘计算应用场景的训练，具备了较强的容器安排和调度能力，实现了一套完整的边缘自治、高效运维通道、边缘单元管理、边缘流量拓扑管理等"零"入侵边缘云原生方案。OpenYurt 可以帮助用户解决大规模应用交付、运维和控制的问题，并提供中央服务下沉通道，实现与边缘计算应用的无缝连接。

（3）Baetyl

Baetyl 的前身 OpenEdge 由百度创立，是我国第一个开源边缘计算平台。Baetyl 作为第一阶段项目加入 LF Edge。2019 年 9 月，百度将 Baetyl 捐赠给 Linux Foundation Edge 社区。Baetyl 旨在创建一个轻量级、安全、可靠且具有高可扩展性的边缘计算社区，为我国边缘计算技术的持续发展创造良好的生态环境。Baetyl 将云计算功能延伸到用户现场，提供临时离线和低时延的计算服务，包括设备接入、消息路由、数据远传、函数计算、视频采集、AI 推理、状态报告和配置下发等功能。

3.2.3 市场情况分析

1. 市场规模稳中有升，边缘计算不再边缘

IDC 报告显示，2022 年上半年，中国边缘云市场规模总计 30.7 亿元，同比增长 50.8%。其中，边缘公有云服务、边缘专属云服务、边缘云解决方案市场规模分别达到 17.1 亿、4.4 亿和 9.2 亿元。

2022 年上半年，中国边缘计算服务器整体市场规模达到 16.8 亿美元，同比增长 25.6%。IDC 预测 2021—2026 年中国边缘计算服务器整体市场规模年复合增长率达到 23.1%，高于全球的 22.2%。

2. 细分领域逐渐清晰，领域头部格局形成

整体来看，目前全球边缘计算领域生态主流企业包括硬件厂商、软件厂商、场景服务商、电信运营商、云计算厂商和 CDN 厂商。边缘计算产业主流企业如图 3-1 所示。

资料来源：ODCC

图 3-1　边缘计算产业主流企业

3.2.4 区域发展特点

按照华东、华北、华南、西南、东北 5 个地区分析边缘计算区域发展特点。边缘计算区域发展特点见表 3-5。

表 3-5　边缘计算区域发展特点

地区	区域发展特点
华东地区	边缘计算产业发展较早，产业基础设施较完善，政府政策支持力度大，具有较强的技术创新能力和市场竞争力。此外，华东地区的区位优势和开放程度也为边缘计算产业发展提供了机遇和优势
华北地区	随着政策扶持和技术进步，边缘计算产业在华北地区得到了快速发展，产业链完整度逐步提升，已经出现了一批领先企业和创新型企业，市场规模和潜力较大
华南地区	边缘计算产业在华南地区的发展较为活跃，拥有较强的产业基础和技术优势，包括高科技产业、物联网、智能制造等，具有较大的市场潜力
西南地区	边缘计算产业在西南地区处于起步阶段，但随着政府的政策扶持和产业生态的逐步完善，产业链逐渐完整，市场规模和潜力逐渐提升
东北地区	边缘计算产业在东北地区发展相对滞后，但政府和企业都在积极推进相关产业的发展，未来有望实现快速发展

3.3　中国边缘计算技术发展分析

3.3.1 边缘计算技术架构

边缘计算技术架构由边缘基础设施、边缘计算平台能力、边缘算力应用及终端场景组成。边缘计算技术架构如图 3-2 所示。

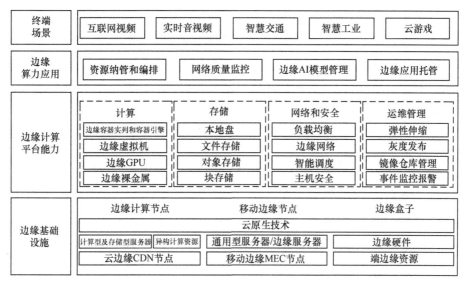

终端场景	互联网视频	实时音视频	智慧交通	智慧工业	云游戏
边缘算力应用	资源纳管和编排	网络质量监控	边缘AI模型管理	边缘应用托管	

边缘计算平台能力

计算	存储	网络和安全	运维管理
边缘容器实列和容器引擎	本地盘	负载均衡	弹性伸缩
边缘虚拟机	文件存储	边缘网络	灰度发布
边缘GPU	对象存储	智能调度	镜像仓库管理
边缘裸金属	块存储	主机安全	事件监控报警

边缘基础设施

边缘计算节点	移动边缘节点	边缘盒子
云原生技术		
计算型和存储型服务器 | 异构计算资源	通用型服务器/边缘服务器	边缘硬件
云边缘CDN节点	移动边缘MEC节点	端边缘资源

资料来源：ODCC《边缘计算技术白皮书》

图3-2　边缘计算技术架构

3.3.2　边缘计算技术热点

云原生边缘计算技术。云原生技术是下一代云计算的技术内核，具备故障自愈、弹性响应和超量复制等特点，在推动 5G 技术在行业内的应用等方面发挥了重要作用，将云原生技术应用于边缘计算平台可支持 5G 核心网在各行各业的落地。目前被运用在边缘计算中的架构主要包括 KubeEdge 和K3s。KubeEdge 是云原生在边缘计算中拓展的典型架构，基于 Kubernetes架构提供了许多边缘场景的功能支持，例如离线运行能力、边云协同能力等。K3s 也是一种被运用在边缘计算中的经典架构，仅作为单一的二进制文件进行打包和部署，安装迅速便捷。同时，K3s 删除了很多对于运行最低限度的集群来说不重要的组件，加入了一些新的必要元素，使其可以适用于边缘计算场景。

可持续边缘计算。近年来，随着云计算和边缘计算的快速商业化，许多企业迁移至云平台，对于能耗和环境的关注也随之而来，一个数据中心消耗的电能相当于 5 万个家庭的用电量，在此种情况下，如何在运用边缘计算的同时减少能耗成本，并实现可持续发展，成为关键问题：可通过减少冷却成本、使用较少的服务器、减少碳足迹等方法降低能耗；在边缘计算中更多应用现有硬件，可节省资金和碳排放，减少对新硬件的需求。

5G+ 边缘计算。从技术起源来说，5G 的网络架构能将核心网的一些网元下沉，产生边缘计算。5G 和边缘计算是互相促进、彼此成就的关系，5G 通过边缘计算来提供特色能力，边缘计算通过 5G 来进一步降低时延。"5G+ 边缘计算"将驱动一个面向行业的局域生态系统，以满足企业和工厂的网络、计算和数据处理需求，促进行业的数字化创新。

3.3.3　技术发展趋势

预测一："云-边-端"协同发展

"云-边-端"协同发展。虽然云计算的相关技术已经比较成熟，但其工作原理造成的集中式数据处理、网络时延和抖动等固有问题依然存在。边缘计算的发展对云计算来说是一个强力的补充。在未来物联网的发展中，边缘计算、云计算和终端设备必须进行协作。云计算负责任务调度等全局性工作。边缘计算是云计算向数据产生侧的延伸，侧重于实时性和安全性等，对数据进行处理后，将有价值的信息上传至云端。终端设备通过各类内嵌式传感器对原始数据进行采集。

预测二：边缘计算与5G网络协同发展

5G 网络的商用为边缘计算提供了更进一步的发展契机。虽然 5G 网络具有大带宽、大容量、低时延等优势，但该技术极大地增加了数据处理规模，必须提供一种兼具高效性和可靠性的新型计算模式。多接入边缘计算被视为一种向 5G 过渡的关键技术和架构性概念，能够充分发挥 5G 技术优势，从"云-边-端"3 个方面优化资源配置，实现系统性能、成本控制和用户体验等多个方面的提升。

预测三：个性化发展

满足个性化需求在边缘计算的发展中将成为重要方向。在实际生产环境中，边缘计算基础设施的拥有者、各节点的任务类型、计算量等都不相同。在部署边缘应用时，必须保证能够提供最低水平服务。在开发边缘计算设备和应用程序时，应当充分考虑可能面临的个性化需求，以便更高效地利用基础设施资源。

3.4 中国边缘计算生态构建

3.4.1 边缘计算产业服务商图谱

边缘计算产业服务商图谱如图3-3所示，覆盖边缘硬件、边缘软件与工具、边缘云、边缘电信运营商、边缘应用和解决方案、边缘安全等各环节要素，助力边缘计算业务落地。边缘计算产业链是由设备商、电信运营商、IT开发商、应用开发商和内容商等多个利益主体组成的，目前正在迅速成长，但其生态尚未成熟。其中，华为、中兴、思科、浪潮等主要提供服务器和网络硬件设备，电信运营商、CDN服务商和数据中心提供商主要提供数据机房和通信网络运营服务，而电信运营商和第三方服务商则主要提供边缘计算平台的运营服务。

资料来源：ODCC

图3-3 边缘计算产业服务商图谱

3.4.2　边缘计算产业上游

1. 边缘AI芯片

边缘 AI 芯片行业受中美贸易影响，波动较大。边缘 AI 芯片是边缘计算产业的核心组件之一，位于整个边缘计算产业链上游的核心位置，可用于执行边缘设备上的人工智能任务。这类芯片具有高性能、低功耗和小尺寸等特点，可以适应边缘计算设备的硬件要求。

在中国市场，许多公司致力于边缘 AI 芯片的研发与生产，包括华为的昇腾系列 AI 芯片、寒武纪的 AI 芯片、翱捷科技的神经网络处理器等。

2. 边缘服务器

边缘服务器市场发展势头强劲，规模不断扩大。边缘服务器是边缘计算设备的核心，承担数据处理、存储和分析等任务。与传统数据中心服务器相比，边缘服务器具有体积小、功耗低、高度集成等特点，可以适应边缘计算设备的部署环境。

在中国市场，华为、浪潮、联想、曙光、神州泰岳等公司是边缘服务器的主要生产商。这些公司针对不同的场景和行业需求，推出了多种型号的边缘服务器，以满足不断变化的市场需求。

3. 传感器与边缘网关

在物联网环境发展趋势中，传感器与边缘网关的附加价值明显。传感器是边缘计算设备的重要组成部分之一，广泛应用于物联网、工业互联网等领域。传感器可监测环境参数、设备状态等数据，并将数据传输至边缘计算设备进行分析处理。边缘网关则是连接传感器与边缘计算设备的桥梁，负责数据的采集、传输和管理。

在中国市场，传感器与边缘网关生产商主要包括海康威视、大疆创新、广和通、安霸等公司。

4. 边缘路由器

边缘路由器是数据传输桥梁，伴随边缘计算产业共同发展。边缘路由器是边缘计算系统的核心部件，可用于连接和管理边缘设备和云端之间的数据传输。边缘路由器需要具备高性能、低时延、可靠稳定等特点，以确保边缘计算应用的顺畅运行。

在中国市场，华为、中兴通讯、TP-LINK等公司是主要的边缘路由器生产商，它们推出了多款不同性能和功能的产品，以适应不同行业和场景的需求。例如，华为的多业务网关控制边缘路由器产品 ME60 系列，主要应用于广电、教育等行业，提供统一的用户接入与管理平台，提供 480G 容量的路由线卡，以及 160G 的 NAT 业务线卡；TP-LINK 公司的多 WAN VPN[1] 路由器 TL-ER7206 系列，主要应用于酒店、办公等行业，为客户提供集中化的设备云管理能力，以及高安全的 VPN 通信、DoS[2] 防御等功能。

5. 边缘交换机

边缘交换机传输互联特性明显，是补充产业发展的重要解决方案。 边缘交换机是边缘计算系统中的重要组件，可用于数据传输和网络互联。相较于传统交换机，边缘交换机具有更高的处理能力、更低的时延、更好的安全性和更强的环境适应性。

在中国市场，新华三、锐捷、华为等厂商是主要的边缘交换机生产商，提供了多种型号和性能的边缘交换机产品来满足不同的应用场景和需求。例如，新华三的 S12500X 高性能核心交换机，适用于边缘数据中心、企业网和电信运营商等对性能需求更高的场景，最大支持 40Tbit/s 的整机吞吐，提供 VRRP[3]、BFD[4] 等高可用能力；锐捷的 RG-S5750E 系列交换机，主要适用于中小型企业、校园网等场景，提供了高安全功能（例如 IPSec-VPN、ACL[5] 等），还支持多种协议功能（例如 MPLS、VxLAN、QoS 等）。

6. 边缘控制器

响应边缘计算需求，边缘控制器取代传统控制器是大势所趋。 边缘控制

---

1. VPN（Virtual Private Network，虚拟专用网络）。
2. DoS（Denial of Service，拒绝服务）。
3. VRRP（Virtual Router Redundancy Protocol，虚拟路由冗余协议）。
4. BFD（Bidirectional Forwarding Detection，双向转发侦测）。
5. ACL（Access Control List，访问控制列表）。

器是将汇总数据发送到云端的硬件，作为通往云端的最后一层物理实体，是机器层操作技术（Operational Technology，OT）和云端信息技术（Information Technology，IT）解决方案的接口。这类硬件是工业自动化领域的最新发展，不同于传统控制器，边缘控制器内部布置可编程逻辑控制器（Programmable Logic Controller，PLC）或可编程自动化控制器（Programmable Automation Controller，PAC），具备高级编程、通信、可视化等功能，在保证控制能力的同时可以提升工业设备的接口能力、计算能力。

我国代表性企业有台湾研华科技、集和诚科技、东土科技等。

7. 边缘操作系统

边缘操作系统性能重要性凸显，应用场景不断增加。边缘操作系统是边缘计算设备的基础软件，负责资源管理、任务调度和系统安全等功能。边缘操作系统的轻量化、实时性强、兼容性强等特点有助于提升边缘计算应用的性能和稳定性。

在中国市场，主要的边缘操作系统开发商包括阿里云、腾讯云、华为云等，它们推出了基于 Linux 内核的边缘操作系统，以适应不同的边缘计算应用场景。

8. 边缘中间件

边缘中间件作为边缘计算系统的核心关键组件，可以支撑多种应用场景，为开发者提供数据处理、设备管理和应用部署等服务。边缘中间件的特点包括模块化、可扩展性强和易于集成。

在中国市场，主要的边缘中间件提供商包括百度云、新华三和中兴通讯等，它们推出了适用于不同行业和应用场景的边缘中间件产品，例如新华三的"无限融合边缘计算中间件"等，以支持各种边缘计算应用的开发和部署。

9. 边缘计算平台

边缘计算平台是云平台的重要补充，有力助益数字经济发展。边缘计算平台是一种软件平台，集成了边缘计算、数据处理、设备管理等功能，可帮助企业快速构建和部署边缘计算应用。

在中国市场，华为云、阿里云、腾讯云、百度云等公司是边缘计算平台的主要提供商，这些公司推出了一系列针对不同行业和场景的边缘计算平台产品。此外，一些创新型企业，例如杭州云栖、格灵深瞳等，也在积极布局边缘计算平台领域，提供定制化解决方案。

10. 边缘基础设施解决方案

边缘基础设施立足边缘需求，灵活应对新挑战。边缘基础设施是边缘计算的"容器"，集成了服务器机架、电源配电系统、热管理系统、智能监控系统、消防系统、布线系统等，为边缘计算服务器提供了稳定可靠的运行环境。

在中国市场，主要的边缘数据中心基础设施提供商包括科华数据、华为技术、维谛技术、中兴通讯和科士达等，它们推出了适用于不同行业和应用场景的边缘数据中心基础设施解决方案，例如科华的 Wise MDC 系列、华为的 Fusion DC 系列、维谛的 Smart 系列等，以支持各种边缘数据中心快速部署、长期可靠运行。

3.4.3　边缘计算产业中游

1. 边缘云服务商

边缘云服务商是边缘计算万物智联新赛道上的重要一环。边缘云服务商主要包括阿里云、腾讯云、华为云、百度云等云计算厂商，为客户提供了全球范围内的边缘计算服务，覆盖了数百个城市和数千个站点，并都提供了基础的边缘计算服务及行业解决方案。例如，在边缘计算节点服务（阿里云的 ENS、腾讯云的 TEZ、华为云的 IEF、百度云的 BEC ）中，边缘云服务商提供了边缘计算虚拟机、边缘容器、边缘私有网络等云产品能力；行业解决方案包括边缘 AI、实时音视频、边缘云游戏、边缘云渲染等。

2. 边缘电信运营商

边缘电信运营商是提供边缘计算服务最重要的主体之一。边缘电信运营商正在加速部署 5G，5G 与边缘计算同步规划已成为边缘电信运营商网络布局的主要模式。电信运营商拥有分布在全国的机房、数据中心和网络运维团队，并具备专线和云等协同性业务能力。目前，中国移动和中国联通都发布了针对边缘计算的推进规划，提出了明确的规划目标和路径，涵盖基础设施、边缘云平台和业务应用等方面。

目前，中国移动在边缘计算业务的优势主要在于与 5G 资源的融合应用，建成全球规模最大的内容分发网络。中国电信提出"2+4+31+X+O"云网一体化布局，目前已在 400 多个地区或城市建立轻量化边缘节点。中国联通作为我国最早从事边缘计算研究和商用的电信运营商，将边缘云建设作为发展5G 2B/2C 高价值业务的重要战略。

3. CDN厂商

CDN 厂商是传统网络加速服务的典型企业。 CDN 厂商通过节点能力将业务范围与边缘计算结合，边缘节点服务可以获得虚拟机、计算、安全等能力，帮助用户业务下沉至电信运营商侧边缘，有效降低计算时延和成本。相较于其他边缘计算参与方，CDN 厂商的技术门槛较低。在资源能力受限的条件下，CDN 厂商需要与电信运营商或 IaaS 供应商建立合作关系来提供综合的云边协同解决方案。

3.4.4 边缘计算产业下游

1. 第三方应用供应商

第三方应用供应商主要为终端用户提供新增价值业务或者提升业务可用性。例如，CNBC 可以利用边缘计算实现不依赖任何 CDN 提供商进行边缘内容缓存，在网络边缘启动自定义微型缓存，第三方应用涉及的企业包括 OTT 厂商等。

2. 智能应用开发商

下游智能应用开发商及智能终端开发商更广泛地应用边缘计算。例如，华为推出了边缘计算物联网解决方案，并成功应用在电梯物联网和电力物联网中。

3.5 行业案例分析

3.5.1 边缘音视频案例

国内某泛娱乐直播头部企业，在直播业务尤其是音视频通信方面具有丰富的技术积累，近年来直播业务覆盖音乐、脱口秀、舞蹈、户外、体育等多个细分品类，其强大的音视频能力也对其他 toB 企业开放，同时积极尝试采用新的技术手段优化其自身上层直播业务，进一步提升终端用户的使用体验。这类业务需要对音频、视频内容的分发保证超低时延，从而保证终端用户的极致体验。但是，如何在不增加业务成本的同时，保证用户的低时延体验，成为音视频厂商必须解决的难题。在 BEC 边缘节点部署音视频直播架构，可以在更好的体验与更低的带宽成本间实现平衡。音视频边缘解决方案如图 3-4 所示。

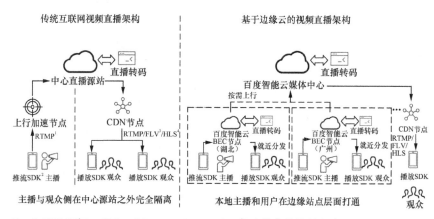

注：1. RTMP（Real Time Message Protocol，实时信息传输协议）。
　　2. SDK（Software Development Kit，软件开发工具包）。
　　3. FLV（Flash Video）是一种视频传播格式。
　　4. HLS（HTTP Live Streaming）是基于 HTTP 的流媒体传输协议。

图 3-4　音视频边缘解决方案

在进行架构升级前，客户将音视频直播架构部署在中心云，将视频数据在中心云处理完成之后，再通过 CDN 节点分发至终端用户。基于中心云的直播架构的劣势有：带宽成本相对较高、分散在全国的终端用户直播体验欠佳。在充分了解边缘云各项优劣的前提下，客户考虑将基于百度智能云 BEC 升级音视频直播架构。客户将百度智能云 BEC 作为视频源站，就近上传、推流、转码、渲染，面向本地用户就近分发，保障本地化视频链路质量，实现低成本、低时延的新型视频架构。

在这个案例中，百度智能云 BEC 为客户提供了遍布全国的边缘算力资源和带宽资源，帮助客户完成音视频架构升级。客户的带宽成本降低，同时终端用户的使用体验大幅提升，实现了较为明显的降本增效。

3.5.2 安防监控案例

安防监控边缘解决方案如图 3-5 所示。

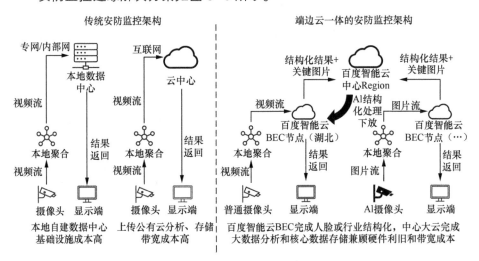

图 3-5 安防监控边缘解决方案

国内某安防监控头部企业，在安防监控业务方面有丰富的技术积累和较大的市场份额，近年来业务的监控视频考虑上云存储，降低存储成本。安防监控业务对弹性存储要求极高，这类业务通过摄像头采集视频数据，在本地进行聚合后上传到云端采集。传统的安防监控架构则是将视频在本地进行聚合后，再上传到云中心进行存储，传统方案的缺点是存储及带宽成本高。

因此，为了降低存储及带宽成本，客户采用了云边端一体的安防监控架构。客户将视频在本地进行聚合后，上传到距离摄像头最近的百度智能云边缘节点，利用边缘冗余上行带宽，将视频流、图片就近上传至边缘，进行抽帧/结构化处理，将核心数据通过云边网络回传中心进行分析和存储。

在这一案例中，百度智能云 BEC 为客户提供了遍布全国的边缘存储资源和带宽资源，帮助客户完成云边端一体的安防监控架构升级。客户利用边缘上行冗余带宽大幅度降低视频流、图片传输成本，实现了较为明显的降本增效。

3.5.3 边缘云游戏案例

边缘云游戏解决方案如图 3-6 所示。国内某游戏行业头部企业，近年来考虑将部分云游戏业务在云上部署。云游戏业务对实时性要求极高，这类业务需要做到音频、视频分发的超低时延，从而保证终端用户的极致体验。但是，如何能够在不增加业务成本的同时，保证用户的低时延体验，通过云游戏架构升级，在更好的体验与更低的带宽成本间实现平衡，成为云游戏厂商必须解决的难题。

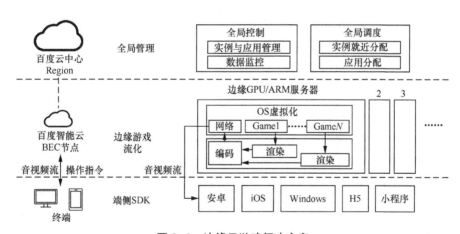

图 3-6 边缘云游戏解决方案

客户基于百度智能云边缘计算提供的异构算力，在离游戏玩家更近的区域部署云游戏业务，实现了在边缘侧就近编码、渲染、分发游戏音视频流，就近完成游戏流化。架构升级后，游戏部署在边缘节点服务端，不需要下载，用户即开即玩，实现游戏时延小于 50ms，提升用户游戏体验。

在这一案例中，百度智能云 BEC 为客户提供了遍布全国的边缘异构资源和带宽资源，帮助客户完成边缘云游戏监控架构升级。客户在边缘侧部署云游戏业务，屏蔽终端设备性能差异，做到即开即玩，帮助云游戏平台厂商降低算力成本、带宽成本和机房维护成本。

3.5.4 智慧工程案例

智慧工厂边缘计算解决方案如图 3-7 所示。传统工厂在生产、运维及安全等方面存在设备互联互通难、数据采集难、实时控制难、智能性低、安全可靠性风险高等问题。物联网边缘计算平台（IoT Edge Computing Platform，IECP）帮助传统工厂快速搭建靠近物联网设备数据源头的边缘计算节点，提供实时数据采集分析，建立工厂分析模型，感知并且降低环境和生产过程中的风险，提升生产效率，优化生产成本。

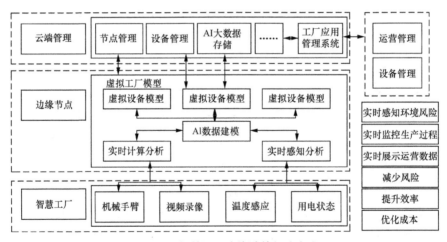

图 3-7 智慧工厂边缘计算解决方案

针对工业联网设备存在通信协议不统一、协议标准众多且数据传输不稳定、不安全等问题，腾讯云面向工业现场级边缘计算应用场景推出了自研的天龙座 AIoT 边缘网关，可面向不同场景适配不同硬件接口，满足工业差异化的场景需求，并通过平台 SDK 方式，将数据回传至云端。

IECP 将视频计算、存储前置到边缘节点本地处理，端到云的访问频率减少 80% 以上，从而减少了建设成本，提高视频网联服务平台的处理效率和服务能力。IECP 边缘计算节点的部署，可实现数据不出工厂，有效保证了工厂数据安全，并以毫秒级速度完成前端采集到后端数据传输及数据分析处理。

针对传统工厂人工检测效率低、设备故障影响大、安全生产风险高的问题，可在边缘节点侧部署工业视觉 AI 质检、设备预测性维护、人员安全检测等 AI 算法，实时分析问题和隐患，提高工厂的生产效率和安全系数。

3.5.5　智慧交通案例

在人工智能新时代，智能驾驶对于 AI 技术的市场化和产业化发展有着非常重要的战略意义。智慧交通系统是解决交通发展瓶颈的有效手段之一，是交通信息化、自动化的重要发展方向，是智慧城市必不可少的一环，是当今社会城市发展的趋势和特征。随着交通系统的进一步智能升级，其与边缘计算的结合愈加深入，也带来了算力不足、硬件管理复杂等难题。

智慧交通边缘计算解决方案如图 3-8 所示。百度智能云 BEC 基于高算力、高性能的边缘服务器，结合功能丰富的监控管理平台，为用户提供低时延、高效率、强算力的边缘硬件和资源管理服务，赋能自动驾驶和城市交通治理场景，打造安全、便捷的智慧交通解决方案。

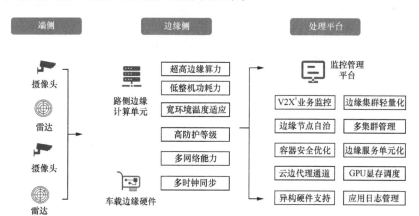

注：1. V2X（Vehicle to X），即车对外界的信息交换，是未来智能交通运输系统的关键技术。它使得车与车、车与基站、基站与基站之间能够通信，从而获得实时路况、道路信息、行人信息等一系列交通信息，从而提高驾驶安全性、减少拥堵、提高交通效率、提供车载娱乐信息等。

图 3-8　智慧交通边缘计算解决方案

智慧交通边缘计算解决方案具有以下 3 个特点。

（1）超高算力硬件

提供超高算力的车规级边缘硬件，以及路侧边缘计算单元，构建本地计算网络，支持离线自治。

（2）实时业务监控

实时采集、监测、展示边缘侧设备的资源使用情况，对业务运行情况进行实时告警，保证业务高效稳定。

（3）服务单元化管理

为每个节点组自动生成区域约束部署实例，单独为本区域服务，实现资源分区，避免跨区域调用。

3.5.6 智慧零售案例

智能工厂边缘计算解决方案如图 3-9 所示。整个智能工厂由云来支撑，在工厂端可架设边缘服务器，边缘服务器支持以下关键工作。

智能排产。可在远程下单进云后，进行智能排单、生产，下发至工厂端的边缘服务器，由边缘服务器基于工厂端状态，下发指令进行生产制造，直到生产完毕，反馈信息至下单人员，完成循环操作。

生产监督/分析。边缘服务器可实时接收生产在线的所有信息，涵盖生产当中的任何问题，最终可由边缘服务器传至云上进行数据分析，进而优化工艺。

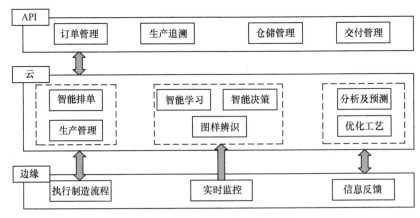

图 3-9　智能工厂边缘计算解决方案

智能超市边缘计算解决方案如图 3-10 所示。整个智能超市由云来支撑，在超市架设边缘服务器作为边缘侧，主要可执行以下工作。

基于客户订单需求，实时监控库存信息、交易状况、纠纷理赔及营销推广，反馈至客户端。

基于边缘所获取的信息，反馈至云上进行相关分析，例如销售预测、供应链管理及促销规则。

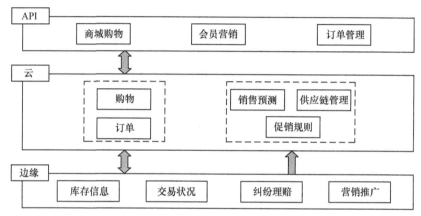

图 3-10　智能超市边缘计算解决方案

3.5.7　5G 小基站应用案例

在中国移动 5G 一体化小基站应用场景中，作为边缘 5G 小基站设备，承载 5G 基站网元功能，通过外插的异构加速卡进行 5G 协议的解码、通过 CPU 完成 5G 业务网元管理和控制功能，同时通过集成网卡为基站提供 1588 时钟同步功能，保证 5G 基站业务的高实时、低时延特性。5G 一体化基站功能如图 3-11 所示。

在 5G 网络中，5G 一体化基站负责与终端设备建立 5G 无线连接，为用户提供 5G 接入服务，进行语音、视频及数据业务的传输，保证 5G 信号覆盖。

5G 一体化基站支持多基站组网方式，支持基站级联或 RRU 拉远组网。5G 一体化基站针对低成本覆盖需求进行设计，具有低成本、高性能、部署灵活等特点。

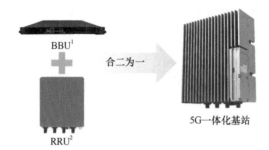

注：1. BBU（Building Base band Unit，室内基带处理单元）。
　　2. RRU（Remote Radio Unit，射频拉远单元）。

图 3-11　5G 一体化基站功能

- 一体化高度集成，具有功耗低、体积小、施工方便等优点，安装简单，不需要机房。

- IP65 防护，全密封设计。

- 支持基站级联或 RRU 拉远组网。

- 高性能。传输速率高、用户容量大和业务时延低。

- 支持灵活的时钟同步方案，支持全球定位系统（Global Positioning System，GPS）/ 北斗 /1588V2。

- 基于完全自主研发的协议栈和系统软件。

5G 一体化基站现已支持 N41、N78、N79、N28、N1 频段，满足时分双工（Time Division Duplex，TDD）和频分双工（Frequency Division Duplex，FDD）模式，采用多天线设计，支持 2TR/4TR；规划单基站激活用户数不小于 400，注册用户数不小于 800；支持多种子帧配比，下行峰值速率可达 1.4Gbit/s。

（1）组网方案

5G 一体化基站产品支持多基站组网方案，同时支持拉远或级联的组网方式。常规组网方式如图 3-12 所示，拉远组网架构如图 3-13 所示，级联组网架构如图 3-14 所示。

（2）应用场景

5G 一体化基站因其体积小、重量轻、易安装、高能效、部署灵活的特点，相比宏基站具有更多的部署优势。

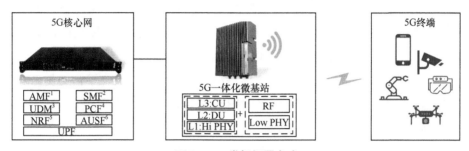

图 3-12　常规组网方式

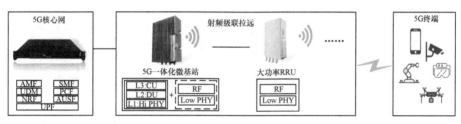

图 3-13　拉远组网架构

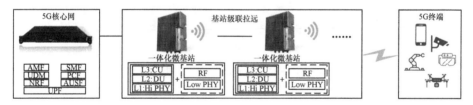

注：1. AMF（Authentication Management Function，认证管理功能）。

　　2. SMF（Service Management Function，业务管理功能）。

　　3. UDM（Unified Data Management，统一数据管理）。

　　4. PCF（Policy Control Function，策略控制功能）。

　　5. NRF（Network Repository Function，网络存储功能）。

　　6. ASF（Authentication Server Function，鉴权服务功能）。

图 3-14　级联组网架构

　　根据特点，5G 的应用场景可分为两大类：第一类为 5G 公共移动网络；第二类为 5G 垂直行业应用。

　　对于 5G 公共移动通信网络，5G 一体化基站主要实现"吸热""补盲"和边缘覆盖。在流量需求大的高热点地区（例如体育场馆、交通枢纽、会展中心等），由于高密度建设宏基站的成本太高，可以建设成本较低的 5G 一体化基站来满足容量需求，提高覆盖的同时节省投资。在室外覆盖盲区或覆盖边缘区域，例如旅游景点、高档别墅群、临时需要提供 5G 覆盖的区域，通过 5G 一体化基站取代宏基站，可以满足覆盖需求，同时节约建设成本。

5G 一体化基站具有结构紧凑、体积小、功耗低等特点，不需要复杂施工即可高效快速部署，提供完整的 5G NR 无线接入功能，适用于众多 5G 垂直行业的应用，例如智慧矿山、智慧工厂、智慧园区、智慧物流、智慧安防、智慧制造、智能医疗、智慧高铁、智慧机场等。5G 垂直行业应用如图 3-15 所示。

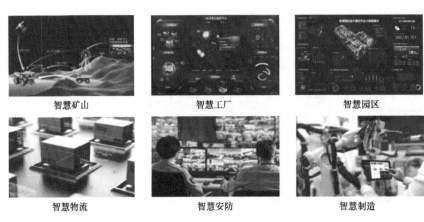

图 3-15 5G 垂直行业应用

3.5.8 边缘超融合一体机应用案例

随着行业数字化转型深入，5G 边缘云将广泛应用于工业、医疗、交通、教育、能源等众多领域，充分利用近用户侧的优势，为行业用户提供低成本、高质量的服务，是电信运营商面向 toB 业务的核心竞争力。

行业数字化转型要求 5G 边缘云结合人工智能、大数据、区块链、5G 等新兴技术，满足行业应用在高效算力、海量接入、智能分析、安全防护等方面的需求。

随着电信收入高速增长，暴露出基础服务能力不足的问题，需提升关键核心技术和产品能力来支撑规模发展。电信运营商重点推出三种场景算力服务，其中超融合一体机服务为客户提供边缘场景与中小型私有云，满足快速交付、标准化下单的需求。边缘超融合一体机解决方案如图3-16所示。

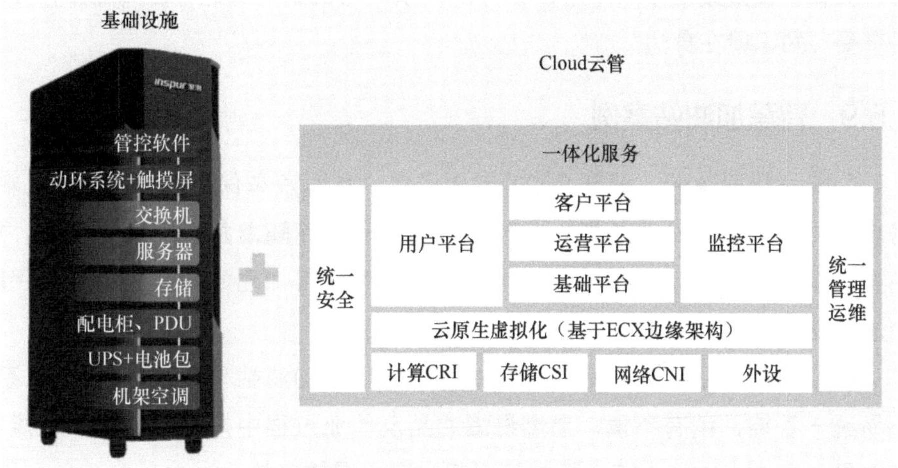

图3-16　边缘超融合一体机解决方案

（1）解决方案

边缘云原生一体机：基于边缘云架构，强化容器和虚拟机的协同调度，支持丰富的云原生行业应用。

全栈混合云敏捷版：轻量级，便于端到端的快速部署与交付，支持异构多云纳管。

（2）客户收益

打通边缘云供应链，研发视频监控、5G专网等场景化一体机产品。

上线iStack边缘云系列产品，规格多样，按需建设。

超融合一体机服务：为客户提供边缘场景小型私有云，满足快速交付、标准化下单的需求。

主要场景：边缘节点建设与扩容。

价格优势：采用服务模式交付一体机产品，有较好的竞争力。

（3）应用效果

该解决方案助力社区精细化治理，实现综合安防、智慧消防、智慧商业、能效管理。实现园区可视化、精细化、智能化管理，提升居民居住体验；社区卫生服务，居民使用智能医疗设备可自助测量身高、体重、血糖、血压，系统记录并分析数据，实现"自主问诊"；视频问诊，连接专家，享受优质医疗服务；智慧教育，设置线上学习平台、积分制共享学习机制，通过社区阅览室，让居民享受"知识就在身边"。

3.5.9　智慧加油站案例

公安部数据统计，截至 2023 年 9 月底，我国汽车保有量已达 3.3 亿辆，居全球首位，加油站的总量也在随之快速增长。而随着加油站数量增多，加油站安全事故和意外发生概率也大幅增加。既获得加油站带来的收益又保障加油站安全运行成为各地政府的迫切需求。

加油站主要经营销售汽油、柴油等各类燃料，加油站车流量大，人员复杂，不易统一管控，稍有不慎，易燃易爆油品及作业过程中挥发的油气都可能因打火机、烟头、电气火花、静电等引起火灾、爆炸事故。

智慧加油站边缘解决方案如图 3-17 所示。河北省沧州市部署智慧加油站系统，充分利用现有监控设备，通过对站内摄像头数据取流分析，对加油区、卸油区等区域进行重点监控。

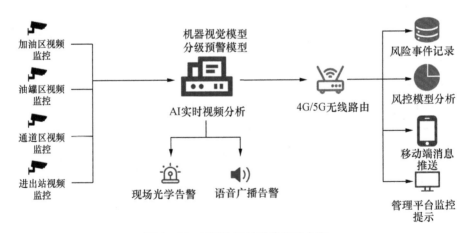

图 3-17　智慧加油站边缘解决方案

通过部署浪潮边缘微服务器 EIS200 和 AI 算法，为加油站建设智能化安全监管系统，识别危险区域内的接打电话、抽烟、烟火等违规行为，对卸油区工作人员的违规操作进行智能化监控，符合国家对危化品企业的安全监管要求，切实提升智慧加油站系统对危险情况的快速预警及对人员业务规范的智能化管理。

① 通过吸烟识别、打电话识别、区域入侵识别、静电释放状态识别、卸油人员离岗识别对人员和风险进行规范管理。

② 通过消防设备识别、烟雾识别、明火识别对异常状态进行预警，保障各类作业安全。

③ 在检测到人员不规范行为或异常状态时，将数据上传到数据平台或安全监管系统；在管理平台中可以对告警信息进行查询和管理，使安全管理可视化和智能化。

收益层面有以下改进。

① 智能化手段提升工作效率。通过智能化手段对加油站的人员进行安全管理，大幅提升工作效率及特殊情况的预警和处理速度。

② 满足监管部门智能化建设要求。对报警记录进行全方位分析，并保存相关报警信息，提升加油站工作人员的工作效率的同时，将有关数据反馈到监管系统，满足智能化建设需求。

③ 即插即用，充分利旧。EIS200 可与现有设备全面兼容，即插即用，部署便捷，施工方便。不改变加油站现有监控系统，不需要更换或者增加摄像头，充分利旧，以极低的成本实现加油站的智能化转型。

3.5.10 智慧园区案例

江西宜春丰城高新技术产业开发区是江西省第一批省级重点工业园，经济总量在江西省县（市）工业园中排名第一。园区成立时间较早，由于历史原因，园区个别地方不能满足新发布的《化工园区建设标准和认定管理办法（试行）》等管理要求。园区管理主要痛点有：一是由于国道、省道穿过，居民区与工业区混杂，园区物理封闭难以实现，危化品车辆在园区内的行驶状态难以掌控；二是针对辖区内重大危险源的及时识别和状态监管不到位；三是针对工业企业事故多发的特殊作业环节，过程监管亟待加强；四是无法及时掌握园区及企业内重点区域人员违章行为、不安全的环境因素和异常设备状态，无法防患于未然。

　　智慧园区边缘解决方案如图3-18所示。浪潮化工园区解决方案以园区管理、安全监管、应急管理为核心业务目标，利用大数据、云计算、视频智能分析技术、地理信息系统、3D建模及物联网等信息化技术和通信技术，形成一整套集化工园区安全、环保、应急、消防、安防、能源、物流、公共服务及应用于一体的智慧管理和决策平台。

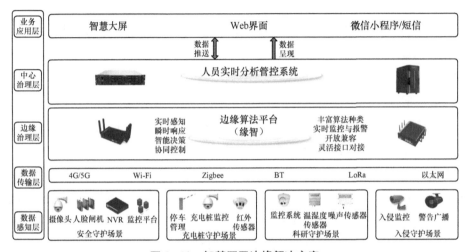

图3-18　智慧园区边缘解决方案

　　智慧园区边缘解决方案通过信息化技术推进化工园区转型升级，提高园区产业集聚能力、企业经济竞争力，促进园区和企业的绩效提升，帮助园区实现绿色化建设、智慧化建设、标准化建设和高质量发展。该方案部署一个月内，共计发现无关人员闯入70余次，危化品车辆违规行驶、停放30余次，园区及企业重点区域风险预警80余个；在提高风险识别效率和隐患排除效率的同时，减少园区及企业视频监控人员十人，减员增效成果初现。

3.6　发展展望

　　加强政策支持和标准制定。政府应制定有利于边缘计算产业发展的政策和规划，鼓励创新、降低市场准入门槛，为企业提供税收、资金和技术支持；

加强边缘计算技术、安全、隐私等方面的标准制定和完善，促进产业发展规范化，提高互操作性。

加强技术创新和人才培养。加大技术研发投入，关注新兴技术和市场趋势，积极探索边缘计算应用创新，鼓励企业与高校、研究机构合作，与上下游企业建立紧密合作关系，推动关键技术突破和自主创新，提高核心竞争力，推动产业链整合，共同开发创新解决方案，实现产业链协同发展；加强人才培训和引进，提高整体人才素质，打造专业技术团队，为企业技术创新和业务拓展提供人才保障。

加强应用场景拓展与产业生态建设。深入研究不同行业和领域的边缘计算需求，拓展边缘计算在各垂直行业和领域的应用，推动产业融合发展；搭建边缘计算产业链合作平台，整合各类资源，推动上下游企业合作，共享资源，实现优势互补，形成产业生态。聚焦细分市场，为客户提供定制化解决方案，展示边缘计算解决方案在不同场景的价值，满足市场差异化需求，吸引更多客户和合作伙伴。

加强国际合作与数据安全隐私保护。积极参与国际合作与交流，引进先进技术和管理经验，拓展国际市场，提高企业国际竞争力和中国边缘计算产业在全球的地位；注重数据安全和隐私保护，建立完善的数据安全管理机制和法规，提升用户对边缘计算的信任度。

第四章
算力碳效研究

4.1 全球碳中和发展趋势

4.1.1 国际主要国家碳中和目标

根据联合国政府间气候变化专门委员会测算，若要实现《巴黎协定》2℃的控温目标，全球必须在 2050 年达到二氧化碳净零排放（又称"碳中和"），即每年二氧化碳排放量等于各国通过植树等方式减排的抵消量；在 2067 年达到温室气体净零排放（又称"温室气体中和或气候中性"），即除二氧化碳外，甲烷等温室气体的排放量与抵消量平衡。目前，全球已有超过 100 个国家和地区提出了碳中和目标。

4.1.2 国际主要国家数据中心降碳政策

欧盟率先提出 ICT 行业的降碳目标，并通过《2020 年欧盟数据中心能源效率行为准则的最佳实践指南》《欧洲数据中心能源效率现状白皮书》《塑造欧洲的数字未来》等进一步细化和规范了数据中心 PUE 值、SUE、DCiE 等绿色指标。美国政府通过 2010 年发起 FDCCI 美国联邦数据中心整合计划、2014 年制定 FITARA 联邦政府信息技术采购改革法案和 2016 年提出 DCOI 数据中心优化倡议等一系列举措，以整合和关闭数据中心、资源虚拟化、设定数据中心 PUE 值及服务器使用率具体标准、退役老旧机器的方式，实现了数据中心数量减少 7000 个；数据中心 PUE 值从 2.0 以上下降到 1.0，大型数据中心 PUE 值达到 1.5 甚至 1.4 以下，部分服务器使用率从 5% 提升到 65% 以上。新加坡在 2014 年发布了《绿色数据中心技术路线图》，提供了新型节能数据中心未来的改进方向和指导意见，指出需要在不影响系统性能和安全要求的情况下尽可能降低数据中心的能源消耗，并提出提高冷却设备效率、IT 设备温 / 湿度耐受能力、数据中心的资源调度和负荷分配集成优化能力等建议。2021 年 1 月，日本相关主管部门（经济产业省）发布了《绿色增长战略》，提出 "数据中心市场规模从 2019 年的 1.5 万亿日元提升到 2030 年的 3.3 万亿日元，届时将实现数据中心的能耗比 2019 年降低 30%" 的目标，并将重点任务放在扩大可再生能源电力在数据中心的应用，以及打造绿色数据中心上。

4.1.3 中国碳中和目标

温室气体排放导致全球气候变化，造成海平面上升、地球极端天气气候事件频发、生物多样性减少等问题，这使控制温室气体排放成为全球共识，中国作为发展中大国，积极应对气候变化。

为规范企业温室气体的排放，我国出台了一系列核算和测评标准。2017 年 12 月，国家发展和改革委员会发布《关于做好 2016 年、2017 年碳排放报告与核查及排放监测计划制定工作的通知》，制定企业碳排放补充数据核算报告模板、企业排放监测计划模板。2021 年 3 月，生态环境部印发了《企业温室气体排放报告核查指南（试行）》，对企业温室气体排放的核查工作进行规范，明确了核查程序、核查要点、核查工作流程、技术服务机构要求等。

考虑到不同行业的环保性质区别，我国积极开展重点行业碳排放权交易试点工作，持续推进碳排放权交易市场建设。2011 年 10 月，国家发展和改革委员会发布《关于开展碳排放权交易试点工作的通知》，推动在 7 个省（自治区、直辖市）开展碳排放权交易试点工作。2015 年 1 月，国家发展和改革委员会发布《碳排放权交易管理暂行办法》，明确了我国统一碳排放权交易市场的基本框架。2020 年 12 月，生态环境部公布《碳排放权交易管理办法（试行）》，对碳排放配额分配和清缴，碳排放权登记、交易、结算，温室气体排放报告与核查等活动做出规定。2021 年 7 月，上海环境能源交易所发布公告，根据国家总体安排，全国碳排放权交易于 7 月 16 日开市，纳入发电行业重点排放单位 2162 家，覆盖约 45 亿吨二氧化碳排放量。

4.1.4 中国数据中心降碳政策

在"双碳"目标下，数据中心加速向绿色低碳发展。2021 年 7 月，工业和信息化部印发《新型数据中心发展三年行动计划（2021—2023 年）》，提出"到 2021 年年底，全国新建大型及以上数据中心 PUE 值降低到 1.35 以下，到 2023 年年底，新建大型及以上数据中心 PUE 值降低到 1.3 以下，严寒和寒冷地区力争降低到 1.25 以下"的目标。2021 年 10 月 18 日，国家发展和改革委员会等五部门出台《国家发展改革委等部门关于严格能效约束推动重点领域节能降碳的若干意见》，提出"新建大型、超大型数据中心原则上布局在国家枢纽节点数据中心集群范围内"；"对于在国家枢纽节点之外新建的数据中心，地方政府不得给予土地、财税等方面的优惠政策"，进一步明确优化数据中心总体建设布局的严控措施。2021 年 11 月，国家机关事务管理局、国家发展和改革委员会、财政部和生态环境部等印发《深入开展公共机构绿色低碳引领行动促进碳达峰实施方案》，明确要求"新建大型、超大型数据中心全部达到绿色数据中心要求，绿色低碳等级达到 4A 级以上，电能利用效率（PUE）达到 1.3 以下。鼓励申报绿色数据中心评价，发挥示范引领作用"。2021 年 12 月，国家发展和改革委员会、国家能源局印发《贯彻落实碳达峰碳中和目标要求推动数据中心和 5G 等新型基础设施绿色高质量发展实施方案》，立足新发展阶段、贯彻新发展理念、构建新发展格局，明确提出全国新建大型、超大型数据中心平均电能利用效率降到 1.3 以下，国家枢纽节点进一步降到 1.25 以下，绿色低碳等级达到 4A 级以上。旨在有序推动以数据中心、5G 为代表的新型基础设施绿色高质量发展，发挥其"一业带百业"作用，助力实现"双碳"目标。

地方层面，2021 年 4 月，北京市经济和信息化局印发《北京市数据中心统筹发展实施方案（2021—2023 年）》，要求推进北京市数据中心绿色化、智能化、集约化发展。北京市各区需要严格执行数据中心分区分类管理要求，结合第三方专业评测，摸清区域内数据中心运行情况，形成关闭、腾退、改造、新建清单，建立清单动态管理和部门联合监管信息共享机制，统筹有序推进数据中心发展。上海市于 2021 年 4 月印发《上海市数据中心建设导则（2021版）》，要求新建数据中心综合 PUE 值不高于 1.3，WUE 值不高于 1.4。江苏省于 2021 年 12 月印发《江苏省新型数据中心统筹发展实施意见》，要求"全省新建（扩建）大型及以上数据中心应达到绿色数据中心要求，PUE 值低于1.3，绿色低碳等级达到 4A 级以上。中小型数据中心 PUE 值应不高于 1.5"。

4.2　数据中心和服务器低碳发展分析

4.2.1　国际数据中心头部企业

遏制全球变暖是应对气候变化的核心方向，当务之急是控制温室气体排放，为此，全球各家数据中心企业在智能节能、可再生能源开发、资源回收利用等方面不断探索，力图降低数据中心的碳排放量。

微软计划在 2030 年实现碳负排放，预计 2050 年可清除公司自 1975 年成立以来直接或通过电力产生的所有碳排放。在可再生能源使用方面，微软计划在 2025 年实现数据中心、建筑、园区 100% 采用可再生能源供应。亚马逊在 2019 年与 Global Optimism 组织共同发布了《气候宣言》，计划在2040 年实现所有业务线净零碳排放。在数据中心方面，亚马逊使用节能服务器，致力于提高设施和设备的能效，在服务器、存储和网络设备的设计和制造方面持续创新以减少能耗。Facebook 计划，到 2030 年，其供应链、员工通勤和商务旅行实现净零排放。2020 年，Facebook 运营均由 100% 可再生能源支持，已达到净零排放。2007 年，谷歌宣布实现了碳中和，主要通过使用新能源、采购绿电等进行碳抵消，达到碳排放量为零，并计划到 2030 年实现全天候无碳能源运营。同时，谷歌设计了使用寿命更长、更易复用的服务器，从旧服务器拆取零件再利用，或改造旧服务器作为新服务器使用，或清除旧服务器的历史数据，作为二手服务器卖掉。

4.2.2　国内数据中心头部企业

我国数据中心的参与者主要包括电信运营商、第三方数据中心运营商和互联网企业等。目前，我国三大基础电信运营商仍占据主要市场，截至 2022 年，三大基础电信运营商共占我国 IDC 市场约 48% 的份额。此外，第三方服务商是除基础电信运营商外的重要组成部分，也占据较大的市场份额。同时，基于长远的技术、业务发展需要，大型互联网企业逐渐规划自建数据中心，也成为一类数据中心持有和运营主体。

中国移动提出到"十四五"期末，将企业碳排放控制在 5600 万吨以内，并提出了"六绿"的节能路径，分别为：以绿色架构、节能技术为驱动打造绿色网络；以能源消费电气化、绿电应用规模化为目标推进绿色用能；以科学制定设备节能技术规范、完善绿色采购制度保障建设绿色供应链；以线上化、低碳化为方向倡导绿色办公；以拓展信息服务应用、推广"智慧环保"解决方案为依托深化绿色赋能；以加强宣贯教育、弘扬绿色低碳理念为抓手创建绿色文化。

中国联通为推进绿色数据中心发展，做出了许多努力：一是做好布局工作，将重点放在分类引导上，将数据中心选址在寒冷地区或靠近海水、湖水的地区，充分利用冷空气或冷水等自然冷源；二是绿色科技助力节能减排，包括搭建数据中心能耗管理平台，对机房内温度、湿度等指标进行统一监控监管；三是采用绿色能源。

中国电信于 2021 年 8 月发布了"1236"行动计划，将重点从 3 个方面推进"双碳"工作，其中涉及数据中心的包括：建设绿色新云网，打造绿色新运营；构建绿色新生态，赋能绿色新发展；催生绿色新科技，筑牢绿色新支撑。

万国数据是国内首家同时提出在 2030 年实现"双碳"目标及 100% 使用可再生能源的数据中心企业。以 100% 使用绿色电力为目标，万国数据提出通过提高可再生能源的使用比例、建设绿色数据中心和提升运营效率来最大限度地减少碳排放对环境造成的影响，通过积极参与绿色电力交易、加强新能源投资与探索新技术等组合模式，不断降低数据中心的碳排放。

秦淮数据计划，到 2030 年，实现中国运营范围内所有新一代超大规模数据中心 100% 采用可再生综合能源解决方案，直接参与投资的清洁能源装机容量将不少于 2GW。绿色数据中心部署方面包括新一代算力算法、数据中心选址、IT 设备、制冷系统、电力配网架构、供配电系统及照明系统等设施，进行数据中心的全生命周期节能降碳。

世纪互联坚持引领数据中心走高效、低碳、集约、循环的绿色发展道路，不断推进在可再生能源利用、节能方案评估、高效绿色运维、能效指标分级评估等方面的探索和创新，并将环保融入数据中心设计、建设等全生命周期的各个环节。

随着互联网的迅猛发展，各行业对数据中心的计算能力和规模要求逐渐提高，在"双碳"目标下，互联网企业的低碳发展也逐渐受到重视。

阿里巴巴为降低数据中心产生的碳排放量，提出 4 条路径：从内部提高数据中心效率，降低 PUE 值；市场化采购可再生能源；投资建设分布式和大型集中式项目；采购绿证以及中国核证自愿减排量等项目。在服务器方面，阿里巴巴通过服务器全浸没液冷降低碳排放，同时，改配翻新旧服务器，循环使用备件。

腾讯秉承"减排和绿色电力优先，抵消为辅"的原则，推进自身运营和供应链"碳中和"目标的实现。在能源效率方面，降低运营能耗，提高资源利用效率；在可再生能源方面，大幅提高可再生能源的使用比例，积极参与绿色电力交易并探索新能源项目投资开发；此外，还采用碳抵消等手段中和实际碳排放量。

百度在数据中心、办公楼宇、碳抵消、智能交通、智能云、供应链 6 个方面，全面构建 2030 年"双碳"目标的科学实现路径，通过使用清洁低碳能源、提高能效来降低数据中心的碳排放。在服务器方面，数据中心淘汰的服务器、核心零部件通常被拆解回收再利用，其余无法复用的部分则由经筛选的回收商 100% 回收处置。

京东提出，到 2030 年，京东的碳排放量将比 2019 年减少 50%。通过低碳设计，在绿色采购、能源管理、高效的资源利用及日常运营等方面，推动数据中心绿色低碳发展。

4.2.3　服务器及芯片企业

服务器是数据中心的核心部分，在数据中心硬件设备耗电量中所占的比重最高，而服务器能耗又以 CPU 为主，其主要设计厂商包括 AMD、华为、Intel、NVIDIA 等，这些企业也通过多种措施，持续推动服务器及芯片行业的绿色低碳发展。

1. AMD

AMD 为减少二氧化碳排放，最大限度地降低供应链对环境的影响，进行了一系列技术创新，以适应芯片在各应用场景下的性能和节能要求。AMD 节能降碳目标及完成情况见表 4-2。

表 4-2　AMD 节能降碳目标及完成情况

阶段	运营	供应链	产品用途
完成情况	2014—2020 年，AMD 运营的温室气体排放量减少 38%	与行业平均水平相比，2020 年 AMD 晶圆生产的直接温室气体排放减少 73%	2014—2020 年，移动处理器的能效提高 31.7 倍
目标	2020—2030 年，AMD 运营的温室气体绝对排放量减少 50%	到 2025 年，AMD 的制造供应商都公开温室气体减排目标，80% 的供应商使用可再生能源	2020—2025 年，将应用于人工智能训练和高性能计算的 AMD 处理器和加速器的能效提高 30 倍

除聚焦产品技术革新，通过提供医疗、教育、制造、科学研究和其他关键需求的高性能计算解决方案助力节能降碳外，AMD 也积极参与采购可再生能源，号召员工和供应商参与环保行动。2020 年，AMD 在美国（Green-E 认证风能）和中国（iRECs 风能）采购了 3400 万千瓦时的可再生能源证书，

占 AMD 全球能源使用量的 28%，足以为美国约 4420 个家庭提供一年的电力。

2. Intel

Intel 承诺到 2040 年实现全球业务的温室气体净零排放，并制订具体目标，以提升 Intel 产品和平台的能源效率并减少碳足迹。Intel 将于 2030 年在全球业务中 100% 使用可再生电力，并投资约 3 亿美元用于设施节能，可累计节约 40 亿千瓦时的能源。

在能源使用方面，Intel 提出，到 2030 年，水资源全部有效利用（节约共 600 亿加仑水资源）、100% 可再生能源使用率、零废弃物填埋量（60% 制造废物循环）、节约 40 亿千瓦时能源。并且，Intel 已经制定相关解决方案，可集成到现有的能源网基础架构中，打造可适应能耗需求不断变化的电网。

在技术升级方面，Intel 正与数据中心合作液浸式散热试点部署。该方案应用了新的原理，例如通过液浸式散热进行热量回收和再利用。温水态可捕获 IT 设备所产生热量的 99%，基本上没有能量损失。Intel 也开发了环保的可编程硬件和开放式软件，已在日本电信运营商 KDDI 的 5G 通信设施的数据中心内试验，使用的 Intel 至强可扩展处理器、Intel 综合电源管理、人工智能功能，可以根据需求调整功耗。

3. NVIDIA

NVIDIA 为节能降碳做出了一系列努力。在能源使用上，NVIDIA 计划，到 2025 年，全球业务 100% 的电力来自可再生能源。在技术革新上，加快研发 GPU 并推广应用，其拳头产品液冷 GPU 可加速提高效率，如果将全球所有运行 AI 和 HPC 的 CPU 服务器换为液冷 GPU，每年可节省高达 11 太瓦时的能源，相当于两座燃煤电厂的发电量，或道路上 170 万辆汽车的消耗[1]。在实验室中引入液冷 GPU，借助液冷技术，系统仅需对封闭系统中的少量液体进行循环利用。此外，在同等性能下，液冷 GPU 耗电更少，NVIDIA 估计，液冷数据中心的 PUE 值可能达到 1.15，远低于风冷的 1.6。

---

1. 数据来源：《2021 NVIDIA 企业社会责任报告》。

4. 华为

自 2019 年华为提出"让科技与自然共生"的绿色环保理念以来，华为持续积极应对气候和环境挑战，基于 ICT 技术，重点围绕"减少碳排放、加大可再生能源使用、促进循环经济"采取行动，用科技创新守护人类共同的家园。

为全面减少碳排放，华为制定了绿色环保相关政策，主要涵盖绿色运营、绿色产品和绿色供应链。在可再生能源使用上，一方面，华为在自身运营中持续加大对可再生能源的引入，另一方面，华为数字能源已助力客户累计绿色发电 4829 亿千瓦时，节约用电 142 亿千瓦时，相当于减少 2.3 亿吨碳排放。在技术升级上，通过芯片技术升级、光交换显著提升设备能效。在传统架构中，光模块通过 SerDes[1] 与设备芯片连接，走线较长，功耗较大，用芯片封装优化（Chip Package Optimization，CPO）把光收发器与设备芯片集成在一个互补金属氧化物半导体（CMOS）衬底上，可有效提高能效，降低碳排放。

4.3 数据中心算力绿色低碳技术分析

4.3.1 服务器绿色低碳技术趋势

服务器作为 IT 基础设施中最基本的算力设备，需要承担的计算量越来越大。服务器性能提升了服务器的处理能力，但能耗增长给数据中心的维护难度和支出成本都带来了不小的压力。从数据中心技术层面看，如何在计算密集型工作负载和低能耗运行的矛盾之间找到平衡，如何在满足技术需求的基础上尽可能地降低碳排放，业界对此开展了大量技术研究和探索。

1. 整机柜服务器

整机柜服务器是按照模块化设计思路打造的服务器解决方案，系统架构

---

1. SerDes 是 Serializer（串行器）/Deserializer（解串器）的简称，它是一种主流的高速的时分多路复用、点对点的串行通信技术。

由机柜、网络、供电、服务器节点、集中散热、集中管理 6 个子系统组成，是对数据中心服务器设计技术的一次重大变革。整机柜服务器将供电单元、散热单元池化，通过节约空间来提高部署密度，其部署密度通常可以翻倍。集中供电和散热的设计，使整机柜服务器仅配置传统机柜式服务器 10% 的电源数量就可以满足供电需要，电源效率可以提升 10% 以上，且单台服务器的能耗可降低 5%。

当前，无论是互联网还是传统行业，超大规模还是中小规模，数据中心都面临空间有限、高效交付、便捷运维等挑战，作为服务器产品的新型交付形态和解决方案，整机柜产品可利用自身特性应对挑战。整机柜服务器的节能优势主要体现在以下两个方面。

在散热方面，单机配置独立风扇进行散热。单台机器一般配置 6 个系统风扇来保障散热，48 台服务器所需要的风扇数量将达到 288 个。通过集中散热，将每个服务器节点的散热风扇移除，整合成一个散热风扇墙，布局在整个机柜的后部，48 个节点仅需 18 个风扇，数量减少 93% 以上，散热功耗降低 25% 以上。

在电源方面，以单机作为服务器的最小组成单元，考虑系统的供电冗余，需要配置双电源模块作为支撑。按照 48 台传统机架服务器来计算，需要 96 个电源模块来实现双路供电，供电配置过高造成电源负载率过低，使电源转换效率仅能达到 85% 左右。集中供电，单个机柜仅需 8 个 2400W 电源模块，即可满足 48 个节点的供电，转换效率高达 94%，减少 90% 的电源数量，供电系统效率提升 9%。

2. 液冷服务器

液冷服务器是采用特种或经特殊处理的液体，直接或近距离间接换热冷却芯片或者 IT 整体设备，具体包括冷板式冷却、浸没式冷却和喷淋式冷却 3 种形态。

液冷服务器可以针对 CPU 精确定点冷却，精确控制制冷分配，能将高密度部署带到更高层级（例如 20 ～ 100kW 高密度数据中心），是数据中心节能技术的发展方向之一。

液冷散热的优点：一方面，风冷限制了单机箱功率密度增长，而液冷可大幅增加单机柜部署密度，节省机房空间；另一方面，液冷配置能大幅提高散热效率，降低数据中心的 PUE 值。

3. 高密度服务器

数据规模的持续增长及土地、电力资源集约化发展推动高密度数据中心发展。通过扩大机架和服务器规模来提高算力会导致数据中心运营成本的增加和数据中心场地空间的浪费。尤其在发达地区，这种扩大规模的建设模式难以实施，建设高密度数据中心成为推动数据中心算力提升的重要举措，高密度数据中心能够进一步增加数据中心功率密度和数据中心每平方米的计算能力，更好地满足大数据场景下的计算与存储需求。

高密度服务器部署将显著提升数据中心单位面积算力，降低数据中心运营成本。建设高密度数据中心的关键是部署高密度服务器，这样做一方面降低了机体的重量和空间占用，提升了数据中心单位面积算力，另一方面提升了电源和散热系统的使用效率，降低了数据中心的运营成本。目前，IBM、思科、华为、浪潮、曙光等国内外知名的硬件厂商纷纷加速推进高密度服务器的产品设计与市场布局。

4.3.2　CPU 绿色低碳技术

CPU 是服务器中的核心部件，一方面，服务器能耗的 70% 来自 CPU，其自身能源消耗量较大；另一方面，CPU 的能耗将影响其他辅助设备，研究发现，服务器 CPU 能耗降低 1W，由此带来自身及其他相应辅助设备的总能耗将降低 2.84W。我们可以从 CPU 出发，深入分析 CPU 绿色节能技术，以达到节能目的。CPU 的能耗路径如图 4-1 所示。

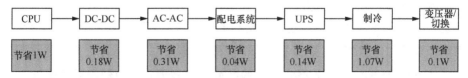

数据来源：服务器各部件功耗以及节能技术

图 4-1　CPU 的能耗路径

1. CPU产品设计节能减排

要实现 CPU 的低功耗，必须在覆盖技术、设计、芯片架构和软件等方面采用全面和先进的方法。目前，业界最低功耗的处理器和系统级芯片开发人员不仅通过最佳架构和材料来延续优势，也采用协同设计封装、电源、射频电路和软件来降低功耗。

在 CPU 产品设计阶段，协同设计成为发展趋势。设计的第一步是从性能和功耗出发来确认产品的目标，并选择适合的制程技术，电子设计自动化（Electronic Design Automation，EDA）工具或将成为实现功耗目标的关键，但传统 EDA 工具进行功耗估计只在设计周期接近结束时才比较精确。未来，须在设计周期初期就进行精确的功耗估算。

在芯片设计阶段，采用更高迁移率的新材料也能降低功耗，例如，在标准半导体产品线中加入磁性材料，使用碳纳米管和石墨烯等新材料等。Enpirion公司在其半导体产品线中导入磁性材料，通过整合不同的金属合金，磁性材料可以在很高的频率下执行作业，同时还能保持高能效。Semiconductor Research 公司资助 IBM 和美国哥伦比亚大学共同进行了一项研究计划——将电感整合于处理器上。这项研究可以通过芯片稳压功能在纳秒级时间内调节供电电压，实现工作负载匹配，从而使能耗降低。佐治亚理工学院的实验室证明石墨烯的互连性能超过铜。IBM 公司的研究表明，使用碳纳米管或石墨烯材料可以制造出低功耗、超高速的电晶体。

2. CPU生产工艺节能减排

CPU 生产的工艺过程包括硅原料提纯、切割晶圆、影印、蚀刻、重复和分层、封装、测试。硅原料提纯是将原材料硅熔化，放进石英熔炉并加入晶种，以形成单晶硅；切割晶圆是将硅锭整型成圆柱体再切割成片状的晶圆，一般来说，晶圆切得越薄，相同量的硅材料能够制造的 CPU 成品就越多；影印是用紫外线通过印着 CPU 复杂电路结构图样的模板照射硅基片，被紫外线照射区域的光阻物质溶解，不需要曝光的区域被遮罩遮蔽；蚀刻使用的是波长很短的紫外光并配合大镜头，短波长的光透过石英遮罩的孔照在光敏抗蚀膜上，使之曝光，曝光的硅将被原子轰击，使暴露的硅基片局部掺杂，从而改变区域的导电状态，以制造出 N 阱或 P 阱；重复和分层是加工新的一层电路，再次生长硅氧化物，然后沉积一层多晶硅，涂敷光阻物质，重复影印和蚀刻的过程，得到含多晶硅和硅氧化物的沟槽结构，重复多遍即可形成一个 3D 的结构；封装是将晶圆形态的 CPU 封入一个陶瓷的或塑料的封壳中，以便被安装到电路板上；最后是对 CPU 进行多次测试，以检查是否出现差错，以及这些差错出现的步骤。CPU 生产环节的节能技术主要有以下两个热点。

（1）先进的工艺制程

制程是指特定的半导体制造工艺及其设计规则。不同的制程意味着不同的电路特性。通常，制程节点越小意味着晶体管越小、速度越快、能耗表现越好。我们常说的 3nm 和 7nm 等是指晶体管内部控制电子流动的栅极长度。一个场效应晶体管由源极（Source）、漏极（Drain）和栅极（Gate）组成，电流从源极经栅极流向漏极，就代表晶体管导通，栅极就是控制晶体管导通与否的开关。而先进的制程就是将这个开关做得尽量窄，当栅极做窄之后，所需要的控制电压也会相应降低，从而从整体上降低了晶体管开关的功耗并解决了发热问题。目前，Intel 仍在使用 10nm 工艺，AMD 则使用了更先进的 Global Foundries 的 12nm 工艺和台积电的 7nm 工艺。采用 7nm 技术意味着 AMD 可以构建更低价、制程更快、更密集的芯片，在集成更多核心的同时依然将功耗保持在特定的范围内。

（2）先进的封装技术

随着集成电路的集成度和复杂度不断提高，传统的片上系统（System on Chip，SoC）的设计和制造费用急剧攀升，导致摩尔定律难以维持，先进的封装技术——Chiplet 得到更多的重视，该技术具有高效率、规模化程度高的特点，可以在降低生产成本的同时，提高芯片运转过程的工作速度。

Chiplet 技术是 SoC 集成发展到一定程度后的一种新的芯片设计方式，它将 SoC 分成较小的裸片，再将这些模块化的小芯片（裸片）互连起来，采用这种新型封装技术，将不同功能、不同工艺制造的小芯片封装在一起，成为一个异构的集成芯片。目前，各芯片厂家针对 Chiplet 技术都有一定的研究。

Intel 公司于 2019 年利用一种名为 Foveros 的芯片互连方法，推出了 3D

CPU 平台，为 CPU 处理器引入 3D 堆叠设计，可以在芯片上堆叠芯片，而且能整合不同工艺、结构和用途的芯片。Intel 公司使用 Intel Bridge 和 Foveros 技术的 2.5D 和 3D 封装如图 4-2 所示。

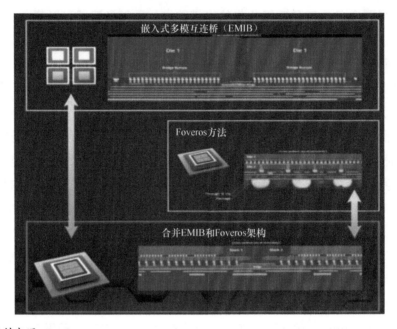

资料来源：Intel

图 4-2　Intel 公司使用 Intel Bridge 和 Foveros 技术的 2.5D 和 3D 封装

AMD 公司于 2019 年开始使用 Chiplet 生产第二代 EPYC（Rome），采用了异构设计，将 CPU 和缓存与所有的包括存储器控制器的 I/O 功能分离，8 个 CPU 通过 Infinity Fabric 技术与位于中央的 I/O 芯片相连。第二代 EPYC 的 7nm CCD（Core Complex Die）中，CPU 和 L3 Cache 这些核心计算、存储器件的占比高达 86%，具有很好的经济性，是高性能台式计算机和服务器处理器的重要代表。目前，AMD 使用的技术叫 "3D V-Cache"（3D 堆叠技术），是在微凸点 3D（Micro Bump 3D）技术的基础上，结合硅通孔，应用了混合键合技术的理念，最终使微凸点之间的距离只有 9μm。

台积电将前端芯片堆叠技术和后端封装技术整合到一个新的系统级集成项目中，并注册为 3D Fabric。在前端，台积电同时提供圆片上芯片和圆片上圆片，即集成芯片上系统。在后端，台积电的局部硅互连类似于 Intel 的 EMIB 或嵌入式多芯片互联桥。

2022 年 3 月，Intel、AMD、ARM、高通、台积电、三星、日月光、谷歌、Meta、微软等行业头部企业成立 Chiplet 标准联盟，制定了通用 Chiplet 的高速互联标准 "Uni-versal Chiplet Interconnect Ex-press"（以下简称 "UCIe"），旨在共同打造 Chiplet 的互联标准，推进开放生态的建设。

3. CPU绿色低碳运行

计算机系统通过操作系统来管理硬件资源，实现系统资源的分配与调度。目前，计算机系统能效的软件优化技术主要在操作系统层面实现，比较常见的技术有动态电源管理技术和动态电压频率调度技术。针对传统计算机系统电源管理系统只有挂起（Suspend）和恢复（Resume）两种状态，所有的硬件设备只能同时关闭或开启的缺点，动态电源管理技术可以根据设备的运行状态（空闲或运行中）来动态管理外设，例如，在只需要 CPU 运行时关闭显示器等设备，以此达到节能的目的。动态电压频率调度技术则根据计算机运行计算任务时所需的算力不同，按需调整处理器的频率和系统电压，避免"一刀切"的频率调度模式造成计算资源浪费及因此导致的能耗。这两种技术的能效优化思路是一致的，都是通过对硬件资源的按需调度与分配实现的，但是在实现细节上有些不同之处。动态电源管理技术与动态电压频率调度技术的异同见表 4-3。

表 4-3　动态电源管理技术与动态电压频率调度技术的异同

优化技术	动态电源管理技术	动态电压频率调度技术
不同点	• 管理包括显示器、CPU、GPU、存储系统等多个外设，优化粒度较粗，优化效果较差 • 将系统外设组合为不同的性能状态集合，根据系统状态、用户交互动作切换外设状态，切换速度快（10ms 以内）	• 调度管理 CPU 频率及电压，能够在很细的粒度上进行优化，优化效果好 • 根据处理器负载的变化，调整频率等级，负载采样间隔较大（系统默认 80ms）
相同点	在操作系统层面实现硬件资源管理，将硬件资源注册为操作系统的统一接口，通过系统调用来改变硬件的状态	

（1）电源管理

一般来说，供电电压和时脉频率越低，功耗就越低，而性能也会受到一定程度的影响。因此，最新的微控制器开始运用智能电源管理单元，自动调整工作电压与时脉频率来搭配工作负载。电源管理的基本思路是调整芯片不同部分的供电电压和时脉频率，以便在任何特定的时间点都能匹配其工作负载，同时关闭未使用的电路。电源管理单元通常以状态机模组的方式建置，能够选择性地降低非关键功能的电压和时脉频率。

（2）CPU 动态节能技术

CPU 动态节能技术是用于降低服务器功耗的主流技术之一。一方面，通过选择系统空闲状态不同的电源管理策略，可以不同程度地降低服务器的功耗；另一方面，更低的功耗策略意味着 CPU 唤醒更慢，对性能影响较大，对于时延和性能要求高的应用，可通过软件停止 CPU 内部的主时钟、总线接口单元和高级可编程中断控制器（Advanced Programmable Interrupt Controller，APIC），却仍然能够保持全速运行。

4.4　服务器算力碳效模型研究

4.4.1　服务器耗能概述

ODCC 研究数据显示：到 2030 年，我国数据中心能耗总量将达到 3800 亿千瓦时左右，碳排放增长率将超过 300%。服务器作为数据中心能耗的重要部分，其碳排放量不容小觑。

碳排放量与服务器功耗强相关，分析碳排放与算力的关系时，可先将算力与功耗结合来看，本项目研究团队统计了 2017—2021 年数据中心服务器市场上的主流型号并根据市场份额计算出年均服务器热设计功耗（Thermal Design Power，TDP）及算力水平，并计算了单位算力 TDP 值。

CPU 理论浮点算力 =（CPU 核数 ×CPU 主频 ×
每时钟周期内执行的浮点操作数）

式（4-1）

单位算力 TDP 值 = 服务器 TDP/CPU 理论浮点算力　　式（4-2）

CPU 理论浮点算力由服务器 CPU 相关参数计算得出，服务器 TDP 来源于主流服务器芯片厂商的官网。

2017—2021 年服务器能源消耗情况如图 4-3 所示。对不同年份的单位算力 TDP 值分析，可以看出：一方面，随着服务器性能的提升，单位算力 TDP 呈逐渐下降的趋势；另一方面，服务器制造和芯片技术的升级虽然降低了服务器的能耗，但其作用效果是有限的，服务器单位算力 TDP 的下降速度逐渐变慢。

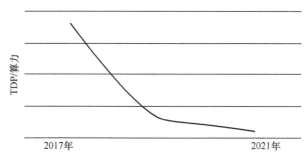

数据来源：中国信息通信研究院

图 4-3　2017—2021 年服务器能源消耗情况

4.4.2　服务器算力、能耗的相关研究

在算力性能测试方面，SPEC[1] 服务器应用性能测试是一个全面衡量服务器性能的基础测试，该测试是目前业界标准的、权威的基准测试之一。在能耗测试研究方面，数据中心应用最广的服务器设备的能耗模型主要有加性模型和基于系统利用率的模型。

加性模型是指将整个服务器的能耗形式化成服务器子结构的能耗之和，核心思想是将拟合后的局部非参量函数组合在一起以建立目标模型，因此，加性模型可以简单地看作一种线性回归的改良版本，该模型的简单版本是考虑了 CPU 和内存的能耗，其模型如式（4-3）所示。

$$E(A)=E_{\mathrm{CPU}}(A)+E_{\mathrm{memory}}(A) \qquad 式（4-3）$$

---

1. SPEC（the Standard Performance Evaluation Corporation，标准性能评估机构）。

其中，$E_{CPU}(A)$ 和 $E_{memory}(A)$ 分别表示运行算法 A 时 CPU 和内存的能耗。稍复杂的模型对此进行了细化和完善，主要着眼于将更多的服务器能耗部件考虑进模型，例如磁盘、I/O 设备和网卡等的能耗。此外，还有一些研究也将服务器主板的能耗考虑进去，或者直接将这部分能耗看作一个常量加到模型中。

除了加性模型，另一类最常用的服务器能耗模型是基于系统利用率的模型。通常情况下，服务器系统能耗由静态能耗与动态能耗两个部分组成，考虑 CPU 是服务器各个子系统中能耗最大的部件，通常将 CPU 利用率作为服务器系统能耗模型的变量，这类模型最早是将 CPU 的运行时钟频率作为变量纳入能耗模型中计算，可以看作基本数字电路级功率模型的扩展，CPU 的能耗形式如式（4-4）所示。

$$P=C_0+ACV^2f \qquad \text{式（4-4）}$$

其中，C_0 为 CPU 的静态功率，ACV^2f 是其动态功率，A 为转换系数，C 为电容，V 为电压，f 为时钟频率。对于特定的硬件，A、C、C_0 均为常数。而 V 与 f 成正比，所以 CPU 的动态能耗可以认为是与其时钟频率成 3 次方关系，又因为 f 与系统运行速率 s 成正比例关系，因此建立了动态功率 P 与运行速率 $s(s>0)$ 之间的关系如式（4-5）所示。

$$P(s)=\sigma+\mu s^\alpha \qquad \text{式（4-5）}$$

其中，σ 为静态功率，μ 和 α 为常数，与具体的硬件设备有关，$\alpha>1$，此类模型另一个常用的方式是通过预估系统各个部件的功率情况，采用线性回归方法得到服务器与各种资源利用率的函数关系。然而，这种基于回归分析的方法需要针对特定的服务器做大量的实验，以得到相应服务器的能耗参数。除了上述两种模型，还有一种广泛应用的基于利用率的线性功耗模型，它可以更加精确地追踪服务器系统的功率使用情况。在假设服务器处于关闭状态功率近似为 0 时，任何一台服务器在任意 CPU 利用率 μ 情况下的全系统功率形式如式（4-6）所示。

$$P_\mu=(P_{max}-P_{idle})\mu+P_{idle} \qquad \text{式（4-6）}$$

其中，P_{max} 和 P_{idle} 分别代表服务器在全速率工作和空闲状态的平均功率。本次测算使用的评价模型中包含 CPU、内存和存储 3 个主要部件，同时也考虑了不同负载下的运行工况，是加性模型和基于系统利用率的模型的综合，可以全面地测量服务器运行过程中的能效，进而计算出碳排放量。

4.4.3 服务器算力碳效模型设计

目前，尚无针对服务器算力碳效的基础模型，大多数研究聚焦在服务器能效模型的构建、节能方式的选择上，本书创新性地提出了服务器算力碳效的概念，并构建了以"服务器算力性能和碳排放量"为核心的碳效模型。服务器算力碳效的定义是服务器使用周期内产生的碳排放量与所提供的算力性能的比值，即服务器单位算力性能的碳排放量。具体碳效模型如式（4-7）所示。

$$CEPS=C/S \qquad\qquad 式（4-7）$$

其中，C 是服务器使用周期内产生的碳排放量，S 是服务器的算力性能。

4.4.4 服务器碳排放量的定义

$$C=C_n \times E_{使用} \qquad\qquad 式（4-8）$$

碳排放量 C 是服务器使用寿命（以 5 年为基准）的功耗与碳排放因子的乘积。C_n 是碳排放因子，根据国家气候战略中心发布的 2011 年和 2012 年中国区域电网平均二氧化碳排放因子，C_n 为 0.6808 千克二氧化碳每千瓦时。$E_{使用}$ 是服务器在指定负载压力情况下的功耗。根据中国信息通信研究院发布的《数据中心服务器碳核算指南》中关于服务器使用阶段功耗的计算方法，同时考虑服务器通用基准测试场景，采用涵盖服务器 CPU、内存、存储 I/O 三大基础部件在指定负载压力情况下的功耗数据，采用服务器能效测试负载工具（Benchmark of Server Energy Efficiency, Bench SEE）在 7 种 CPU 通用负载、2 种内存测试通用负载、2 种存储 I/O 读写通用负载，从而计算出其全生命周期的能源消耗量，其计算公式如式（4-9）所示。

$$E_{使用} =P_{server} \times 24 \times 365 \times 5 \times C_n \qquad\qquad 式（4-9）$$

Bench SEE 是由中国标准化研究院资源与环境分院主导开发的一款针对服务器产品能效测试的基准软件。Bench SEE 基准的设计参考了全球众多服务器厂家、芯片厂家、能效认证机构和 IT 节能领域科研机构的意见，可以满足服务器市场应用对能效测评的需求。P_{server} 可以根据 Bench SEE 7 种 CPU

通用负载、2 种内存测试通用负载、2 种存储 I/O 读写通用负载共 11 种通用负载工况，计算各种负载情况下的能耗之和 $W_{电耗}$（单位为 kWh）与测量时间之和 T（单位为 h），通过 $W_{电耗}/T$ 计算得到 P_{server}，基准周期为 5 年。

4.4.5 服务器算力性能定义

根据服务器算力碳效的概念，针对服务器的算力性能，本章先从理论上计算了服务器使用寿命（以 5 年为基准）的算力性能，用其 50% 的理论峰值浮点算力表征，具体如式（4-10）所示。

$$S_{理论} = CPU 理论峰值浮点算力 \times 60 \times 60 \times 24 \times 365 \times 5 \times 50\% \qquad 式（4-10）$$

再测试服务器算力实际值，用 SPEC（一套行业标准的 CPU 密集型基准测试套件，可测试用户使用不同应用程序时的计算性能，并综合打分）进行测试。使用 SPECrate 2017 测试整型并发速率和浮点并发速率，即 SPECrate 2017$_{Integer}$ 和 SPECrate 2017$_{Floating}$ 的分数，并将二者按各 50% 的比例加权平均得到一个表征计算性能的分数，具体如式（4-11）所示。

$$S_{测试} = 50\% \times SPECrate\ 2017_{Integer} + 50\% \times SPECrate\ 2017_{Floating} \qquad 式（4-11）$$

4.4.6 测试范围

测试选取了业界主流的服务器芯片产品，分别对 AMD 和 Intel 最新系列的不同型号服务器 CPU 的测试结果分析。Intel 和 AMD 的最新服务器 CPU 型号及参数见表 4-4。

表 4-4　Intel 和 AMD 的最新服务器 CPU 型号及参数

序号	厂家	型号	CPU 核数	主频 /GHz
1	AMD	7713 单路	64	2.0
2	AMD	7763×2	128	2.45
3	AMD	7513×2	64	2.6
4	AMD	7K83×2	128	2.45
5	AMD	7543 单路	32	2.8
6	AMD	7413×2	48	2.65
7	AMD	7313×2	32	3.0

序号	厂家	型号	CPU 核数	主频 /GHz
8	AMD	7543×2	64	2.8
9	Intel	6338×2	64	2.0
10	Intel	6348×2	56	2.6
11	Intel	8380×2	80	2.3
12	Intel	6342×2	48	2.8
13	Intel	4310×2	24	2.1

4.4.7 服务器算力碳效模型实验与测试结果分析

1. 算力碳效理论值分析

根据测算，在服务器 5 年使用周期内，AMD 和 Intel 的最新服务器的二氧化碳排放量为 8000 ～ 21000kg，理论算力水平为 22 ～ 93EFLOPS。服务器使用阶段的算力碳效理论值如图 4-4 所示。

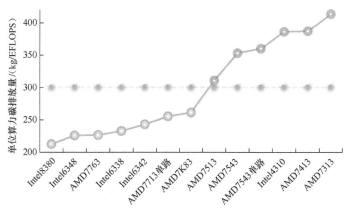

数据来源：中国信息通信研究院

图 4-4 服务器使用阶段内的算力碳效理论值

从图中可以看出，算力碳效理论值为 200 ～ 450kg/EFLOPS，高端产品的算力碳效理论值小于中低端产品的算力碳效理论值；在算力碳效理论值小于 300kg/EFLOPS 的产品中，Intel 占比相对较大，这可能与当前 AMD 的服务器芯片不支持 AVX-512 指令集有关。根据 Intel 公开发布的文件资料，Intel 的 CPU 在运行 AVX-512 指令集时基频会有一定程度的降低，产业界对 AVX-512 指令集环境计算 CPU 的理论算力性能的计算仍存在不同的看法。

2. 算力碳效实测值分析

FLOPS 是服务器理论算力的代表，产业界在数据中心应用过程中更多以实测值为参考，建议以算力碳效实测值作为服务器实际应用分析的指标。服务器使用阶段 SPEC 分数和碳排放量的相关关系如图 4-5 所示。

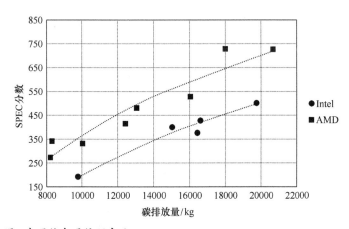

数据来源：中国信息通信研究院

图 4-5　服务器使用阶段 SPEC 分数与碳排放量的相关关系

随着 SPEC 分数的提升，碳排放总量呈上升趋势，但性能增加的速度超过碳排放增加的速度，即 SPEC 分数与碳排放量关系曲线的斜率越来越小。数据中心可以根据自身业务的需求配备性能适宜的服务器，尽量降低数据中心整体碳排放量。以 SPEC 分数 8000 为例，在更新换代时，21 台 Intel 至强 Gold 6342 可以使用 16 台 Intel 至强 Platinum 8380 或 11 台 AMD EPYC 763，服务器台数最多可以减少 10 台，其使用周期内的碳排放量最多减少 43%，相当于 8100 多棵树一年吸收的碳排放量。

不同厂商因使用的技术不同，产品存在一定的差异，性能与碳排放的关系呈现出的特点也不同。芯片厂商都致力于推动计算向绿色节能的方向发展，在满足计算性能要求的同时兼顾绿色低碳，在相同性能下，目前 AMD 产品的碳排放量基本低于 Intel 产品的碳排放量。服务器使用阶段内算力碳效实测值如图 4-6 所示。

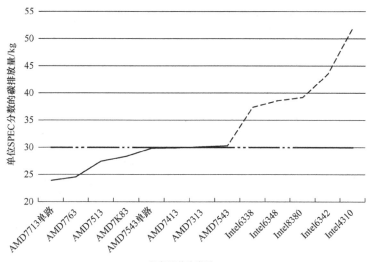

数据来源：中国信息通信研究院

图 4-6　服务器使用阶段内算力碳效实测值

结合测算结果，从服务器算力碳效的定义出发，发现 CPU 的性能越高，可提供的计算能力更强，所消耗的能量也越多，带来的温室气体排放越多，但服务器算力碳效即单位算力性能的碳排放量反而会降低。根据测试结果，在服务器使用周期为 5 年的情况下，单位 SPEC 分数的碳排放量为 20 ~ 60kg，其中 AMD 服务器单位算力性能得分的碳排放量相对更低，大部分低于 30kg。

4.5　发展展望

1. IT设备能耗是未来节能降碳的核心要素

数据中心能效衡量标准主要是 PUE 值，目前被国内外数据中心行业广泛采用，其定义为数据中心的总能耗与 IT 设备能耗的比值，PUE 值越低，说明数据中心用于 IT 设备之外的相对能耗越低。但是，PUE 值直接反映了数据中心总能耗和 IT 设备之间相对比值的大小，无法反映出数据中心的总用电量是否降低。通过对数据中心的 IT 设备能耗、制冷系统能耗、供配电及辅助照明能耗占比进行分析，可得到 IT 设备能耗在数据中心中能耗占比为 60% ～ 70%。IT 设备能效提升，IT 设备本身的耗电量将降低，相应的供电设备和散热设备能耗也会随之下降，进而带来数据中心总能耗的下降，实现数据中心的降本增效。

2. 服务器设备选型时应考虑算力碳效

当前，数据中心在进行服务器设备选型时更侧重于计算性能指标，以确保设备可提供业务需要的算力资源，服务器性能的提升也带来更高的功耗和碳排放。服务器产品作为运营过程中核心的 IT 设备，其生命周期的碳足迹和算力碳效表现对总体运营温室气体排放控制是至关重要的。当前，政府机构、社会组织和企业投资方逐渐将对环境的量化影响作为核心评价指标之一。经测算，服务器能耗占数据中心 IT 设备的 90% 以上。未来，各方需要对服务器各个部件（CPU、内存、风扇、磁盘、网卡、主板元器件等）进行工艺和功耗智能管理等方面的研究，寻找各环节的突破点，提高服务器算力碳效水平，进而最大限度地降低数据中心的碳排放量。

3. 加强与业务场景匹配的碳效模型研究

算力资源已经渗透到生活的方方面面，其内涵也逐渐丰富，算力基础设施的应用涵盖了高性能计算、边缘计算、智能计算和通用计算等场景。基于目前市场的出货量情况，本次研究主要通过 Bench SEE 和 SPEC 两款测试基准软件对 x86 架构 CPU 服务器的通用场景开展研究和分析，后续将对 ARM 等其他架构服务器进行测试和分析。两款软件针对 CPU、内存、存储设计了几十种不同的压力场景，但是依然不能完全满足目前多样化的应用需求，在实际使用时，基于这两种测试基准的性能分和碳排放数据无法实际体现所有场景下服务器的表现。未来，通过对不同业务场景的数据中心碳效模型进行研究，可以从理论上为数据中心能效优化奠定基础。

第五章
"源网荷储"一体化研究

5.1 **电力系统发展现状**

5.1.1 新能源发电量占比持续提升

从电力生产结构来看，我国 2022 年的发电量达到 88487.1 亿千瓦时，同比增长 3.7%。其中，以煤炭作为主燃料的火力发电量依然占据首位——发电量为 58887.9 亿千瓦时，同比增长 1.4%，约为我国全社会发电量的 66.55%；水力发电量排名第二，发电量为 13522 亿千瓦时，同比增长 1%，约为我国全社会发电量的 15.28%；风力发电量为 7626.7 亿千瓦时，同比增长 16.2%，约为我国全社会发电量的 8.62%；太阳能发电量为 4272.7 亿千瓦时，同比增长 31.2%，约为我国全社会发电量的 4.83%；核能发电量为 4177.8 亿千瓦时，同比增长 2.5%，约为我国全社会发电量的4.72%。2022年我国电力生产结构占比如图5-1所示。

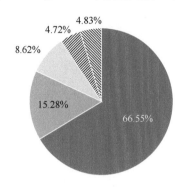

数据来源：国家发展和改革委员会

图5-1　2022年我国电力生产结构占比

从发电装机容量结构来看， 2022年我国发电装机容量约25.64亿千瓦，同比增长7.8%。其中，火电累计发电装机容量13.32亿千瓦，仍然是最主要的发电形式，但是占比在逐渐下降；水电累计发电装机容量4.14亿千瓦；风电累计发电装机容量3.65亿千瓦；太阳能电累计发电装机容量3.93亿千瓦；核电累计发电装机容量0.56亿千瓦。2022年我国累计发电装机容量如图5-2所示。

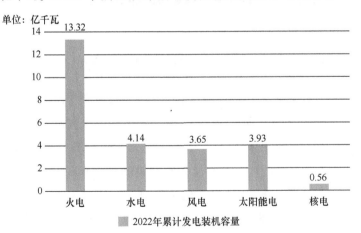

数据来源：国家能源局

图5-2　2022年我国累计发电装机容量

5.1.2　资源优化配置能力稳步提升

截至 2022 年年底，发电企业积极推进煤电机组灵活性改造制造工作，新投产煤电机组调节能力进一步提高，煤电灵活性改造规模累计约 2.57 亿千瓦；我国已建和在建装机规模均居世界首位，抽水蓄能装机规模达到 0.46 亿千瓦；以电化学储能为代表的储能技术持续快速发展，每千瓦时电的成本稳步下降，新型储能累计装机规模超过 0.09 亿千瓦。新能源得到高效利用，弃电率控制在合理水平。

5.1.3　新兴技术创新水平不断突破

随着我国科技水平的不断提高，不同类型的新能源技术在电力行业得到应用，与传统的发电技术相比，新能源技术有着更高的发电效率，现阶段，由电力行业的主导发电模式正在逐渐过渡到新能源发电模式。

目前，我国建立了完备的清洁能源装备制造产业链，成功研发制造全球最大的单机容量为 100 万千瓦的水电机组，具备最大单机容量达 16 兆瓦的全系列风电机组制造能力，太阳能电池的转换效率多次刷新世界纪录。柔性直流、智慧能源、大规模新型储能、综合能源等一大批新技术、新模式、新业态蓬勃兴起。

5.1.4　二氧化碳排放规模有效降低

《中国电力行业年度发展报告 2023》显示，2022 年，全国单位火电发电量二氧化碳排放约为 824 克/千瓦时，比 2005 年降低 21.4%；全国单位发电量二氧化碳排放约为 541 克/千瓦时，比 2005 降低 36.9%。以 2005 年为基准年，2006—2022 年，电力行业累计减少二氧化碳排放量约为 247.3 亿吨，通过加大新能源高比例消纳，有效地降低了二氧化碳排放量，加快了我国"双碳"目标的实现。

5.2　新型电力系统内涵

5.2.1　新型电力系统提出背景

2021 年 3 月 15 日，中央财经委员会第九次会议指出，要构建清洁低碳、安全高效的能源体系,控制化石能源总量,着力提高利用效能,实施可再生能源替代行动,深化电力体制改革,构建以新能源为主体的新型电力系统。这是首次提出"新型电力系统"的概念。

以新能源为主体的新型电力系统是以确保能源电力安全为基础,以满足经济社会发展电力需求为首要目标,以最大化地消纳新能源为主要任务,以"源网荷储"互动与多能互补为支撑,具备清洁低碳、安全可控、灵活高效、智能友好、开放互动基本特征的电力系统。

5.2.2　新型电力系统的意义深远

传统电力系统主要以火电为主,电力行业二氧化碳排放量在我国二氧化碳总排放量的占比最高,为实现"双碳"目标,电力行业要加快新型电力系统的建设,大幅提升太阳能、风能等新能源发电的比例,进而提升终端电气化率,更好地支持温室气体减排。

促进"产业结构"优化升级,实现"双碳"既定目标。以新能源为主体的新型电力系统能够推动产业结构优化升级,促进能源清洁低碳转型,减少化石能源的开发和使用,大力发展太阳能、风能等新能源,提供更加绿色、低碳的能源供给,提升终端能源绿色消费比重。

推动"源网荷储"互动融合,深化关键技术应用。传统电力系统以火电为主,是"源随荷动"的实时平衡模式,也是大电网一体化控制模式。在"双碳"目标下,新型电力系统主要以太阳能电、风电等新能源为主,向"源网荷储"协同互动的非完全实时平衡模式、大电网与微电网协同控制的模式转变,深化数字技术与储能技术在新型电力系统中的广泛应用,加快低碳能源技术、先进输电技术和网络技术、控制技术的深度融合,构建电力行业新发展格局,推动电力行业高质量发展。

推进"能源革命"加快发展,保障能源供应安全。新型电力系统建设深入推进能源革命,加强煤炭清洁高效利用,统筹"源网荷储"各个环节,助力"风光水火储"一体化协同发展,助推煤电灵活改造,加快抽水蓄能开发建设,支持各类储能健康有序发展,不断扩展新能源的应用场景,全面提升电力系统的调节能力,加快规划建设新型能源体系,统筹水电开发和生态保护,积极、安全、有序地发展核电,加强能源产供储销体系的建设,确保能源安全。

5.2.3 新型电力系统特征显著

高比例新能源广泛接入。新型电力系统的核心特征在于新能源占据主导地位，成为主要的能源形式。电力系统将逐渐由煤电装机占主导转向以新能源发电装机为主导，最终实现以风能、太阳能等新能源发电装机为主，新能源在一次能源消费中的比重不断增加，加速替代化石能源。未来，我国电源装机规模将保持平稳快速增长，呈现"风光领跑、多源协调"的态势。在电源总装机容量中，陆上风电、太阳能发电将是我国发展最快的电源类型。

电网资源灵活可靠。新型电力系统需要解决高比例新能源接入下系统强不确定性（即随机性与波动性）与脆弱性的问题，充分发挥电网大范围资源配置的能力。未来，电网将呈现交直流远距离输电、区域电网互联、主网与微电网互动的形态。特高压交直流远距离输电成为重要的清洁能源配置手段。分布式电源按电压等级分层接入，实现就地消纳与平衡，储能与需求侧响应快速发展。

基础设施多网融合数字赋能。新型电力系统将实现数字技术与物理系统深度融合，以数据流引领和优化能量流、业务流。以数据作为核心生产要素，打通电源、电网、负荷和储能的各个环节信息：发电侧（发电厂等）实现"全面可观、精确可测、高度可控"；电网侧（电网企业）形成云端与边缘融合的调控体系；用电侧（用电用户）有效聚合海量可调节资源，支撑实时动态响应。通过数字技术与能源企业业务、管理深度融合，不断提高数字化、网络化和智能化的水平，形成的新型能源生态系统具有灵活性、开放性、交互性、经济性和共享性等特性，使电网更加安全、可靠、绿色、高效和智能。

5.2.4 新型电力系统面临的挑战

1. 电力电量平衡挑战

新能源发电的间歇性、随机性和波动性，容易导致短时间的电力不平衡，另外新能源发电与用电季节性不匹配，存在季节性电量平衡的难题。

2. 系统安全稳定挑战

新型电力系统惯量和阻尼低、电压支撑和过流耐受能力弱，以及动态特性快,使宽频振荡和各种安全稳定问题加剧,易引发连锁脱网事故。

3. 电力成本挑战

为了保障新型电力系统实时平衡地辅助服务及相关设施建设,不仅需要增加电源的使用成本,还需要提高调节性、支撑性、保障性和灵活性的资源供给及新能源输电通道方面的建设投入。

4. 低碳用能挑战

目前,我国针对负荷侧有不同的低碳约束政策,包括能耗双控约束、绿电配额制约束和碳市场约束,共同约束和激励用户更多地低碳用能。

5. 调度控制挑战

随着新型电力系统需要控制"源网荷储"的各个环节,以及新能源发电和新型负荷的海量接入,新型电力系统的调度控制在可观、可测和可控方面面临严峻的挑战。

5.3 新型电力系统构建"源网荷储"新生态

5.3.1 发电侧:以新能源为主、煤电为辅

在"双碳"目标下,新能源产业将迎来高质量、跨越式发展,清洁电力装机占比将大幅提升,逐步成为新型电力系统中的新增装机主体乃至电量供给主体,煤电逐步成为调节性电源。

化石能源电源占比不断下降是大势所趋,将由基础电源向调节电源转变,化石能源电源向兜底保障、调节与支撑功能转变。但需要注意的是,煤电的战略地位仍不容小觑,尤其在寒潮或高温等特殊情境下,风电、太阳能电出力减少,缺少煤电兜底,电力系统的实时平衡将被打破。

5.3.2 电网侧:分布式微电网和大电网互补

随着新型电力系统的发展,在市场化过程中,微电网将为企业的高质量

发展注入新动能，推动智能电网运营商、能源产业价值链整合商、能源生态系统服务商进行战略转型，助力构建清洁低碳、安全高效的现代能源体系，进一步促进能源行业向低碳、清洁化的方向发展。

作为分布式清洁能源、配电设备、电力负载进行统一管理的发配用一体化微平衡系统，微电网主要有两个技术优势：一是"源网荷储"的统一协调控制能力；二是孤网运行能力。"源网荷储"统一协调控制能力意味着微电网在不同环境下能够以最高效、经济的方式生产和消费能源，并能够有效响应电网的调度指令；而孤网运行能力则意味着在大电网故障或极端的自然灾害下，微电网能够保障网内重要用户的可靠供电。微电网不仅能够在大电网系统下调节控制，平滑地并入大电网系统，还能在其内部实现能量和电压的统一调节。此外，微电网规模较小、系统构成较为分散，因此需要运用先进的技术，采用可再生能源使本地的消纳最大化，有利于绿电的高效利用，并降低负荷用能碳排、节约用能成本及满足电力供给的需求。

建设微电网，可以补充对大电网投资的不足，通过分布式能源和微电网本身的建设，降低配电系统对电能的需求，减少或者减缓配电网的投资以及提升大电网的整体传输效率。

微电网可以看作大电网的一个可控负荷，实现发电、储电、用电，以及与外部配电网交互电量的优化控制。未来的电网模式应该是大电网与微电网的结合体，大电网架构是微电网发展的前提条件，而微电网具备接纳清洁能源、调节能力强的特征，能够为大电网提供补充。电网的控制模式将更加开放多元，有利于大幅提高电网的系统效率。

5.3.3 负荷侧：由"源随荷动"转向"源网荷互动"

传统电力系统的主要特点是电源与负荷之间静态匹配，电网作为电能传输的通道，即以电源和负荷特性曲线构建"供给—需求匹配"方案，通过适度的电源调度实现电网稳定，核心是强调电源和负荷的稳定性。随着新型电力系统的发展，电源端和负荷端均出现了较大的波动性和时变性，如果以传统电力方案来进行源荷匹配，将无法实现目标，因此需要"源网荷互动"。

　　过去电网调控的主要模式是"源随荷动"，当用电负荷突然增高，但电源发电能力不足时，供需不平衡将严重影响电网的安全运行。在负荷侧大量新能源装机的背景下，负荷侧的波动将会频繁变化且波幅逐渐加大，从源侧单向跟随调节将变得力不从心，从而影响了电网的安全及传输效率。

　　微电网的建设可实现"源网荷储"一体化运行，能够深入挖掘新型电力系统的灵活性和调节能力，推动负荷侧分布式资源的互动响应，实现电网调控由"源随荷动"向"源网荷互动"转变，促进供需两侧精准匹配，以提升供需资源配置的质量和效率。"源网荷储"一体化运行如图 5-3 所示。

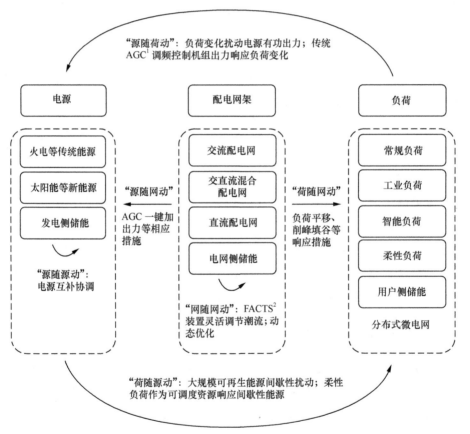

注：1. AGC（Automatic Gain Control，自动增益控制）。
　　2. FACTS（Flexible AC Transmission System，灵活交流输电）。

图 5-3　"源网荷储"一体化运行

微电网系统作为负荷侧的管理中枢，主要通过以下途径实现与源网的互动。

1. 需求侧响应

通过整合负荷侧需求响应资源，分布式发电资源、储能、弹性负荷、充电桩等被纳入需求侧响应范围，推动可中断负荷、可控负荷参与电网调峰、调频、调压等稳定控制，实现负荷精准控制和用户的精细化用能管理。

2. 电力现货交易

通过打通现货交易平台功能接口，参与电力现货市场化交易的规则，帮助用户从需求出发，降低用能成本或降碳，同时电力现货交易的市场化规则帮助大电网实现有序用电和降低整体的碳排放量。

3. 离网预备机制互动，加强新型电力系统的应急管理

建立健全应对极端天气和自然灾害的电力预警与应急响应机制，加强灾害预警预判和电网协调联动。保障应急备用煤电和短时储能的规模与调度，建设黑启动电源和负荷中心本地电源，提高电力系统网络安全应急处置能力。

微电网与主动配电网、大电网共同建立互动机制，以管理区域内的分布式能源，尤其是分布式能源个体具有分布分散、规模小、易受外界因素影响（例如，极端灾害天气、用户侧系统故障、计划维护等）等特性，因此通过微电网技术构建以终端用户为单位的分布式能源集群集中调控，通过气象预测技术、系统故障健康预测性运维及用户计划联动等手段，以预告时间维度的用户侧发用电信息数据进行拟合，并以短期、中期、中长期的计划策略报备给主动配电网管理平台，帮助电网提前预知用户侧的电力潮流趋势，合理调配区域配电网不同地理用户间的潮流走向，以及与大电网之间的电力潮流关系；在此基础上形成用户侧并网点、主动配电网、大电网调度互动协同的灵活机制，从用户侧参与了大电网的主动式稳定控制，增加了暂态支撑大电网的能力。

与此同时，微电网系统对于主动报备的并/离网预备策略，经由电网调度

综合研判、计划的指令反馈，基于自身并/离网切换策略平滑有效地遵循计划策略的实施。微电网系统运行框架如图5-4所示。

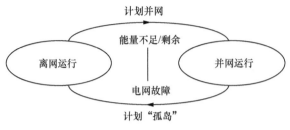

图5-4　微电网系统运行框架

5.3.4　储能侧：增强电网柔性

随着全球经济的快速发展和人口的不断增长，对能源的需求也越来越大。同时，在环保意识日益增强的背景下，清洁能源的应用也备受关注。新能源占比不断提高，其间歇性、随机性、波动性的特点快速消耗电力系统灵活调节资源。近年来，虽然经过各方的不断努力，全国新能源利用率总体保持较高水平，但消纳基础尚不牢固，局部地区、局部时段弃风弃光的问题依然突出。未来，新能源大规模高比例发展对系统调节能力提出了巨大的需求，但调节型电源建设面临诸多约束，区域性新能源高效消纳风险增大，制约新能源的高效利用。

在新型电力系统构建中，储能侧是实现"源网荷储"新生态的关键环节之一。储能技术是实现储能侧的关键，需要根据储能的容量、效率、成本等因素进行选择。目前，常用的储能技术包括电池储能、超级电容储能、燃料电池储能和抽水蓄能等。不同的储能技术具有不同的特点，需要根据实际情况选择。同时，储能容量的规划则需要考虑电网的负荷需求、可再生能源的波动性等因素。合理的储能容量规划，可以保证在电网负荷高峰期能够释放储能，实现电网的稳定性和可靠性。

储能侧是指利用各种技术手段将电能转换和存储，以便在需要的时候释放和利用的一种能量存储技术。储能侧可以实现对电力系统的源、网、荷的协调管理，提高电力系统的可靠性和经济性；并且储能侧还兼有调峰填谷、配电网优化、新能源消纳和储能技术创新的作用。

储能侧需要与电网实现互动,通过合理的控制策略和调度算法,实现储能与用能之间的平衡。在电网负荷低谷期,可以将多余的电能存储到储能系统中,以备电网负荷高峰期使用。通过优化调度策略,可以实现储能侧的最优化运行。例如,在电网负荷高峰期,可以通过调整储能系统的输出功率,以满足电网的负荷需求。

实现"源网荷储"新生态需要在储能侧进行多方面的优化和调整,包括储能技术的选择、储能容量的规划、储能与电网的互动和优化调度策略等,以实现电网的稳定性和可靠性。

在新型电力系统的储能侧,可以采取以下措施来增强电网的柔性。

一是多种储能技术的组合应用。不同储能技术具有不同的响应速度、容量、效率和成本等方面的特点,可以根据实际需求组合应用,提高储能侧对于电网负荷和电源波动的快速响应能力和自适应能力。

二是储能系统的智能控制。采用先进的智能控制技术,可以实现储能系统对于电网负荷和电源波动的自动调节和优化,提高储能系统的利用率和电网柔性。

三是储能系统的分布式布局。分布式储能系统可以更好地适应电网负荷和电源波动,提高电网的柔性。此外,分布式储能系统还可以提高电网的可靠性和安全性,减少电网故障的影响范围。

5.4 "源网荷储"一体化发展的关键举措

新型电力系统具有不确定性,而"源网荷储"一体化不仅可以充分发挥负荷侧的平衡调节能力,使电力系统更安全、稳定、高效地运行,而且促进了清洁能源稳定、可靠、有效地主动消纳。推动"源网荷储"一体化发展的作用:一是能够显著提升负荷侧能源的利用效率,增强可再生能源的消纳能力,更好地服务新型能源体系;二是优化创新环境,发挥科技骨干企业的引领作用,以产业链为纽带推动创新链、产业链的融合发展;三是研究开发新一代太阳能高效聚光集热系统,破解光热发电产业面临的难题;四是加快制定户用太阳能准入门槛、建设标准等,推进分布式太阳能的发展。

5.4.1 电源侧:提高绿色能源接纳

推动煤炭的清洁升级与新能源发展,构建清洁能源体系。我国以煤炭为核心的能源消费结构是碳排放的主要来源之一。煤炭的清洁升级以及以新能源替代传统能源是提升新能源接纳的重要举措,也是实现"碳中和"的主要方向。在政策上,针对新能源发展,国家能源局通过储能标准化工作方案引领储能技术与产业的发展,并鼓励风电、太阳能电等清洁能源健康发展,提出了清洁能源开发建设的具体布局。部分省份也就减少煤炭消费和新能源发展制定了相关政策以促进新能源接纳的目标。山西省在《政府工作报告》中提出"推动煤矿绿色智能开采,推进煤炭分质、分梯级利用,抓好煤炭消费减量、等量替代";山东、山西、广东、辽宁等地均表明要发展可再生能源,并设定了可再生能源发电装机的目标。

实施产能压降与差别电价,促进高耗能产业供给侧结构性改革。高耗能产业结构调整是"碳中和"的重要实现方式之一,政策上主要以产能压降与差别电价为主;钢铁、有色金属和建筑均为碳排放量较高的行业。针对"两高一剩"行业的现状,相关部委发布政策以促进高耗能产业的产量控制和产业结构优化。2021年2月10日,中国钢铁工业协会发布的《钢铁担当,开启低碳新征程——推进钢铁行业低碳行动倡议书》强调,钢铁行业将面临从碳排放强度的"相对约束"到碳排放总量的"绝对约束"。工业和信息化部更新《铝行业规范条件》等有色金属行业规范,推动有色金属行业向环境友好、智能化转型。"两高一剩"行业重点地区也制定了相关的行业政策,严控产能过剩行业新增产能,加快落后企业、产能的退出,推动绿色建筑的发展。

31个省(自治区、直辖市)用电情况存在差别,因地制宜开展配电网建设。从31个省(自治区、直辖市)已公布的"十四五"规划来看,31个省(自治区、直辖市)配电网发展目标不尽相同,但主要集中在智能化、供电质量和可靠性、城乡配电网建设改造等方面。配电网设备种类庞杂,分为一次设备和二次设备,传统配电网行业集中度低,产品同质化严重,市场竞争激烈。随着电力物联网信息化、智能化发展，配电网大量的新增需求主要集中在新能源、智能电网、电动车等领域，对产品的性能质量尤其是稳定性的要求日益增强，高端产品占比有望提升。

5.4.2 电网侧：优化电网发展方式

加快配电网的改造升级，推动智能配电网、主动配电网建设，提高配电网接纳新能源和多元化负荷的承载力和灵活性，促进新能源优先就地、就近开发利用。积极发展以消纳新能源为主的智能微电网，实现与大电网的兼容互补。完善区域电网的主网架结构，推动电网之间柔性可控互联，构建规模合理、分层分区、安全可靠的电力系统，提升电网适应新能源的动态稳定水平。科学推进新能源电力跨省、跨区的输送，稳步推广柔性直流输电，优化输电曲线和价格机制，加强送/收端电网的协同调峰运行，提高全网消纳新能源的能力。

5.4.3 负荷侧：提升电力负荷弹性

在负荷侧提出科学构建"源网荷储"结构与布局，建设弹性的灵活调节能力和稳定控制资源，确保必要的惯量、短路容量、有功和无功支撑，满足电力系统电力电量平衡和安全稳定运行基础需求下，通过先进的预测算法及调优人工智能算法最大化地消纳本地绿色能源，通过储能及负荷控制算法实现精确的需求量管理和用能场景的移峰填谷，降低总体的用电成本，通过深入负荷工艺的能效调优策略提升用能效率，通过市场协同接口参与市场化交易。

1. 微电网规划设计与评估

（1）微电网规划设计

微电网规划要满足用户对电力的能源需求，合理利用能源资源，以获得最佳的投资效果。在规划设计微电网前，首先应明确微电网的建设目标，并根据建设目标选择合适的设备和运营模式。尤其在工商业的微电网项目中，现场调查除了技术因素，还需要考虑经济和社会因素（低碳、零碳）。

在前期调研结束后，需要进行分布式电源规划，根据微电网建设的目标和前期评估结果，确定微电网中可再生资源的配比、分布式电源的种类、容量等参数，进行微电网电力系统的规划、控制和保护，以及通信系统的规划。

（2）微电网评估

微电网在规划与运行时必须满足技术、经济、社会及环境层面的可持续性要求。在商用、工业微电网项目中，良好的经济性是微电网项目能够可持续运行的重要因素，同时兼具可靠性。

2. 微电网的控制、保护与通信

（1）微电网控制

微电网的控制系统应确保微电网可靠和经济运行，构建负荷侧微电网系统弹性需具有以下功能。

● 出力控制：需要控制分布式能源平衡短时的出力、负荷不均，并将频率、电压的变化控制在可接受的范围内。

● 负荷侧控制：需要包含一部分可控负荷。对于"孤岛"模式的微电网，微电网内的功率平衡除了要依靠分布式电源发电，还需要用户提供需求侧响应。微电网边端发用实时控制如图 5-5 所示。

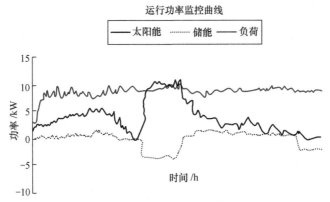

图 5-5　微电网边端发用实时控制

● 经济调度：需要利用先进的人工智能、算法、机器学习，通过实时的气象数据收集和用户负荷历史数据的输入，精准预测新能源发电出力曲线及负荷用电曲线，同时结合用户的电价信息生成优化的调配策略，助力能源产销者能源资产价值的最大化。经济性调优实时趋势拟合组合调度如图 5-6 所示。

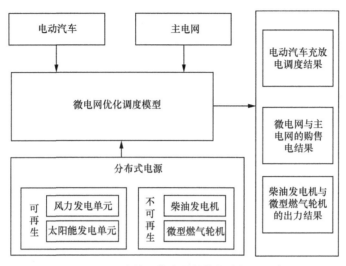

图 5-6　经济性调优实时趋势拟合组合调度

- 并 / 离网转换：一般并网型微电网需要有能力运行在并网或"孤岛"两种模式中，且在两种模式下，微电网可能有不同的控制算法。并 / 离网平滑切换逻辑策略如图 5-7 所示。

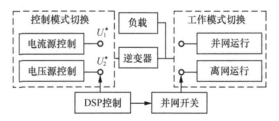

图 5-7　并 / 离网平滑切换逻辑策略

（2）微电网保护

微电网保护与大电网保护有较大的区别，例如，微电网因含有大量的分布式电源，会出现双向潮流；微电网内部电源多通过逆变器并网，故障电流较小，故障检测也比较困难。

另外，微电网并网、"孤岛"运行状态下的故障电流特点也不同，因此，并网型微电网的继电保护装置和整定应能适应并网和"孤岛"两种运行状态。

此外，微电网保护应与所连接的配电网现有保护相协调。微电网接入后，微电网的接地方式需要与配电网的接地方式相配合。微电网与大电网协同保护策略框架如图 5-8 所示。

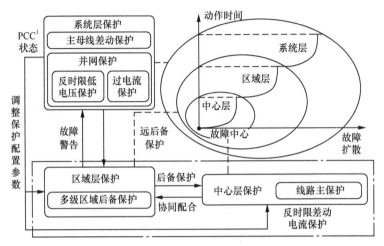

注：1. PCC（Programmable Computer Controller，可编程计算机控制器）。

图 5-8　微电网与大电网协同保护策略框架

（3）微电网通信

微电网的运行控制、能量管理、需求侧响应，以及经济调度等高级应用都需要双向通信技术，微电网通信是供电系统安全运行和合理调度的前提。

微电网通信参考 IEC 61850 及 IEC 61970 系列标准，其中考虑云边架构、边缘侧与云端能量调度，参考标准物联网协议 MQTT、HTTPS 等。对于并网型微电网，因为接入配电网，微电网与配电网之间有通信联系，原有的通信规范也要考虑微电网的影响。

5.4.4　储能侧：深化储能技术应用

储电、储热、储气和储氢等覆盖全周期的多类型储能协同运行，电力系统实现动态平衡，大幅提升了能源系统运行的灵活性。储电、储热、储气和储氢等多种类储能设施有机结合，重点发展基于液氢和液氨的化学储能、压缩空气储能等长时间储能技术，在不同的时间和空间上满足未来大规模可再生能源的调节和存储需求，保障电力系统中高比例新能源的稳定运行，解决新能源季节出力不均衡情况下系统长时间尺度平衡调节问题，支撑电力系统实现跨季节的动态平衡，大幅提升能源系统运行的灵活性和效率。随着"源网荷储"一体化发展进程的不断推进，储能技术应用也面临可再生能源的快速发展、电力市场化改革的不断深入、中国能源转型升级的不断推进、储能技术自身的不断发展等现状，深化储能技术应用已经成为众多企业面临的重大挑战，对推动能源绿色转型、应对电网极端事件、保障能源与电网安全、促进"源网荷储"一体化高质量发展、支撑新型电力系统的构建具有重要意义。

强化规划引导，鼓励储能多元发展。研究编制新型储能规划，进一步明确"十四五"及中长期新型储能的发展目标及重点任务。电网企业相关部门应开展新型储能专项规划的研究，对各地区规模及项目布局进行充分调研，并做好与相关规划的衔接。应及时向国家发展和改革委员会、国家能源局等相关部门报送相关规划成果。

大力推进电源侧储能项目建设。结合实际需求，布局一批配置储能系统的友好型新能源电站项目，通过储能协同优化运行保障新能源的高效消纳利用，为电力系统提供容量支撑及一定的调峰能力。充分发挥大规模新型储能的作用，推动多能互补发展，规划建设跨区输送的大型清洁能源基地，提升外送通道利用率和通道可再生能源电量占比，探索利用退役火电机组的既有厂址和输变电设施建设储能设施。

积极推动电网侧储能合理化布局。通过关键节点布局电网侧储能设备，提升大规模、高比例新能源及大容量直流接入后系统的灵活调节能力和安全稳定水平。在电网末端及偏远地区，建设电网侧储能或风光储电站，提高电网的供电能力。围绕重要负荷用户的需求，建设一批移动式或固定式储能设备，提升应急供电保障能力或延缓输变电升级改造的需求。

积极支持用户侧储能多元化发展。鼓励围绕分布式新能源、微电网、大数据中心、5G基站、充电设施、工业园区等其他终端用户，探索储能融合发展的新场景。鼓励聚合利用不间断电源、电动汽车、用户侧储能等分散式储能设施，依托大数据、云计算、人工智能、区块链等技术，结合体制和机制的综合创新，探索智慧能源、虚拟电厂等多种商业模式。

提升科技创新能力。开展前瞻性、系统性、战略性储能关键技术研发，充分调动企业、高校及科研院所等力量，推动储能理论和关键材料、单元、模块、系统中短板技术的攻关，加快实现核心技术自主化。坚持储能技术多元化，推动锂离子电池等相对成熟的新型储能技术成本持续下降和商业化规模应用，实现压缩空气、液流电池等长时间储能技术开展商业化应用，加快飞轮储能、钠离子电池等技术开展规模化的试验和示范，以需求为导向，探索开展储氢、储热及其他创新储能技术的研究和示范应用。

加快创新成果转化。鼓励开展储能技术应用示范、首台（套）重大技术装备示范。加强对新型储能重大示范项目的分析评估，为新技术、新产品、新方案的实际应用效果提供科学数据支撑，为国家制定产业政策和技术标准提供科学依据。

增强储能产业竞争力。通过重大项目建设引导提升储能核心技术装备自主可控水平，重视上下游协同，依托具有自主知识产权和核心竞争力的骨干企业与相关部门，积极推动从生产、建设、运营到回收的全产业链发展。

5.5 "源网荷储"一体化发展模式与实施效果

5.5.1 发展模式

"源网荷储"一体化发展模式。该模式是将电力系统、能源互联网和储能系统有机结合，实现"源网荷储"一体化的发展。通过建设智能电网、智能储能系统和智能能源互联网，实现能源的高效利用和优化配置。

"源网荷储"一体化发展模式＋新能源。该模式是在"源网荷储"一体化的基础上，加上新能源的开发和利用。通过建设大规模的风电、太阳能电等新能源电站，实现能源的多元化和可持续发展。

"源网荷储"一体化发展模式＋智能化。该模式是在"源网荷储"一体化的基础上，加上智能电网、智能储能系统和智能能源互联网，实现能源的高效利用和智能化管理。

"源网荷储"一体化发展模式＋多能互补。该模式是在"源网荷储"一体化的基础上，加入多能互补的技术手段。通过将不同能源形式进行互补，实现能源的高效利用和优化配置。

"源网荷储"一体化发展模式＋区域协同。该模式是在"源网荷储"一体化的基础上，加入区域协同的技术手段。通过建设区域能源互联网，实现能源的跨区域调度和优化配置。

5.5.2 实施效果

1. 提高能源利用效率

"源网荷储"一体化发展模式可以实现能源的高效利用，通过智能管理和优化调度，减少能源浪费，提高能源的利用效率。

源头优化。通过优化能源的生产和供应链，选择更加清洁、高效的能源，例如可再生能源和低碳能源，以减少浪费和污染能源。

网格升级。通过建设智能电网和能源互联网，实现能源的高效传输和分配。智能电网可以实现对能源的实时监测和调控，以提高能源的利用率和供需平衡。能源互联网可以实现不同能源之间的互补和协同，提高能源的整体利用效率。

储能技术应用。通过采用先进的能源存储技术，例如电池储能、压缩空气储能和水泵储能等，存储和释放能源，以应对能源供需的波动。储能技术可以提高能源的利用率和供应的稳定性。

能源管理和智能化应用。通过引入能源管理系统和智能化技术，实现对能源的精细管理和优化调度。能源管理系统可以对能源的生产、传输和消费进行全面监测和控制，以提高能源的利用率并节约能源的成本。

2. 促进清洁能源发展

该模式可以更好地支持清洁能源的大规模应用。通过将清洁能源的源头与能源网格和能源存储系统相结合，可以实现清洁能源的稳定供应和可靠性。同时，该模式还可以提供更多的接入点和灵活性，促进清洁能源的接入和利用。

3. 降低能源成本

"源网荷储"一体化发展模式可以降低能源成本,通过电力市场化交易和储能技术的应用,实现能源的低成本采购和高效利用。

提高能源利用率。"源网荷储"一体化模式可以整合不同能源的形式,实现能源的高效利用。例如,将可再生能源与传统能源协同供应,可以最大程度地利用可再生能源,减少传统能源的使用,从而降低能源成本。

实现能源多元化。"源网荷储"一体化模式可以整合多种能源形式,包括太阳能、风能、水能等可再生能源,以及燃煤、燃气等传统能源。多元化能源可以降低对单一能源的依赖,减少能源价格波动对成本的影响。

提供灵活调度能力。"源网荷储"一体化模式可以通过调度储能设施,实现对能源的灵活调度。储能设施可以在能源供应过剩时存储,在能源供应不足时释放,从而平衡能源供需,降低能源成本。

优化电网运行。"源网荷储"一体化模式可以通过智能电网技术,实现对电网的优化运行。通过对电网的监测和调度,可以实现电网的高效运行,减少能源损耗,降低能源成本。

4. 优化能源供应链,提高电力供应可靠性

该模式可以提高电力供应的可靠性,通过储能技术的应用,实现电力的备用和调峰,保障电力供应的稳定性和可靠性。

"源网荷储"一体化发展模式可以实现多能互补。通过整合不同类型的能源资源,例如太阳能、风能和水能等,可以实现能源的互补利用,减少对单一能源的依赖,提高能源供应的可靠性。同时,可以根据不同能源的特点和优势,灵活调整能源的供应结构,以满足不同地区和不同时间段的能源需求。

"源网荷储"一体化发展模式可以实现能源的灵活调度和存储。通过建设大规模的能源存储设施,例如电池储能系统、水库等,可以将能源存储起来,以应对能源供需的波动。同时,智能电网技术和能源管理系统,可以实现对能源的灵活调度和优化,使能源供应更加稳定可靠。

"源网荷储"一体化发展模式还可以实现能源的分布式供应。通过建设分

布式能源发电设施，例如太阳能光伏电站、风力发电场等，可以将能源生产更加接近能源消费地点，减少能源的输送损耗，提高能源供应的可靠性。

5. 推动能源转型升级

"源网荷储"一体化发展模式通过整合不同能源的产能和储能技术，可以促进可再生能源的大规模应用，减少对传统能源的依赖，推动能源结构的转型升级。

"源网荷储"一体化模式需要借助先进的能源技术和管理手段，例如智能电网、能源互联网、能源存储技术等。这将促进能源技术的创新和升级，推动能源转型升级。同时，通过智能技术的应用，可以实现能源的高效利用和优化配置，减少能源浪费，推动能源可持续发展。

5.6 应用场景分析

5.6.1 数据中心应用场景

随着信息技术的快速发展，数据中心在人们日常工作和生活中扮演着越来越重要的角色。其中，数据中心对能源供给需求大、能耗高等，"源网荷储"一体化成为一个备受关注的方向。数据中心应用场景如图5-9所示。

1. 电源侧：多能互补，多方式并存

随着新能源技术的不断发展，各种可再生能源（例如，太阳能和风能）正在逐渐取代传统能源成为越来越重要的供能方式。"源网荷储"一体化技术充分利用了这些新型能源技术，并通过弱电流程管理、能量回收等技术提高了能源的产能，实现了数据中心更稳定和更持续的能源供应，提高了数据中心的安全性和稳定性。

根据不同地域气候条件和资源配置的情况，可采用不同的"源网荷储"一体化模式，对于小型数据中心，在气候资源条件合适的情况下，可采用绿电直

供、拉专线的方式，配合园区分布式太阳能和分散式风电，国家电网做支撑和补充，配设综合能源管理系统，为园区提供稳定、安全的绿色电力。对于超大型数据中心，因电力需求较大，绿电直供形式对资源、气候条件、区域面积和当地政策等条件要求较为苛刻，实施起来具有较大的局限性，多数采用通过电力市场化的交易机制，直接接入电力系统，实现可靠的电力供应，为园区供应绿色电力；配合园区分布式太阳能和分散式风电，与用户签署购电合同补充协议，确保用户作为最终的绿电消费主体，并通过碳管理系统为用户开具"碳账单"，实现"数、能、碳"全链条可溯源。

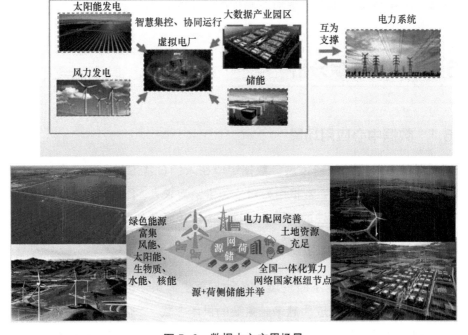

图 5-9　数据中心应用场景

2.电网侧：主动配电网络，安全稳定供应

数据中心需要大量电力，供电网络必须能够保持稳定、可靠和高效的供电。因此，数据中心通常采取工业级或特殊设计的环网系统，通过不同

的电压等级将电力传送到数据中心的配电系统。大型数据中心园区通过自建 220kV、110kV 变电站，采取 2N、DR 架构，配备同步集中的不间断电源（Uninterrupted Power Supply，UPS），以保证供电系统的冗余和容错能力。采用主动管理分布式电源、储能设备和用户双向负荷的模式，具有灵活拓扑结构的公用配电网，可解决 DG 接入带来的电压升高问题、增加 DG 的接入容量、提升配电网的资产利用率等问题。智能电网以更灵活、可调节的特性实现了对数据中心的保障。在"源网荷储"一体化技术的支持下，智能电网可以快速监测电力需求并动态响应，从而让数据中心的能源配置更加平衡，保证长期平稳的能源供应。

3. 负荷侧：优化数据中心配电系统的架构，提升配电系统的可靠性和调节能力，最大限度地消纳可再生能源

数据中心供配电系统架构，主要包括市电引入（220kV、110kV、35kV、10kV 等）、高压变配电系统、后备柴油发电机系统（10kV、400V 发电机组等）、市电 / 备用电源自动转换系统（中压切换、低压切换等）、低压配电系统（低压配电、楼层配电单元等）、不间断电源系统（UPS、240V、48V 系统等）、列头配电系统、机架配电系统，以及电气照明、防雷和接地系统等。

数据中心的用电设备主要分为 IT 设备和辅助设备（例如，空调设备、动力设备、照明设备等）。IT 设备用电较稳定，与实际运行的业务有关。辅助设备的运行功率与运行工况、环境条件等密切相关。在满足电力系统电力电量平衡和安全稳定运行的基础需求下，通过先进的预测算法及调优人工智能算法精准地分析和预测数据中心各类设备的运行功率，为整个"源网荷储"的统一调配提供有力的数据支撑。

4. 储能侧：源荷多元储能，最大程度地消纳绿电

由于数据中心耗电量较大，源侧新能源装机容量较大，采用共享储能模式，能够极大地提升储能设施的利用率，减少储能开发成本，在提高项目收益水平的同时，为用户提供更具有价值的电力市场服务。负荷侧采用多种储能形式，结合分布式新能源建设虚拟电厂，用于非生产运维楼的电力供应，

打造微型"源网荷储"电力模块；另外，通过削峰填谷、需量电费管理等多种储能形式，降低储能的投资成本，并起到替代柴油发电设备和提高供电可靠性的作用。

5.6.2 "零碳"物流园应用场景

在经济高质量发展、生态文明高水平建设的同时，实现区域内碳排放趋近于零，经济增长由新兴低碳产业驱动，能源消费由先进近零碳能源供给，建筑交通需求由智慧低碳技术满足，最终实现温室气体排放源与汇的平衡（净零碳）。

安徽省合肥市某物流园区位于城市的交通枢纽区域，主要服务于物流企业和相关产业企业，包括仓储物流、配送物流和快递物流等多个领域。在"双碳"背景下，物流园区主要有物流设施、交通系统和信息系统三大功能与服务，为城市物流管理与区域生产组织（企业）提供生产和经营运作、就近生产，是满足城市居民消费的经济场所。

"零碳"智慧物流园区以节能减排为主要手段，通过对新能源资源的应用，有效缓解物流行业对传统能源的依赖和消耗，减少对环境的影响和污染，实现物流行业绿色、智能、高效和可持续发展为目标的绿色物流基地。"零碳"物流园区应用场景如图 5-10 所示。

1. 电源侧：多源供给"绿能降碳"

聚合物流园区的可控再生能源，充分利用物流园区的屋顶与空地，采用以太阳能为主、风力为辅的可再生能源发电方式与国家电网形成多能互补的供电模式，为物流园区业务"绿色低碳"运行提供了安全稳定的电力保障，同时为参与大电网调峰辅助服务提供了电力交换的能源基础。

2. 电网侧："网能交互"稳定电力、辅助电力服务

物流园区根据业务能源聚合情况，采取（风）光发电为主 + 大电网为辅 + 储能方式供电，同时利用储能系统对再生能源的余电进行储能消纳，满足削峰填谷负荷侧的需求响应，减少物流园区对大电网的依赖。

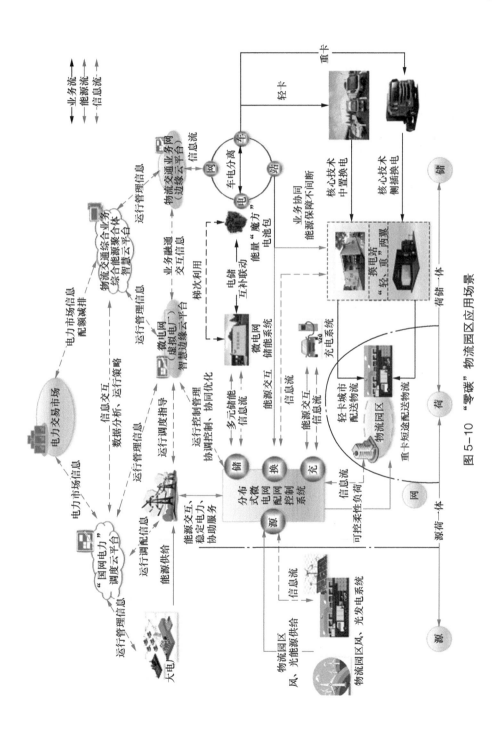

图5-10 "零碳"物流园区应用场景

3. 负荷侧: 负荷多样聚合、柔性可控

物流园区新型电力应用场景具有负荷侧的自我调节能力, 物流园区负荷有着广泛聚合互联、需求融合互动、灵活柔性可控的"源荷一体"特点, 可以实现发电侧与负荷生产要素资源最佳的优化适配。

4. 储能侧: "荷储一体"能源多元有效消纳利用

物流园区聚合了多种储能方式, 分布式微电网储能系统与具有 S2G 功能的新能源车换电站、V2G 充电桩、新能源车 (可移动式) 储能形成"荷储一体"的储能方式, 这既是柔性的可控负荷, 又是储能系统。可以充分消纳物流园区 (风) 光可再生能源和"大电网"的谷电。分布式微电网系统也能够为物流园区内的所有负荷提供安全可靠的稳定电力与应急备电的保障能力, 确保物流园区业务的连续性。

第六章
数据中心绿色设计

6.1.1 数据中心能耗现状

1. 全球发展现状

全球数据中心新增相对稳定。全球年新增投入使用服务器规模相对稳定,净增加值也相对稳定,预计未来几年数据中心规模仍将保持平稳增长。

自 2006 年开始,随着互联网的快速发展,全球数据中心规模高速增长,数据中心能耗与日俱增。封闭冷热通道、提高出风温度、优化供配电设备的效率、充分利用自然冷源等绿色节能技术不断推广应用,数据中心能效管理从粗犷式发展进入精细化管理，全球数据中心总体能效水平快速提高，平均 PUE 值从 2.7 降低到 2013 年的 1.8 左右，呈现快速下降的趋势。2014 年以来，全球数据中心 PUE 值呈现小幅波动、总体缓慢下降的趋势：一方面，数据中心节能改造与建设的边际效益逐步降低，进一步提高能效需要投入更多的成本；另一方面，部分传统数据中心负载率不高、绿色管理不到位等造成数据中心能效改善效果不明显，2021 年全球数据中心平均 PUE 值约为 1.57。

互联网头部企业仍坚持探索数据中心绿色节能新技术，新建数据中心的 PUE 值基本在 1.4 以下，部分超大型数据中心接近极限 PUE 值，美国 Facebook Prineville 数据中心的 PUE 值低于 1.08，Google Berkeley 数据中心年均 PUE 值为 1.11，百度云计算（阳泉）中心 1# 模组的 PUE 值为 1.08，阿里巴巴浙江云计算仁和数据中心的 PUE 值为 1.09。未来，随着中小数据中心整合改造和大型数据中心建设趋势，全球数据中心的平均 PUE 值预计将进一步降低。同时，谷歌、苹果等公司已通过购买可再生能源证书（Renewable Energy Certificate）的方式实现所有数据中心采用 100% 可再生能源，进一步降低了数据中心的碳排放量。全球互联网头部企业数据中心运行 PUE 值情况如图 6-1 所示。

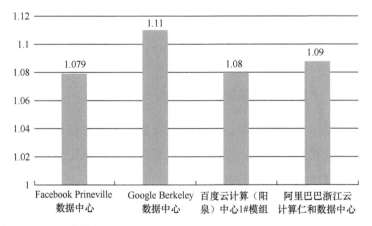

数据来源：互联网资料整理、ODCC

图 6-1　全球互联网头部企业数据中心运行 PUE 值情况

2. 我国发展情况

根据中国信息通信研究院最新的统计数据，我国数据中心机架规模平稳增长，大型以上数据中心成为增长主力。据统计，2013 年以来，我国数据中心总体规模快速增长，截至 2022 年年底，我国在用数据中心机架总规模超过 650 万架，近 5 年年均复合增速超过 30%，算力总规模为 180EFLOPS（FP32），算力规模排名全球第二。其中，大型以上数据中心机架规模增长较快，按照标准机架 2.5kW 统计，机架规模超 540 万架，占比超过 80%。2017—2022 年我国数据中心机架规模如图 6-2 所示。

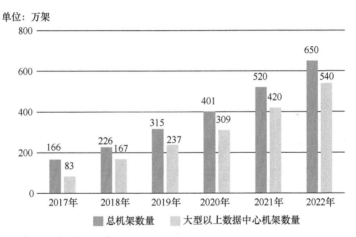

单位：万架

数据来源：中国信息通信研究院

图 6-2 2017—2022 年我国数据中心机架规模

截至 2022 年年底，全国在用超大型数据中心平均 PUE 值为 1.36，我国超大型、大型数据中心能效情况如图 6-3 所示。在用大型数据中心平均 PUE 值为 1.42，最优水平达到 1.02。全国规划在建数据中心平均设计 PUE 值为 1.32，在建超大型数据中心平均设计 PUE 值、在建大型数据中心平均设计 PUE 值分别为 1.28、1.29。

2021 年我国数据中心能耗总量为 1116 亿千瓦时，碳排放量超过 7000 万吨。2019—2022 年我国数据中心能耗总量如图 6-4 所示。2022 年我国数据中心能耗总量 1300 亿千瓦时，同比增长 16%，预计到 2030 年，能耗总量将达到约 3800 亿千瓦时。若不使用绿色能源，碳排放总量将有可能突破 2 亿吨，约占全国总碳排放量的 2%。

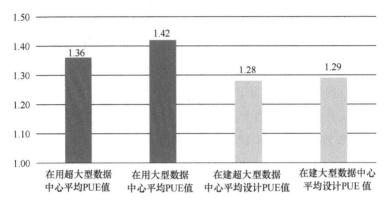

数据来源：中国信息通信研究院

图 6-3 我国超大型、大型数据中心能效情况

数据来源：中国信息通信研究院

图 6-4 2019—2022 年我国数据中心能耗总量

6.1.2 数据中心能耗政策标准分析

1. 政策分析

我国积极引导数据中心布局均衡、绿色低碳发展，从国家到地方发布了

一系列关于数据中心高效节能的政策文件。

（1）国家层面政策

国家层面高度重视数据中心行业绿色发展，近10年来发布了一系列相关指导意见和工作方案。2013年，工业和信息化部等发布《关于数据中心建设布局的指导意见》，引导大型、超大型数据中心优先在中西部等一类、二类地区建设。2017年，工业和信息化部发布《关于加强"十三五"信息通信业节能减排工作的指导意见》，提出到"十三五"末期，新建大型、超大型数据中心的PUE值达到1.4以下。工业和信息化部联合国家机关事务管理局、国家能源局于2019年2月发布《关于加强绿色数据中心建设的指导意见》，再次提出到2022年，数据中心平均能耗基本达到国际先进水平，新建大型、超大型数据中心的PUE值达到1.4以下。为落实国务院《"十三五"节能减排综合工作方案》，推动数据中心的节能减排，国家发展和改革委员会联合工业和信息化部等七部委于2019年6月发布《绿色高效制冷行动方案》，提出加快制定数据中心能效标准，实施数据中心制冷系统能效提升工程。2020年7月，工业和信息化部等六部门联合组织开展国家绿色数据中心选择一批能效水平高、技术先进、管理完善、代表性强的数据中心进行推荐，引导数据中心完善PUE、WUE的监测与管理，加大绿色技术、绿色产品、清洁能源的使用范围，进一步提高能源资源利用效率。

近年来，为贯彻落实网络强国、数字中国、国家大数据和"双碳"目标，国家不断强调数据中心绿色高质量发展的重要性。2020年12月，国家发展和改革委员会等四部委联合发布《关于加快构建全国一体化大数据中心协同创新体系的指导意见》，提出加强全国一体化大数据中心顶层设计，要求"加快制定数据中心能源效率国家标准"，提出"到2025年，新建大型、超大型数据中心平均电能利用效率降到1.3以下"。2021年，"十四五"规划中指出推动5G、大数据中心等新兴领域能效提升。2021年5月，国家发展和改革委员会等四部委发布《全国一体化大数据中心协同创新体系算力枢纽实施方案》，提出在京津冀、长三角、粤港澳大湾区、成渝，以及贵州、内蒙古、甘肃、宁夏等地布局建设全国一体化算力网络国家枢纽节点，发展数据中心集群，引导数据中心集约化、规模化、绿色化发展。

（2）地方层面政策

热点地区筑高建设门槛控新增，强化技术引导提能效。一线城市业务需求旺盛但电力资源紧张，受能耗指标、用地、用电审批限制，批复难、建设难、扩容难，导致供给不足。各地相继出台政策以缓解供给侧的结构性矛盾，降低旺盛需求刺激下数据中心"粗制滥造"建设的风险。

2018 年，北京市更新《北京市新增产业的禁止和限制目录》；2020 年 6 月，北京市发布《关于加快培育壮大新业态新模式促进北京经济高质量发展的若干意见》及《北京市加快新型基础设施建设行动方案（2020—2022 年）》；2021 年 4 月，《北京市数据中心统筹发展实施方案（2021—2023 年）》提出新建云数据中心 PUE 值不应高于 1.3，并相继发布《北京市发展和改革委员会关于进一步加强数据中心项目节能审查的若干规定（征求意见稿）》《北京市发展和改革委员会 北京市经济和信息化局关于印发北京市低效数据中心综合治理工作方案的通知》，持续加强数据中心能效治理。

上海市接连发布《上海市推进新一代信息基础设施建设助力提升城市能级和核心竞争力三年行动计划（2018—2020 年）》《关于加强上海互联网数据中心统筹建设的指导意见》《上海市互联网数据中心建设导则（2019 版）》《上海市互联网数据中心建设导则（2021 版）》；2020 年发布《数据中心能源消耗限额》强制性地方标准，对数据中心能耗提出限制要求；2022 年 6 月，上海市经济和信息化委员会、上海市发展和改革委员会联合发布《关于推进本市数据中心健康有序发展的实施意见》，提出加速升级改造小散老旧数据中心，加快数据中心绿色节能发展；上海市通信管理局发布《新型数据中心"算力浦江"行动计划（2022—2024 年）的通知》，要求新建大型及以上数据中心应达到绿色数据中心评估要求，绿色低碳等级达到 4A 级以上，提升绿色能源利用水平，加快小散老旧数据中心改造升级。

深圳市发布《深圳市发展和改革委员会关于数据中心节能审查有关事项的通知》，要求数据中心重点用能单位应建设能耗在线监测系统，按要求接入广东省重点用能单位能耗监测平台。广东省发布《广东省 5G 基站和数据中心总体布局规划（2021—2025 年）》。

热点周边地区谋划提升引需求，提高服务能力接外溢。为缓解热点地区数据中心供不应求的结构性问题，河北、天津、内蒙古、江苏、广东等热点周边地区纷纷出台政策激励数据中心快速发展，着力培育、提升承接热点地区外溢需求的能力。

河北省于 2020 年 3 月发布《关于加强重大项目谋划储备的指导意见》，围绕绿色循环低碳发展谋划项目为重要组成部分；2020 年 10 月发布《关于支持数字经济加快发展的若干政策》，提出降低数字基础设施运营成本，优先支持数据中心参加电力直接交易，鼓励可再生能源电力和火电打捆与数据中心开展交易；2021 年 12 月，河北省发布《信息化与工业化深度融合发展"十四五"规划》，提出建设形成张家口、承德两个低时延数据中心核心区和廊坊、保定等若干数据中心集聚区，推进雄安市计算（超算云）中心建设。

天津市于 2019 年 10 月发布《促进数字经济发展行动方案（2019—2023 年）》；2021 年 8 月印发《天津市加快数字化发展三年行动方案（2021—2023 年）》，要求统筹规划超大新型绿色数据中心建设。

内蒙古自治区于 2020 年 1 月发布《内蒙古自治区人民政府关于推进数字经济发展的意见》；2021 年 11 月印发《内蒙古自治区人民政府办公厅关于印发自治区"十四五"工业和信息化发展规划的通知》，要求到 2025 年，全区大型数据中心平均 PUE 值降到 1.3 以下，寒冷及极寒地区力争降到 1.25 以下。

江苏省于 2020 年 5 月出台《关于加快新型信息基础设施建设扩大信息消费若干政策措施的通知》；2021 年 8 月发布《江苏省"十四五"数字经济发展规划》，要求构建绿色高效的算力基础设施。

中西部地区鼓励找准定位促发展。西部地区能源充足、气候适宜，但距离热点地区用户较远，部分省份数据中心供大于求。

青海省于 2018 年 3 月出台《关于进一步扩大和升级信息消费持续释放内需潜力的实施意见》，提出要培育和打造立足本省、面向全国的云计算数据中心与灾备中心；2020 年 5 月印发《青海省人民政府办公厅关于加快推动5G 产业发展的实施意见》，要求推进区域数据中心建设。

甘肃省于 2019 年 11 月出台《关于支持丝绸之路信息港建设的意见》，

提出建设物理分散、逻辑统一的信息港绿色云数据中心集群；2021年9月印发《甘肃省"十四五"数字经济创新发展规划》，提出引导传统数据中心升级改造，向规模化、集约化、智能化、绿色化方向布局发展。

湖北省于2020年4月出台《关于加快推进重大项目建设着力扩大有效投资的若干意见》，鼓励投资谋划一批大数据中心；2021年11月印发《湖北省数字经济发展"十四五"规划》，提出推动大数据中心绿色化发展，加快新一代绿色数据中心节能技术应用。

江西省于2020年4月出台《数字经济发展三年行动计划（2020—2022年）》，强调加快推进大数据中心项目建设，打造国内领先的公共云计算平台；2021年2月印发《江西省国民经济和社会发展第十四个五年规划和二〇三五年远景目标纲要》，要求完善能效领跑者制度，落实国家5G、大数据中心等新兴领域能效标准。

2. 标准分析

GB 40879—2021《数据中心能效限定值及能效等级》于2021年10月11日发布，2022年11月1日实施。标准文件中明确将数据中心能效等级分为3级，数据中心能效等级指标见表6-1。1级表示能效最高，各能效等级数据中心电能比应不大于表6-1中的规定。

表6-1　数据中心能效等级指标

指标	能效等级		
	1级	2级	3级
数据中心电能比	1.20	1.30	1.50

数据中心能效等级的判定应同时满足两个条件：一是数据中心电能比的设计值、特性工况法测算值和全年测算值（如有）均符合表6-1相应等级的规定；二是数据中心电能比的特性工况法测算值和全年测算值（如有）应小于设计值的1.05倍。其中，数据中心电能比的设计值是总耗电量和信息设备耗电量的规划设计值的比值，特性工况法测算值是按5个特性工况点方法测算的数据中心电能比，全年测算值是按全年耗电量测算的数据中心电

能比。

6.1.3　数据中心绿色发展面临的挑战

1. 老旧小数据中心能耗较高，能效管理水平有待提升

随着国家政策的引导，大型数据中心逐渐重视绿色节能，能效水平不断提高。但是很多老旧小数据中心对能效管理缺乏认知，运维管理水平差，节能技术应用不足，仍以较高能耗水平维持着正常运行。数据中心 IT 设备耗电转换为大量热能，为了将这些热量带走，不少老旧小数据中心的制冷设备耗能占比高达 30%～50%，PUE 值维持在 2.0 以上。

2. 新建数据中心绿色节能技术应用不佳，运维能力达不到要求

在技术落地和实施方面，部分数据中心没有充分利用优越的气候条件进行免费自然冷却，冷冻水供回水温度设置不合理，使得数据中心实际运行 PUE 值远高于设计值，尤其在二、三线城市更为明显。在运维管理方面，数据中心的设备数量大、种类多，对应的监控管理系统功能性能满足不了实际需求，缺乏集中式统一管理，导致运维管理任务繁重，运维管理能力无法保证数据中心高效运行，绿色管理水平差。

3. 现有数据中心能耗监测系统不健全

现有的数据中心能耗监测系统对系统的监控和数据的采集不够全面，部分数据中心只关注局部系统或者一些核心部件的性能和能耗水平，或者只关注数据中心总体能耗和 IT 能耗，多个数据中心无法准确、全面、多维、立体地反映整个数据中心的能耗分布情况。此外，现有的数据中心能耗监测系统五花八门，缺乏统一的监控管理规范，精度、点位等需要进一步优化。数据中心缺乏完善的能耗数据，难以实现资源的高效利用和优化配置。

4. 数据中心节能新技术相关标准不完善

目前，我国数据中心节能降耗方面已有部分标准基础，但针对节能规划

设计、设计能效评估、节能改造及节能评估和验收等方面的标准仍需完善。此外，为支撑新技术新业务的快速发展，数据中心产业需要达到更高的技术要求，数据中心不断加快技术创新和市场响应速度，以满足不断变化的业务需求。相应的，数据中心出现的大量新技术和新产品也需要标准和规范的制定和完善，以保障新技术的应用和落地效果。

6.2 数据中心绿色设计的理念和基本要素

6.2.1 数据中心绿色设计

设计是所有目标创新实践活动的先导和准备，是从源头和供给侧创意设置目标、引领系统集成创新、保障目标顺利实现的关键。绿色设计可从源头上构建数据中心绿色产业生态，引导数据中心产业绿色发展。我国数据中心已经迈入成熟发展阶段，设计已经不仅由设计师参与，而且包括设计方、设备厂商、第三方服务商、互联网用户等共同参与。尤其是互联网用户，在过去十年，为行业分享了大量的绿色设计及相关实践案例，第三方服务商在绿色设计方面也已处于前列，数据中心绿色设计已经进入众创时代。

数据中心绿色设计指的是在设计阶段制定促进数据中心绿色发展、落实国家"双碳"目标的技术路线、时间表和目标函数等，具体来说是在保障数据中心安全可靠的前提下，现阶段数据中心设计主要考虑的 PUE、CUE[1] 和 WUE 等资源利用效率指标，使这些指标满足国家和地方政策法规及标准要求，并减少企业运营能源支出。未来的绿色设计将朝着数据中心建设、运行服务、改造等全生命周期范围发展，综合考虑各类能源指标，达到资源成本最低、碳排放最少、对环境影响最小的目标，实现自然资源可持续发展和数字经济发展的协调统一。

数据中心绿色设计可从 3 个方面实现：一是单系统的绿色设计，例如，供配电系统、制冷系统和 IT 系统，供配电系统选择转换的环节更少、损耗更小、

---

1. CUE（Carbon Usage Effectiveness，碳利用效率），已经成为绿色数据中心的指标之一。

效率更高的产品方案，制冷系统选择可靠性更高、能效水平更高、自然冷却比例更高的运行方案，IT 系统选择绿色节能产品；二是环境与能源耦合的绿色设计，结合数据中心选址和当地的气候条件，充分发挥自然冷却的优势，并且合理利用太阳能、风能等可再生能源；三是风火水电和 IT 系统耦合的绿色设计，根据数据中心的功率密度选择配套的供配电方案和制冷方案，提高整体资源利用效率。

6.2.2 绿色设计理念

数据中心绿色设计目标的实现可分成近期和远期两个阶段，近期主要以基础设施为绿色设计主体，例如，供配电系统、冷却系统等，远期可在基础设施的基础上，纳入 IT 算力，也就是实现单位算力基础上的资源使用效率最大化和环境影响最小化，这样可以确保近期可操作、远期有发展。数据中心绿色设计主要从业务等级、选址、资源效率及节能控制等方面规划。

鉴于设计的时效性和超前性，也就是说设计受当下政策、技术、环境等方面制约，可能并不满足设计完成后的政策和行业新增的标准和要求，故绿色设计评价一般有当期属性。

6.2.3 绿色设计原则

在"双碳"目标的大背景下，绿色低碳是数字新基建的使命，也是算力基础设施建设运营的主旋律。数据中心绿色设计的原则主要是安全可靠、绿色低碳、高效等。安全可靠是数据中心运行的基本保障，必须保障供电和制冷可靠性，才能保障业务安全不中断运行；绿色低碳是数据中心绿色设计的主要原则，也是数据中心绿色设计的主要目标，重点考虑高效节能用电设备、高效冷却系统、可再生能源、清洁能源使用等方面的设计，也包括环保等方面；高效方面，主要从电能容量比、空间使用效率等客观资源使用方面进行高效设计，也是数据中心集约化建设、最大化应用的未来趋势。

6.2.4 绿色设计目标

确保数据中心的业务可靠性等级、运行服务水平协议（Service Level

Agreement，SLA）的目标等级；尽可能地满足甚至优于 PUE 能效指标要求，并考虑能效余量；最大化考虑全生命周期的特点，各个阶段均满足 PUE 能效指标要求；推荐采用主流建筑和设备节能技术、高效的工程设计、智慧节能控制和联合运行等技术，主动建立能效监测系统来不断优化设计。

在设计阶段最大化满足 PUE 能效指标要求，可避免后期复杂烦琐的改造工作，保护设计成果也保护业主投资。因此绿色设计尤其是节能设计，要在能效可靠取值（同等工况权威第三方评估报告的能效值、同类案例权威第三方机构的测试数据）基础上，采用适度超量设计获得能效余量（适度超量，在经济性和未来的能效满足上求得较好的平衡），确保设计阶段理论能效和建设、运行阶段的差异可控，目前可按 10% 余量适度。

6.3 数据中心绿色设计先进技术和方案

6.3.1 IT 设备

1. 高密度服务器

数据规模的持续增长及土地、电力资源的集约化发展推动高密度数据中心发展。在过去的很长一段时间，为了满足不断增长的用户数据处理需求，数据中心主要是通过增加空间来扩大机架和服务器规模以提供更多算力，但是这也会导致数据中心运营成本的增加和数据中心场地空间的浪费。发达地区日益紧张的土地资源及电力资源使以扩大服务器规模来提升算力水平的数据中心建设模式难以开展，建设高密度数据中心成为推动数据中心算力水平、提升数据中心效率的重要举措，高密度数据中心能够进一步增加数据中心功率密度和数据中心"每平方米"的计算能力，能够更好地满足大数据场景下的计算与存储需求。

高密度服务器部署不仅能显著提升数据中心单位面积算力，而且能降低数据中心运营成本。建设高密度数据中心的关键是部署高密度服务器，与传统服务器不同，高密度服务器电源和风扇以共享方式进行设计，位于同一机箱内的多台服务器节点可以共享电源和风扇。一方面降低了机体的重量和空间占用，提升了数据中心单位面积算力；另一方面能够提升电源和散热系统的使用效率，降低数据中心运营成本。IBM、思科、华为、浪潮、曙光等国内外知名的互联网硬件厂商纷纷加速推进高密度服务器的产品设计与市场布局。

2. 液冷服务器

近年来，液冷服务器的使用数量和客户接受度不断提高，是基于液冷服务器具有高效散热、节能降噪和高密度部署等优势。

高效散热。液冷解决高功率芯片的散热问题，突破风冷散热瓶颈。风冷容易产生局部热点，芯片长时间高温运行，会影响芯片性能和使用寿命。液冷可维持芯片低于临界温度 10℃～ 20℃稳定运行，释放芯片最大计算潜能，延长芯片使用寿命。

节能降噪。液冷服务器核心发热部件散热通过冷却液体循环排到机房外，可大幅降低机房内制冷压力，节省数据中心空调用电。液冷数据中心 PUE 值在 1.3 以下，能够起到很好的节能效果。同时，服务器内部对风扇的要求也降低了，可以实现风扇低转速运行甚至无风扇，降低了设备噪声。

高密度部署。传统风冷服务器散热片占据一定高度，芯片功耗越高，散热器高度也越高，服务器的高度也需要随之调整。液冷服务器使用液冷散热片，对空间的要求降低，可实现高密度设计，提高数据中心内设备部署密度，降低数据中心 TCO。

综上所述，液冷服务器能为客户带来多方面收益，各服务器厂商也积极布局液冷产品。液冷服务器机型主要包括高密度 CPU 计算型液冷服务器、GPU 液冷服务器、机架式液冷服务器等。CPU 冷板和 GPU 冷板如图 6-5 所示。技术路线以冷板式液冷和浸没式液冷居多。通过优化冷板内铲齿厚度、高度、间距等参数及流道设计，可获得最优散热效果。冷板材质一般选择导热性较好的金属（例如铜、铝等），其中选用铜质的冷板较多。

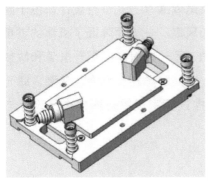

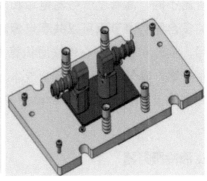

a）CPU 冷板　　　　　　　　　　b）GPU 冷板

图 6-5　CPU 冷板和 GPU 冷板

3. 整机柜

数据中心是一个能量冷热交换的载体，既需要大规模蓄冷，同时也产生大规模热能。想要降低碳排放量和提高能源利用率，关键还是在于节能增效，利用技术措施、管理措施等减少碳排放。以服务器为例，当把每一台服务器作为单节点独立运作，从整体数据中心层面来看，收益基本为零，但当单节点的维度提高到机柜层级，将集中供电、一体化交付、高密度部署这些进行统一规划时，就可以获取更高的收益。以集中供电为例，平均单节点能耗优化 12%。当把规划维度进一步提高到数据中心层面时，会将数据中心的供电、交付、部署、组网、制冷综合考虑，将会收获到最佳的综合收益。而事实上，超大规模数据中心运营商以及云服务厂商也是通过这样的实践来降低综合运营成本，提升产品竞争力的。

通过集中供电技术把原本离散的电源进行池化。原本通用服务器离散供电的冗余要求是 1+1，以 20 节点为例，需要 40 个电源供应单元（Power Supply Unit，PSU）进行供电，且 PSU 之间无法实现负载均衡，当服务器负载较低时，电源的转化效率处于较低水平。当通过整机柜的形式将电源进行池化后，整机 20 个节点可以采用 $N+1$ 或 $N+2$（$N+M$）的冗余模式，大幅减少了 PSU 总数。同时，池化后的 PSU 之间可以实现负载均衡，结合动态 PSU 节能调节技术，在整机柜负载较低时，关闭多余的 PSU，使 PSU 始终保持在高转化率的负载下，效率更高。所以，通过集中供电技术可以降低整个 TCO 整机柜的成本，且提升交付效率。

随着摩尔定律的逐渐失效，研究发现散热对现代电子系统是一个挑战，温度每升高 1℃，电子器件的寿命就会缩短 5%，散热还直接影响电子系统的功率输出和能耗，同时面对云计算、AI、5G 和 IoT 的快速发展，可以感受到算力在增加，AI 技术使单个芯片功耗在增加，系统功耗也在增加。所有数据中心实现低碳都会面临散热的难题。过往整机柜通常采用风扇墙集中式散热，这样的优势是每一个单独的节点不需要独立的风扇，随着风扇数量的减少，节省的空间可放置增加的设备，降低整体的成本。但随着业务越来越复杂，服务器所承载的应用越来越多样化，一台机柜中往往运行多种业务类型，以往风扇墙以 3～4 个节点为一组进行散热，风扇的功耗会以节点组中最大功耗运作，同时，风扇墙的模式也降低了整机柜的灵活性，当在搬迁的时候必须整体搬迁机柜，无法抽出单节点独立运作。所以，为了这类解决问题，可内置风扇，采用节点式单独散热，将节点和散热进行解耦，易于搬迁。同时，节点中内置风扇可以按照单节点的实际功耗调整风扇速率，保证散热效率，降低 TCO。

4. 高算力碳效服务器

数字经济时代，算力是数字经济发展的基础设施和核心生产力，随着数据的爆炸式增长，算法的复杂程度不断提高，对算力的需求越来越高。算力即计算能力，核心是 CPU、GPU、NPU、MCU 等各类芯片，具体由计算机、服务器、高性能计算集群和各类智能终端等承载。对数据中心而言，服务器是算力的主要载体。数据中心在进行服务器设备选择时，为确保设备可提供业务需要的算力资源，注重计算性能指标已成为共识。但随着国家越来越重视"双碳"目标，服务器产品作为运营过程中核心的 IT 设备，其生命周期的碳足迹对总体运营温室气体排放控制至关重要，在设备选型时兼顾产品碳排放量也成为发展趋势。如何在计算密集型工作负载和低能耗运行的矛盾之间找到解决方案，如何在满足技术需求的基础上尽可能降低碳排放，产业界在服务器设备选型时逐渐考虑算力碳效。

高算力碳效服务器是服务器使用周期内，产生的碳排放与所提供算力的比值相对较小的一类服务器，这类服务器的特点是单位算力的碳排放量较少。随着服务器性能的提升，碳排放总量呈上升的趋势，但性能提升的速度超过碳排放增加的速度，单位算力相对碳排放降低。若厂商根据业务需求，例如，不同计算场景（高性能计算、边缘计算、智能计算、通用计算等）、不同架构（x86架构、ARM）、不同负载（存储、内存、CPU 要求），选择算力碳效高的服务器，则可保证数据中心的绿色低碳效益。

6.3.2 供电系统

1. 电气集成化设计

数据中心的供电系统是整个数据中心的"咽喉"，是基础设施中最重要的组成部分之一。当前数据中心常见的几种不间断供电技术包括 AC UPS、HVDC[1]（ 240V/336V/48V ）和市电直供 +BBU 等。一般根据数据中心建设等级的要求，采用不同的冗余供电模式，例如，2N 模式、DR 模式、RR 模式等。未来数据中心的快速发展，对供电系统的可靠性、节能性、可持续性等提出更高的要求，供电技术和模式向着模块化、预制化、智能化、精简化等方向演变。当前，国内外的数据中心行业，根据各自的需求，提出并实践了很多有特点的供电新技术，例如，华为、维谛的电力模块，阿里巴巴的巴拿马电源等。

深度融合是电力模块的演进方向。随着数据中心服务器芯片算力的持续提升，IT 机柜单柜平均功率将从 6 ～ 8kW 提升到 12 ～ 16kW。据测算，当IT 机柜功率密度达到每机柜 16kW 的时候，配电间和 IT 空间的面积比例甚至可达到 1 : 1，如何保证 IT 的出柜率，持续降低电力模块的占地成本成为迫切需要解决的问题。通过将 UPS 输入输出配电与 UPS 深度融合，能够减少电力模块链路节点，在产品架构上极其节省占地，其将是电力模块演进的方向。IT 机柜的演进如图 6-6 所示。

---

1. HVDC（High Voltage Direct Current，高压直流）。

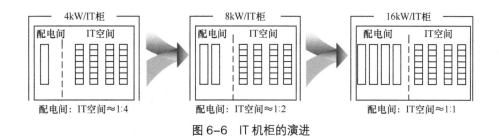

图6-6　IT机柜的演进

　　智能化成为安全和运维的关键手段。电力模块统一的智能管理系统由本地智能管理系统和智能网管组成，可以有效提升电力模块系统的安全性，本地智能管理系统硬件由变压器的温控器、低压柜／馈线柜的柜级监控单元、UPS主控把各柜信息通过智能插座汇入主控。主控统一监控汇总，在本地显示器上统一显示电力模块各单元的电流、电压、频率、电能、谐波、负载率、开关状态、UPS状态、各节点温度，供用户本地直观地识别系统运行状态。同时，主控把信息上报给网管，供网管显示3D视图、电压电流电能等运行参数、链路图及故障影响分析、开关在线整定、开关健康度预测、UPS电容／风扇寿命检测、各节点温度预测及AI异常预警、图像AI识别等智能运维特性，变被动运维为主动运维，在提升系统安全性的同时也尽可能地提升了系统运维效率。

　　巴拿马电源柔性集成了10kV的配电，隔离变压，模块化整流器和输出配电等环节，采用移相变压器取代工频变压器，并从10kVAC到240VDC整个供电链路做到了优化集成。该方案具有高效率、高可靠性、高功率密度、高功率容量、兼维护方便等特点。相较于传统数据中心的供电方案，占地面积减少了50%，其架构简洁、可靠性高：设备和工程施工量可节省40%，功率模块的效率高达98.5%。蓄电池单独安装，系统容量可以根据需求进行灵活配置。巴拿马电源优势：一是高可用性。巴拿马电源在240V/336V HVDC系统的基础上，进一步精简低压AC的配电环节，平均无故障时间相比240V/336V HVDC系统又提升大约27%（以华东某机房为例，巴拿马电源系统平均无故障时间是14年，而传统240V/336V HVDC系统为11.5年）。二是效率高。巴拿马电源由传统变压器改为移相变压器，省掉功率因数调节的环节，移相变压器的效率为99%，整流调压部分的峰值效率为98.5%，整体峰值效率可达到97.5%。

2. 智能UPS

智能 UPS 和 HVDC 将逐渐取代传统 UPS。对供配电系统而言，很多事故都可以通过早期的精密监控和智能算法来提前识别预防，而不用等到器件损坏、模块故障或系统失效后再被动告警，这种主动预测性维护是不间断电源智能化的核心，即变被动告警为预测性维护。从解决方案上看，智能 UPS技术及 HVDC 将是不间断电源的发展趋势。

智能 UPS 节能技术。新一代 UPS 设备需具备极高的运行效率，能够满足数据中心进一步节能减排的需求，具备动态在线模式的 UPS，即一种逆变器兼作有源滤波器的 UPS，包括旁路装置、市电转换装置、直流转换装置、逆变器、控制装置，可用于检测旁路电压频率并基于所述旁路电压频率生成旁路模式信号或者主路模式信号的旁路判断装置，可在确保设备可靠性的同时，显著提高其运行效率。动态在线模式在静态旁路的基础上增加了有源滤波功能，该模式下，逆变器作为有源滤波器实时动态在线，配合静态旁路上的电能调制单元，使系统能够满足相当大范围的电网和负载电能调节需求。当无功负载或非线性负载连接到 UPS 并且存在谐波或无功电流时，UPS 中的逆变器能够起到有源滤波器的作用来进行补偿，并且仅消耗部分电能来补偿电路干扰，在实现提高系统电能质量的同时，实现高达 99% 的最高效率，且供电无任何间断。

AI 技术与 UPS 的结合。该技术可加强 UPS 持续输出满足应用要求的高供电质量，同时亦可实现高达 99% 的平均运行效率的节能。此外，高压直流技术在供电可靠性、供电安全性、可扩展性、运行控制效率、谐波污染等方面具有明显的优势。而传统 UPS 系统串联设备多，易引起单点故障，冗余度增加了安全保障，但同时也导致系统效率较低、成本过高，并且传统 UPS 系统维护不易，扩容难度大，制约了业务的进一步发展。高压直流系统的使用，优化了数据中心供配电架构，减少了供配电变流装置的数量及损耗，提高了数据中心的电能使用效率。但直流供电系统的投入使用还存在产业生态、设备标准等问题，这些问题有待进一步解决。

支持储能系统的 UPS 系统。随着国家对节能政策逐步推行，UPS 电源储能技术在优化分配资源、低碳能源利用方面将发挥越来越重要的作用。随着锂离子蓄电池等储能设备技术的不断进步和制造成本的降低，以及国家和各地区能源政策的鼓励和支持，国内储能市场快速发展。UPS 系统具有成熟稳定、高性价比、易于维护和安全可靠等特点。采用具有储能功能的 UPS 设备打造高效低成本储能系统，通过综合电能利用，可以实现储能收益最大化。

具有储能功能的 UPS 设备在具有传统机型电源后备时间、提高电网电能质量的同时，可根据不同行业场景，灵活管理峰谷电价差，有效降低系统电费，并可根据政策要求，系统执行园区需求侧响应并获得补贴，对于特定用户，可通过系统动态扩容，降低整体增容费用，根据用户实际能源构成，灵活与光伏、风能等可再生能源组成混合供电系统，提升系统可靠性。

UPS 将在保障供电可靠性的同时朝节能模式发展。工频机 UPS 在能效上的局限已经掣肘了行业向低碳绿色方向发展，随着绝缘栅双极型晶体管（Insulated Gate Bipolar Transistor，IGBT）技术的突破，UPS 行业在近十年来不断从工频 UPS 朝高频 UPS 发展，解决了传统工频 UPS 体积大、效率低、维护难、可用性差等问题，发展至今工频 UPS 大多数已退出市场。

数据中心行业的绿色低碳发展要求推动 UPS 不断提升能效，当前，UPS 系统的最高效率普遍达到 96%，高性能 UPS 效率达到 97%，相比于传统 UPS 效率提升 3%～5%，以 1 台 400kVA 的 UPS 为例，效率每提高 1%，在其 10 年的寿命周期内节省的电费约 35 万元。平白损耗的电能产生热散发出来，还要额外消耗制冷系统的功率，因此高效 UPS 仍是未来的发展方向。

6.3.3 制冷系统

绿色设计的整体方案是指在数据中心设计阶段对数据中心主要架构的选择，在制冷系统方面，例如，风冷 DX 空调系统、水冷冷水机组系统、蒸发冷却系统、新型氟泵系统、液冷系统等。整体制冷设计方案的选择对数据中心的绿色设计有重要且不可替代的影响，是决定数据中心 PUE 值下限的重要因素。在选择整体设计方案时应充分综合考虑数据中心所在地区的气候特点、水资源供应情况、数据中心规模及 IT 功率密度。

1. 整体设计方案

（1）风冷 DX 空调系统

风冷 DX 空调系统主要通过风冷 DX 精密空调对数据中心进行制冷，其主要特点是设备构成简单、部署灵活，能够满足低功率的制冷需求。风冷 DX 空调的蒸发器在数据中心机房室内，为服务器和网络机柜提供冷量；冷凝器放置于数据中心机房室外，与环境空气进行换热。冷凝器形式较为多样化，可以采用一对一，也可采用集中布置方式。

（2）水冷冷水机组系统

水冷冷水机组系统主要由水冷冷水机组、冷冻水泵、水冷型末端精密空调、室内风机、冷却水泵、冷却塔、板式换热器等构成，其主要特点是系统较为复杂、设备种类多、需要部署集中式冷站。水冷冷水机组系统利用水冷冷水机组或者板式换热器制取冷冻水，冷冻水通过末端水冷型精密空调给机房散热。根据制取冷冻水方式的不同可分为 3 种工作模式：完全机械制冷、部分自然冷却及完全自然冷却。完全机械制冷模式完全依靠冷水机组制取冷冻水，一般在夏季开启。如果经过板换后的冷冻水出水温度不能低于供水温度的要求，则需要打开机械压缩制冷机进一步给冷冻水降温，相当于利用了部分自然冷源，这就是部分自然冷却模式，一般在春秋等过渡季时开启。如果经过板换后的冷冻水出水温度达到供水温度要求，则不需要完全打开机械压缩制冷机给冷冻水降温，可全部利用室外自由冷源，这就是完全自然冷却模式，一般在冬季低温时开启。

（3）蒸发冷却系统

蒸发冷却系统利用水蒸发冷却原理，采用直接蒸发或者间接蒸发的方式获得冷风，可以分为直接蒸发冷却系统和间接蒸发冷却系统。

直接蒸发冷却系统是指空气与雾化的水直接接触，由于水的蒸发，空气和水的温度都有所降低，而空气的含湿量有所增加，将降温后的冷空气直接引入数据中心对服务器和网络机柜进行冷却。直接蒸发冷却系统具有风量大、温差小、冬季加湿效果好等优点，但是该技术也有一定的局限性，在露点较低的地区使用该技术会带来不必要的除湿费用，而且对室外空气的直接引入也会导致室内湿度分布不均匀及细颗粒物和污染物带入等问题，需采用过滤器对新风进行过滤。因此在使用该技术时，必须充分考虑当地的空气质量及气候条件等因素。直接蒸发冷却技术已经在一些地区得到了应用，并取得很好的效果。

间接蒸发冷却系统将直接蒸发冷却得到的湿空气或循环水的冷量通过非直接接触式换热器传递给待处理的空气，实现空气的等湿降温。间接蒸发冷却是通过各种类型的换热器来实现的，其主要类型有管束式、板式、热管式等形式。间接蒸发冷却技术具有效率高、安全性好、不易堵塞等优点。

（4）新型氟泵系统

新型氟泵系统结合了间接蒸发、风冷、氟泵、热管（冷媒自身的相变功能）的各自优势，通过不同的送风方式对数据中心进行制冷，其主要特点是设备构成简单，部署相对灵活，能够满足中高功率的制冷需求及中大规模数据中心的需求。新型氟泵系统可以是户外一体机、一拖一、一拖多等多种形式，在自然冷季节，可完全启动重力热管方式进行制冷。

（5）液冷系统

现在的机架功率和单机架功率密度都在不断增长，传统的服务器风冷散热方案已经不能满足散热需要，先进的液冷系统开始在各个数据中心进行广泛应用。

液冷系统可以将数据中心的空气用液体进行替代，在替代过程就可以将各个发热器件运行中所产生的热量带走等。目前，液冷系统主要分为冷板式、浸没式和喷淋式3种。其中，浸没式和喷淋式等为接触式，冷板式为非接触式。冷板式液冷系统通过高效热传导部件来对热量进行发散，可以不直接接触冷却对象就将热量带走；浸没式液冷系统属于直接冷却系统，其使用的冷却液能够隔绝元器件产生的电气，通过和发热器件进行直接接触带走热量；喷淋式液冷系统通过改造IT设备，部署适量的喷淋器件，在设备运行中，可以对热量过高的器件进行冷却。

液冷系统具有制冷能效高、节约水资源和机房空间的优势，因此，有条件的数据中心开始应用液冷系统进行降温。应用液冷系统进行降温，不需要配置风扇、空调末端和冷冻机组，也不需要安装架空地板和冷热通道设施，和传统的制冷系统相比，液冷系统不需要占据很大的机房空间，可以将节省的机房空间用来布置更多的 IT 设备，从而提高企业的经济收益。

此外，液冷系统突破了气候条件和地域的限制，可以在全国任何地区进行应用，即使是华南、华东等温度高的地区也可以应用液冷系统进行冷却，最终促使数据中心的制冷电力消耗大幅度降低。

（6）余热回收

数据中心服务器在运行的过程中，产生大量的余热，这些余热有着易提取、热源充足等特点。利用热泵技术将数据中心余热回收利用，在数据中心有着广泛的应用前景，尤其是在我国北方地区，可有效帮助用户降低用热成本。

现阶段我国 IDC 行业的节能重点主要集中在绿电的应用、空调系统的节能减排、IT 系统的降耗等方面。伴随着数字经济的发展，数据中心的规模和数量都呈现出快速增长的趋势。更大规模、更多数量的数据中心建设，将有更多的设备产生更多的余热，这些余热如果能被加以利用，可以加速数据中心 "碳中和"。

现阶段，绝大多数数据中心采用风冷降温，相较于液冷数据中心，风冷数据中心余热收集及运输难度较大，成本较高。液冷系统携带热量介质为冷却液，流动性强、品位较高、方便运输，相较于风冷系统，投资成本较低，利用率较高，更适合余热回收利用。

液冷系统余热回收系统可选择接入液冷系统一次冷却循环系统或二次冷却循环系统提取余热，也可选择与液冷系统串联或并联的运行方案，对余热可采取提质利用或直接利用两种类型，对余热提质利用的方式又包括热泵系统、光热系统、电辅助加热、锅炉辅助加热等。进行系统设计时宜充分考虑综合利用光热、地热等清洁能源，以及与周边建筑、园区协同建立余热回收利用体系的可行性。

（7）总结

从各地区气候差异和水资源供应情况的角度，绿色设计需要从业务角度进行分析，业务种类会影响服务器的运行温度，从而影响设计方案，同时考虑同样构架在不同地区的适用性和 PUE 表现。风冷 DX 空调、水冷冷水机组、蒸发冷却、新型氟泵、液冷对比见表 6-2。

表 6-2　风冷 DX 空调、水冷冷水机组、蒸发冷却、新型氟泵、液冷对比

类别	风冷 DX 空调	水冷冷水机组	蒸发冷却	新型氟泵	液冷
能效	较低	较高	高	高	高
CLF	0.25～0.5	0.12～0.4	0.11～0.25	0.06～0.18	0.05～0.15
适用机柜功率	中低	中	中低	中高	中高
安全性	独立系统，安全性高	需备份以提升安全性	对气候条件/空气要求高	安全性高	对设备和冷却液安全性要求极高
运维难度	简单	复杂	较复杂	简单	简单
适用规模	小	大	小/大	小/大	小/大

　　风冷 DX 空调设备构成简单、部署灵活，适用于对能效要求不高且规模较小的数据中心；水冷冷水机组设备种类多、系统较为复杂、运维难度大，其根据季节变化调整系统运行模式，可最大化利用自然冷源，适用于对能效要求较高且自然环境适宜的大规模数据中心；蒸发冷却机组尤其是直接蒸发冷却机组适用于数据中心室外空气洁净度好、常年温度较低的场景，能够达到极致的节能效果，需具体到当地甚至是园区的空气质量分析，且其运维难度较复杂；新型氟泵系统设备构成简单，部署相对灵活，集成了蒸发冷却、主动热管、风冷等自然冷却技术，适用于能效要求高的数据中心；液冷技术不仅能够满足数据中心高密度、低能耗的发展需求，还将驱动数据中心内的各种配置和部件进行创新，其可支持约 30kW 的高功率密度，而传统机柜仅支持 10kW 左右，液冷技术对设备和冷却液的安全性要求极高，适用于能效要求高的数据中心。

2. 局部优化设计

（1）气流组织优化设计

　　气流组织是数据中心冷却的首要问题，如果规划欠佳，数据中心在实际使用的过程中会出现气流组织不均匀、局部热点等问题，从而影响机房的整体排热效果，并带来更多能源消耗。气流组织优化设计是对机房不通畅、不合理的气流组织进行规范、优化，防止气流回流、掺混、紊乱，以确保机房内的气流有序地、有组织地从服务器带走热量，提高空调系统送风的有效使用效果，从而降低机房空调的运行费用，降低 PUE 值。

作为对数据中心 IT 设备冷却的最终环节，气流组织的优良决定了冷却的效果和效率。经过不断的优化和改良，气流组织正从房间级逐步向行间级、机柜级、服务器级的方向推进。目前数据机房空调的送风方式有侧送侧回、上送下回、上送上回、下送上回及顶送顶回等多种方式。经研究表明：顶送顶回方式是最佳送回风方式，下送风方式比上送风更有利于机房的气流组织和提高送风效率，根据传统机房的建设情况，数据机房空调送风大多采用地板下送风方式，但随着对服务器本身认识的逐渐加深，其他气流组织方式会不断催生，既要满足设备本身的需求，也要满足人员参观、操作维护等舒适性的要求。气流组织优化的方式之一是冷热通道隔离封闭，近年来大型的数据中心，尤其是中高密度的数据中心优先热通道封闭（例如，背板、列间、风墙），同时冷通道加装隔离门（例如列间）。

在满足机房温度条件的情况下，气流组织优化后，通过合理提高机房内的设定温度，能够提高制冷系统的送风温度，是减少制冷设备能耗的有效方法之一。研究表明，随着蒸发温度的提高，制冷机组性能增大，且蒸发温度每提高 1℃，机组 COP 约提高 3.3%。

（2）细化设计颗粒度

细化设计的颗粒度，针对不同类型的机房采用不同的制冷方式，可进一步提升数据中心的总体能效，例如，核心网络包间可采用氟泵精密空调解决制冷效率问题等。加装氟泵技术主要应用在风冷直膨式空调机组上，系统由氟泵、蒸发器、冷凝器及管路阀门等组成，与原专用空调配套使用，组合成两套不同的制冷循环模式：压缩机制冷模式和氟泵制冷模式。在夏季或室外温度较高的过渡季节，空调机组运行在压缩机制冷模式，制冷剂吸收机房的热量蒸发，在压缩机内加压后排入冷凝器冷凝液化，此时压缩机开启；在冬季或室外温度较低的过渡季节，空调机组运行在氟泵制冷模式，蒸发器中吸收机房热量后的制冷剂，直接进入风冷冷凝器与室外冷源换热，冷凝成液态后，在氟泵的作用下克服管道阻力回到蒸发器，此时压缩机关停，从而达到节能效果。

6.3.4 监控系统

通过数字孪生技术，在设计阶段对整个数据中心或局部区域的能耗进行分析，同时反馈模拟运行的 PUE 值，利用机器学习等 AI 技术实现运行优化，达到最低 PUE 值。近些年，智能系统越来越被人们所重视，智能系统不能只是一系列规则或预设模型的综合体；它至少应具备一定的自适应学习能力，能够基于数据驱动进行学习、能够基于算法求解进行优化决策，实现负荷预测、系统仿真、算法优化等。

负荷预测。系统运行调节的目的是让后续运行更加高效，它是面向未来负载工况的调节，而非基于当前或过去负载进行调节。对未来一段时间的负载进行可靠预测，成为运行调节的基础前提。如果调控所面向未来一段时间的负载比较稳定，则可以用当前采集到的负荷作为估计值，用于进行节能调控；如果未来一段时间负载存在较明显的波动，则需要基于一定的预测算法或策略进行估计。通过负荷预测，可以为系统运行策略推荐合适的时机，避免盲目进行系统模式的切换；通过负荷预测感知未来一段时间的负荷走势，可以用于实现系统智能化的在线调节，实现系统运行的"无人驾驶"。

系统仿真模型。运行调节的目标是让所选择的能效指标达到最大化，当一组设定参数给定后必须有一个系统仿真模型，用于评估其性能好坏。系统仿真模型，可以是基于物理机理的模型，也可以是数据驱动的模型，还可以是二者混合的模型；一般要求具有一定的自适应性，以保持模型的准确性。仿真模型的建模方式有很多种，总的目标是模拟实现系统的真实性。在设计阶段，业界目前普遍利用计算流体力学（Computational Fluid Dynamics，CFD）来模拟未来的热量分布，从而实现例如，调整制冷设备设置（例如，空调送风角度、温度、大小等）、机柜上架规划、冷热通道设计、设备选择乃至服务器配置等操作，提前制定优化控制策略和应对方法，避免局部热点及送风不均衡，提高用电效率，助力绿色设计。

6.4 数据中心绿色设计优秀案例

6.4.1 腾讯仪征数据中心设计 PUE 方案

行业领先的技术架构、节能高效的设备选型、敏捷灵活的智能运维体系，将数据中心年平均设计 PUE 值控制在 1.25 以下。腾讯仪征数据中心设计方案采用多项技术措施来提升能源利用率降低 PUE 值。供配电系统设计方面，末端供电形式采用 HVDC 高压直流 + 市电直供的供电架构，兼顾 HVDC 供电可靠性和市电供电高效性，系统综合供电效率可达 98%，比双路高压直流节能 2% 以上，比双路 UPS 节能 6% 以上。HVDC 采用模块化设计，开启智能休眠模式后可大幅提高轻负载下的系统效率。同时采用能效更高的变压器等设备，在设备布局时，将变压器深入负荷中心部署，尽量缩短配电路由，进一步降低电力损耗。制冷系统设计方面，采用间接蒸发制冷空调方案，分布式部署，相较于传统集中冷却系统，具备更好的可靠性。同时，得益于间接蒸发制冷技术可以充分利用自然冷却，在运行能效方面也有优秀的表现，相较于传统的冷却系统运行 CLF 预计可降低 0.05 以上。按照仪征当地气候条件，全年完全自然冷却时间占比可达 64.3%。全年平均 CLF 低至 0.1125。运营优化方面，通过完善的智能化运维系统，根据不同的室外环境和业务负载率情况去动态调整各个设备的运行状态，进一步降低数据中心能耗，提高电力利用效率。

6.4.2 维谛广州数据中心设计 PUE 方案

该数据中心采用智能动态在线 UPS、间接蒸发智能热管空调满足南方高温地区数据中心的能效要求。供配电系统设计方面，设置 UPS 不间断电源装置，为运营商机房、机房精密空调、BA 控制和安防设备等重要负荷提供 AC 220/380V 50Hz 的不间断电源保障。IT 设备用的 UPS 系统电池后备时间按满足单 N 系统设计负荷 15 分钟（2N 30 分钟）配置。IT 设备用的空调负载用 UPS 保障供电，UPS 系统电池后备时间按满足设计负荷 15 分钟配置。制冷系统设计方面，采用新型氟泵系统 $N+1$（$N \leqslant 5$）配置，各房间按照冷负荷单独设置空调，互不影响。模块机房和低压配电室等负荷较大的房间，空调系统加带氟泵，形成风冷氟泵系统，在过渡季节和冬季，根据房间负荷的变化降低压缩机出力，启用氟泵给制冷剂提供足够的循环动力，从而达到节能的目的。同时在屋面设置水喷雾系统，在夏季或需要加强自然冷却时使用。精密空调直接由 UPS 系统及柴油发电机保障，市电断电后，可以不间断运行。

末端精密空调的 EC 风机为无级变速，由 UPS 保障可不间断运行，所有精密空调均需自带双电源切换装置。

6.4.3　网宿和绿色云图上海数据中心设计 PUE 方案

上海全浸没式液冷机房拥有"DLC 浸没式液冷技术"，具有自主知识产权的定制化液冷节能系统及系列技术。供配电系统设计方面，采用不间断电源 + 市电直供的模式。IT 设备的不间断电源采用了高压直流的供电系统，进一步提升了电源转换效率。动力负荷的不间断电源采用了国际领先的 UPS 选型，在实际工作中采用 ECO 模式，可以让效率高达 99%。实际测试中，当外市电出现不稳定的时候，可以在 2ms 切换到正常的逆变模式。液冷机房冷却系统的设计原则是充分利用室外自然冷源，减少压缩机电制冷的方式获得冷却水介质。充分利用液体自身高效换热特性，可将直接接触服务器的冷却液和常规冷却塔的冷却水通过一次换热器实现两侧介质的换热，实现液冷系统全年连续循环。液冷机房的冷却水系统等同于传统风冷机房冷冻水系统全年都在不开冷机的免费制冷（free cooling）模式运行。

6.4.4　华为贵州数据中心设计 PUE 方案

采用直通风 AHU 散热，实现数据中心免费制冷，同时基于风量匹配、负载均衡以及 L1/L2 联动持续优化运营 PUE。供配电系统设计方面，采用 N+R 架构，配置电力模块。冷却系统设计方面，采用直接蒸发 AHU 制冷，可将室外新风引入数据中心内部，所以数据机房不再设置单独的新风系统。为了满足数据机房高效送排风，除配置直接用于送风的空调机组外，在机房另一侧也配有排风井和排风风机，风机可以变频以维持数据机房的正压。本方案主要设计亮点在于 iCooling 能效调优（L1）和 L1/L2 联动调优。iCooling@AI 能效优化技术，在给定的天气条件、IT 负载、业务 SLA 等输入的情况下，通过深度神经网络模型进行能耗拟合及预测，并结合寻优算法，推理出最优 PUE 值下对应的系统控制参数，实现数据中心能效自动化调优。L1/L2 联动调优通过感知每个模块服务器的需求风量，调优直通风的供给风量，实现风量自动匹配；通过感知末端 IT 负载，基于末端负载不均衡工况下进行冷量匹配调优。

第七章
数据中心可持续发展

7.1 数据中心可持续发展能力产业现状

  数据中心作为各个行业信息系统运行的物理载体，在技术生态优化和数字经济发展中扮演至关重要的角色。"十四五"规划中提出要建设高速泛在、天地一体、集成互联、安全高效的信息基础设施，增强数据感知、传输、存储和运算能力。工业和信息化部《新型数据中心发展三年行动计划（2021—2023年）》提出要坚持产业基础高级化和产业链现代化，加强新型数据中心核心技术研发，推动产业链协同创新，育龙头、筑基础、强集群，促进产业发展水平和服务能力不断提升。数据中心可持续发展能力的提升能够有效夯实产业根基，构建起先进性强、成熟度高的技术生态，龙头企业围绕核心处理器打造计算产业生态、存储供应链条、网络互联架构，由相关合作伙伴提供上层应用生态和服务，推动数字经济高质量发展。

7.1.1 数据中心可持续发展能力概述

1987 年，世界环境与发展委员会发表的《我们共同的未来》报告，被公认为是建立可持续发展概念的起点。这一报告提出可持续发展是指既能满足当代人的需要，又不对后代人满足其需要的能力构成危害的发展，即关注"现有发展情况是什么"和"未来发展能否维持或增强现有能力"两个方面。数据中心可持续发展能力借鉴了环境领域可持续发展关注未来发展的理念，但又与传统可持续发展概念有所区别，主要是从产业可持续发展的角度出发，对数据中心关键技术、产业生态、供应链等要素的可持续发展能力进行研究，为数据中心长期发展提供支撑和保障。基于此，本文所述的数据中心可持续发展能力是指数据中心计算类设备、存储类设备、网络类设备、安全类设备，以及相应基础软件具备技术连续性、供应保障性、技术先进性和使用兼容性。

数据中心由设施资源、硬件资源和软件资源组成，基础设施具备较强的可持续发展能力，而软、硬件能力存仍存在较大的提升空间。设施资源包括楼宇平台层的安保、消防、照明装置等，基础设施层的供配电、制冷系统、机柜等。鉴于安保、消防、照明等装置部件已经具备强劲的可持续发展能力，供配电、制冷系统、管理系统等基础设施的可持续能力呈现上升趋势，全面可持续发展已成为必然趋势，因此本文不再赘述。硬件资源主要指硬件平台层的服务器、存储器和网络设备，可持续发展能力取得阶段性成果，但处理器、存储器、内存等关键技术研制能力和关键器件供给水平亟待提升。软件资源包括软件平台层的操作系统、应用程序等，以及应用平台层的数据系统，技术对产业的支撑效应持续扩大，算力适配、安全防护、技术创新成为软件可持续能力提升的关键所在。数据中心 5 层架构如图 7-1 所示。

数据中心规模呈平稳增长态势，我国数据中心机架规模持续扩大，市场收入加快增长。中国信息通信研究院发布的《数据中心白皮书（2022 年）》显示，2021 年全球数据中心市场规模超过 679 亿美元，较 2020 年增长 9.8%，预计全球数据中心呈现稳中向好的方向发展。我国数据中心建设依托政策指引、需求驱动和主体参与，步入高增长时期。我国数据中心机架规模快速扩大，市场收入持续增长，截至2021年年底，我国在用数据中心机架规模达到520万架，近5年年均复合增速超过30%，2021年，我国数据中心行业市场收入达到1500亿元左右，近3年年均复合增长率达到30.69%。

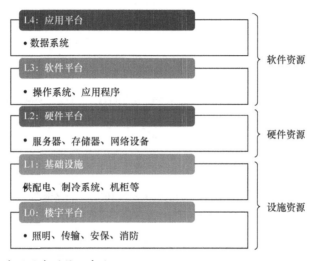

资料来源：中国信息通信研究院

图7-1 数据中心5层架构

我国数据中心应用范围持续拓展，对于硬件设备和软件生态的可持续发展能力提出更高要求。随着多样化算力需求的不断涌现，数据中心被应用于制造、交通、教育、航空航天、金融、传媒等更多的行业，以及VR/AR、超高清视频、车联网、联网无人机、智慧电力、智能工厂、智能安防等实时性要求高、算力需求多的场景和业务，故构建具备可持续发展能力的数据中心产业生态迫在眉睫。数据中心可持续发展能力架构如图7-2所示。当前，我国服务器、存储、网络等设备厂商的竞争力和影响力正在稳步提升，数据中心相关设备使用率也在逐年增长，数据中心整体对外服务能力不断增强。但随着我国数字化转型的纵深发展，现有数据中心服务能力将越来越难以适配新的算力应用场景。为了实现对新兴算力应用场景的长效支撑，需要进一步加强 L2、L3 软、硬件层的能力升级，提升 CPU、芯片、内存、存储器、Flash 等关键硬件的性能；并应完善软件生态，增强操作系统、AI 开发框架、机密计算框架、数据库等核心基础软件研发应用能力，健全产业生态架构。

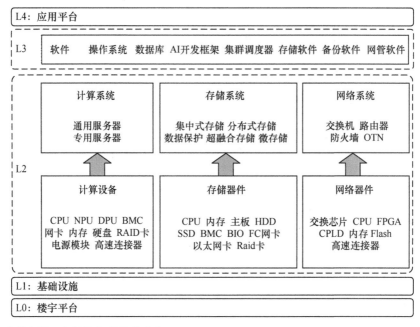

资料来源：中国信息通信研究院

图 7-2　数据中心可持续发展能力架构

7.1.2　数据中心硬件可持续发展能力

本章中的"数据中心硬件"重点关注计算设备、存储器件和网络器件，包括服务器、集中式存储、分布式存储、数据保护、超融合存储、以太网交换机和路由器等，从产业发展、技术能力和供应情况等方面，确定硬件可持续发展的整体情况。

我国数据中心 IT 硬件设备发展成效显著，服务器、存储和网络设备创新进程加快。

我国服务器厂商的市场影响力和产品创造力都在逐步提高，技术创新不

断加快，节能减碳持续推进。IDC《2020 年第二季度中国服务器市场跟踪报告》显示，2020 年上半年，我国服务器市场出货量 149.89 万台，同比增长 8.6%；我国服务器市场排名前 5 的厂商依次均为浪潮、新华三、华为、戴尔和联想，其市场份额占比依次为 39.5%、15.2%、13.3%、7.1% 和 6.3%。IDC《中国加速计算市场（2021 年下半年）跟踪报告》显示，2021 年全年，中国 AI 服务器市场规模达 350.3 亿元，同比增长 68.6%，浪潮信息、宁畅、新华三、华为、安擎位居前 5，占据了 82.6% 的市场份额。**我国服务器上游部件持续突破，加快节能降碳技术创新。**我国 CPU、闪存、SSD 等服务器上游领域发展较快，产品种类和数量不断丰富，指令集和体系架构覆盖 x86、ARM、MIPS、Alpha 多种平台，形成多元化的计算生态。服务器作为 IT 运营过程中的核心设备，碳足迹核算与管理对数据中心温室气体排放控制至关重要，中国信息通信研究院云大所牵头，联合中国标准化研究院资环分院、华为、浪潮等多家单位起草并发布《ODCC-2021-01007 数据中心服务器碳核算指南》。

集中式存储、分布式存储、数据保护、超融合存储四大存储产品实现从技术到产业的全面提升，为可持续发展奠定资源储备。存储是 IT 设施的基础，IT 设施和用户产生的海量数据都需要存储在存储设备中。我国存储市场增长潜力巨大，IDC 数据显示，从全球视角来看，超融合基础架构（HCI）的出货保持较好增长态势，2022 年较 2021 年同期实现 9.7% 增长，其中我国 HCI 一体机系统达到 8.4% 的同比增长率；软件定义存储（SDS）一体机恢复健康增长，在我国，2022 年达到 8.0% 的同比增长率。结合我国整体企业级外置存储市场来看，SDS 和 HCI 的硬件出货占比仍在逐渐上升，目前已经接近 47% 的市场份额。2022—2026 年，我国软件定义市场的年复合增长率将达到 11.7%，2026 年市场容量将会接近 40.9 亿美元，其中，对象存储细分市场年复合增长率达到 12.9%，块存储子市场规模在 2026 年将接近 13.7 亿美元。存储厂商已基本掌握存储系统的软硬件核心技术和关键器件，产品形态、技术创新、商业模式和应用市场快速迭代，产品形态从内置磁盘向分布式存储演进，多元应用推动存储形态不断变化。

以太网交换机、路由器、高速光模块及光纤等已具备基础可持续发展能

力，我国厂商积极推动技术创新。IDC 数据显示，2021 年数据中心交换机我国市场 Cisco、Arista、Juniper、HP 等国外以太交换机厂商的市场份额仅约 10%；2021 年，我国中高端路由器市场 Cisco、Nokia、Arista、Juniper 等国外厂商的市场份额仅约 5%。在以太网交换机和路由器方面，我国头部厂商市场地位稳固，已具备基础可持续发展能力，涌现华为、锐捷、中兴、迈普、紫光、风云等整机技术创新厂商。网络核心技术方面，华为海思、中兴微电子和盛科已具备交换芯片的技术研制能力和产业应用能力。但以太网超高速交换芯片的核心技术复杂，研发周期长，技术产业化能力薄弱，需要加大创新投入。

7.1.3 数据中心软件可持续发展能力

本章中的"数据中心软件"重点关注计算、存储、网络等底层基础设施资源与上层应用提供支撑的基础软件，包括操作系统、AI 开发框架、机密计算框架、数据库等，获得新发展机遇，奠定可持续发展的能力基石。

数据中心软件获得发展新机遇，国内操作系统持续发力，新兴厂商不甘落后、奋起赶超。我国操作系统迭代速度大幅提高，研发能力突出，红旗 Linux、麒麟等老牌操作系统持续优化，华为鸿蒙、欧拉等新兴的国产系统不断涌现，麒麟操作系统在国内数据中心已有部署应用。但从总体上看，我国操作系统的技术根基相对薄弱，现有操作系统大多是在国外上游开源社区的基础上进行二次开发，整体性能和市场影响力有待提升，可持续建设迫在眉睫。**AI 开发框架和机密计算框架在技术成熟度、社区活跃度、生态聚合度等方面持续提升。**我国厂商的 AI 开发框架和机密计算框架进入高速发展期，但在技术成熟度方面仍存在较大提升空间；开源生态的快速延伸，对于社区活跃度提出更高要求，只有开发者足够支持，MindSpore 等国产框架才能越来越成熟；上下游厂商的优势集聚是优化 AI 框架、持续提升易用性、构建良性生态的关键要素。**主流关系型数据库产品均来自国外，国内数据库软件行业快速成长。**Oracle、MySQL、SQL Server 等国外数据库应用范围广、市场份额高、行业影响大，而达梦、南大通用、人大金仓等国产数据库具备较为成熟的技术条件，NewSQL、NoSQL、SQL on Hadoop 成为国产数据库市场增长率最快的赛道。

7.1.4 数据中心可持续发展面临的挑战

数据中心作为 IT 产业链技术最密集、行业分布最集中的场所，技术底座不断夯实，生态框架逐步完善，可持续发展取得初步进展。目前，数据中心基础架构薄弱，部分核心技术依赖于国际分工合作，**数据中心技术先进性和延续性有待提升，软硬件兼容适配能力尚需完善，基础组件可研、可管、可控，任重而道远。**

技术连续性方面，数据中心相关企业不断加快技术研制，但由于缺乏长期的技术储备和连续的迭代优化，技术创新的连续性不足。当前，华为、飞腾、龙芯、兆芯、申威、海光等企业的创新速度不断加快，产品性能稳步提升。而我国绝大多数互联网公司和公共部门数据中心底层基础设施可持续程度欠佳，我国部分服务器芯片技术方案和产业生态尚未完全成熟，很多产业和政府部门推进数据中心技术产业化动力仍需加强。

供应保障性方面，IT 设备的上游供应链关键环节存在缺失，无法切实满足市场对于高质量、高可靠、高性能器件的供给要求。尽管海光、鲲鹏、飞腾处理器的应用范围不断扩大，部分厂商芯片产能持续增加，具备关键部件供给能力。但由于半导体制造设备的限制，先进 CPU、内存、SSD 等传统器件和新兴器件供应无法满足产品需求。

技术先进性方面，前沿技术的不断发展使得数据中心设备能够满足新兴场景应用需求，技术先进性作为可持续发展的重要动力，需要持续提升和完善。以存储为例，全闪存存储凭借高密度、高可靠、低延迟、低能耗等优势，成为承载企业核心业务、新兴业务和多样应用的先进性技术方案，满足数据中心对于安全可靠、敏捷稳定、高效智能等维度的需求，支撑业务创新。中国 IT 企业在全闪存产业所取得的技术进步，为中国在存储领域实现技术创新提供了有利条件，但与全球数据中心应用闪存固态盘的均值相比，中国的数据中心在运用先进技术构建新存储系统方面，还有很大的成长空间。

使用兼容性方面，算法适配专有化程度高，不同加速芯片适配技术繁杂多样，异构芯片兼容和算法移植适配面临挑战。随着华为、寒武纪等 10 余种国内加速芯片的推出，算法在多种加速芯片上的应用需求越来越高。虽然各大厂商都在算法适配相关的技术研发上投入大量研发精力，但不同自主加速芯片的算法适配在算子匹配、算子开发等方面有特殊的要求，针对算法和多种加速卡连通的适配标准尚需加强。GPU 上的算法向自主 AI 芯片移植适配过程中存在精度减弱、算子适配度低、移植适配后 GPU 性能和运行差距较大等问题。

7.2 数据中心可持续发展能力提升方案

7.2.1 夯实各类芯片技术基础，服务器全栈能力提升

处理器、智能网卡、BMC、RAID 控制卡、电源模块、内存等服务器全栈能力建设是数据中心计算环境优化的核心目标，夯实 CPU、GPU、DPU 等处理器芯片，以及 BMC 芯片、电源管理芯片等各类芯片技术根基，是实现数据中心计算能力可持续发展的关键手段，也是健全服务器能力链的有效方案。

我国服务器市场规模快速提升，采用"控制芯片 +RISC-V 架构"的方式，可不断缩小 CPU、GPU、DPU 等处理器性能与头部企业的差距，提升市场能力。根据 IDC 数据，2022—2026 年我国加速服务器市场规模如图 7-3 所示。IDC 预计，到 2026 年加速服务器市场将达到 103.4 亿美元。**RISC-V 架构为服务器发展提供了新思路和新机遇，使得新一代服务器性能差距逐步缩小。**我国 RISC-V 市场优势明显，专业人才和研究团队充足，丰富的应用场景使得 RISC-V 架构芯片能够得到充分发挥，企业积极推动 RISC-V 芯片研制和处理器生产。华为海思、全志科技、兆易创新、乐鑫科技、北京君正、中微半导体等企业相继推出基于 RISC-V 架构的芯片产品；阿里平头哥、芯来科技、赛昉科技等企业提供"控制芯片 +RISC-V 架构"的处理器产品。

单位：百万美元

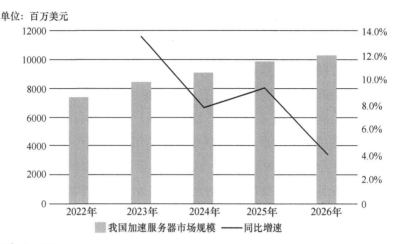

图7-3 2022—2026年我国加速服务器市场规模

智能网卡产业链虽然发展得如火如荼，但由于起步比较晚，选择较少，而芯片产品化成为可持续能力提升的重要策略。国内已有很多科技公司及创业公司投身智能网卡研发工作，但不容忽视的客观事实是国内主流芯片方案在功能和性能和世界发展水平仍存在一定差距。随着服务器性能优化和云应用的加快普及，我国智能网卡行业在2023—2025年将迎来高速增长，相关企业将不断涌现，同时通过芯片环境的逐渐改善，芯片的制造成本和供给能力将持续发展。

我国企业加快基板管理控制器（Baseboard Management Controller，BMC）研发力度，提升BMC固件与BMC芯片的可持续进程。浪潮、曙光、联想等国内服务器厂商的绝大多数产品都采用"Aspeed BMC芯片+AMI BMC固件"的组合来对服务器进行状态监控和远程控制。随着服务器技术的不断发展，我国一些服务器厂商在产品中使用"Aspeed BMC芯片+中电科技的昆仑BMC固件"的解决方案并实现量产，其中，华为在其服务器上使用华为自研BMC芯片与BMC固件。BMC芯片具备可持续发展技术基础，我国龙芯、飞腾、申威和CETC32所等芯片厂商已经开始研究设计BMC芯片，使BMC芯片产品技术比肩Aspeed。

通过优化架构模式，提升RAID控制卡的可靠性与扩展性，降低失效率

和故障率。采用两层虚拟化管理模式，在底层块级虚拟化硬盘管理的基础之上，通过 Smart 系列提升软件效率，实现了上层虚拟化资源的高效管理。在可靠性方面，在硬盘发生故障后，通过让所有的硬盘都参与重构过程，将重构的数据分布在多块硬盘中，可以提升重构速度的同时降低双盘失效概率。在扩展性方面，能够配置不同 RAID 级别，满足不同业务应用的需求和容量扩展的需求。在故障率方面，通过块虚拟化实现了数据在硬盘上的自动均衡分布，避免了硬盘的温度冷热不均，从而降低了整体故障率。

电源模块实现从原端到芯片端的全链路高效，带动市场规模进一步扩大，设备性能进一步提升。电源模块提供了服务器整机的电源输入，其稳定运行决定了服务器的可靠性和可维护性。我国市场对电源模块的需求扩大带动了技术能力的持续迭代，在中小功率 DC/DC 电源模块市场形成强有力的竞争优势，中大功率领域和 300W 以上的大功率领域加快发展步伐。同时，部件效率不断提升，板载电源的芯片化更是将部件高效做到了极致，优化供电架构实现全链路高效。打通从原端到芯片端的整个链路，实现计算端到端的全链路能效，充分释放服务器电源模块的应用价值。华为在确保前两级电源高效的基础上，选用先进的碳化硅（SiC）、氮化镓（GaN）材料，基于数字化模型的自定义 IC 与封装、拓扑与器件强耦合设计，进一步提升了板载电源的效率，打造极致、高效的全链路供电方案。

服务器内存芯片带动服务器架构创新与性能颠覆，提升内存数据访问的速度及稳定性，满足内存处理速度与性能需要。数据中心、5G、物联网等多种需求带动服务器需求扩大和市场复苏，刺激内存接口芯片需求增长。Omdia 指出，市场对于 DDR5 需求在 2021 年开始激增，这一市场份额还在持续提升，预计在 2024 年达到 43.3%。**内存厂商积极布局内存新技术，加速产能和技术的多方升级。**长鑫存储发布服务器 DDR4 内存芯片，拥有更快的数据传输速率、更稳定的性能和更低的能耗；澜起科技积极开发 DDR5 内存芯片，拓展布局 DDR5 服务器内存模组所需配套芯片，满足服务器内存升级趋势；嘉合劲威早在 2020 年就全面布局 DDR5 内存模组生产，积极导入 DDR5 内存新技术，率先实现 DDR5 内存量产。

7.2.2 释放全闪存存储价值优势，存储新技术竞相涌现

存储是维护一个稳定高效 IT 系统的基石，是业务数据安全保存和发挥作用的基础平台，也是数字经济时代新型基础设施的重要组成部分。多样化存储解决方案不断涌现，集中式存储、分布式存储、数据保护存储、超融合存储各具特色，而全闪存存储作为核心驱动因素，成为存储可持续发展的关键支撑和重要保障。

集中式存储有高可靠、高性能的特点，在关键交易系统中大量使用，采用全闪存的集中式存储成为数据中心的主流方案。集中式存储作为最初的企业级存储产品形态，目前仍占据全球存储市场大部分份额，应用于各行业的核心交易业务。华为、海康、新华三、浪潮等厂商具备集中式存储能力，也实现了高端存储的突破，大部分技术能力与国外基本持平，各家产品在国内市场已占据大部分份额，如图 7-4 所示。全闪存存储具备容量大、体积小、成本低等多方面优势，成为数据中心集中式存储部署的有效解决方案。

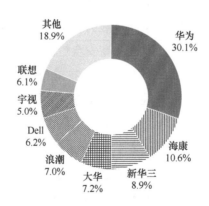

数据来源：IDC

图 7-4　集中式存储（含闪存）的市场份额

全闪存存储的市场份额如图 7-5 所示。全闪存存储从架构层面可分为全新架构和优化架构两种类型。以华为 OceanStor Dorado 为代表的产品，采用全新架构的全闪存存储，基于 AI 芯片和智能算法，提供在线压缩和去重功能，实现更低存储时延和更高经济效益，适用于虚拟桌面场景和创新业务应

用；针对传统高端存储的架构优化，沿用容灾备份技术和两地三中心的架构，通过 SSD 替换和存储微码升级，实现强性能与高可靠的平衡，适用于关键业务场景。

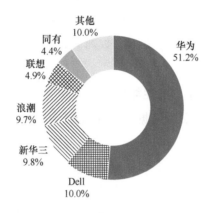

数据来源：IDC

图 7-5　全闪存存储的市场份额

分布式存储通过网络将存储节点联系在一起，以集群的形式提供服务，集群中每一个节点都具备存储和计算能力，满足高性能场景应用需求。分布式存储能够满足高效性、高扩展性、高安全性这些数据存储要求和数据处理需求。分布式存储采用横向扩展架构和分布式架构，实现更高的存储性能、带宽吞吐和读写能力，响应大规模数据高扩展和高性能存储需求；分布式存储实现部署上线、资源分配、运维管理、故障分析等存储全生命周期可视化、规范化、简约化管理；分布式存储通过统一存储资源、热备空间、无中心化设计等技术手段，实现便捷高效的数据共享共用和价值挖掘，保障数据的可靠性和业务的稳定性。**我国企业积极推进分布式存储能力建设和技术研发，为数据中心提供可扩展性强、可靠性高、完整度高的存储服务。**我国分布式存储的市场规模持续扩大，其中各企业的市场份额如图 7-6 所示，华为、新华三和曙光等企业正在加快分布式存储产品的研制和技术优化。OceanStor Pacific 分布式存储基于 Smart Balance 全对称分布式架构、存算分离架构和多数据中心多活容灾架构，应对多样化应用和多样化负载，提供高时效性数据分析和随时随地数据服务。浪潮分布式存储搭载 iTurbo 2.0 智能加速引擎，提升应用响应效率，实现对 I/O、路径和数据块等关键要素的智能调度。

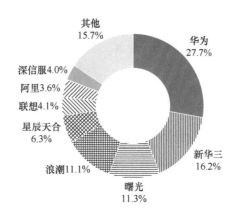

数据来源：IDC

图 7-6　分布式存储行业各企业的市场份额

数据保护产业趋向成熟，缩短数据备份时长，构造高价值产业，获得高收益与大空间。 随着业务数据量增长迅速、种类复杂、调用频繁等特征的出现，数据保护面临的挑战愈加复杂，数据保护方案的规划和设计需要考虑存储更多的数据、支持更多的类型、提供更好的性能、兼容和适配更多新兴应用场景。目前，主流的数据保护技术包括虚拟卷合成技术、SDS 软件和存储相结合的复制与副本技术、应用集群和主备架构等容灾技术、大型备份容灾系统。**我国数据保护市场快速增长。** Gartner 数据显示，2021 年第四季度全球专用备份设备市场增长 7.5%，国内厂商中华为的市场增速最快，达到 43.5%，我国数据保护产品的分布情况如图 7-7 所示。华为 OceanProtect 专用备份存储获得 "零碳算力共建计划" 数据中心低碳产品与解决方案，通过双控 A-A 架构、RAID-TP 和防勒索病毒等技术，具备生产存储的数据可靠性设计、业务可用性保证，确保每一次备份时间窗稳定完成备份任务和即时恢复任务。浪潮备份一体机 DP1000 采用软硬件一体化设计，具备灵活多样的备份策略和快速数据恢复功能，可满足对各种级别数据保护的需求。

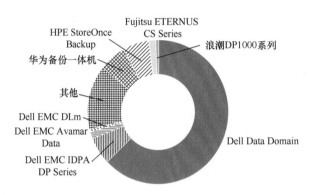

数据来源：IDC

图 7-7　我国数据保护产品的分布情况

　　超融合存储在数据中心建设优化的过程中发挥着越来越重要的作用，市场需求激增，发展潜力巨大。超融合基础架构不仅是指在同一套单元设备中具备计算、网络、存储和服务器虚拟化等资源和技术，更是指多套单元设备可以通过网络聚合起来，实现模块化的无缝横向扩展，形成统一的资源池。IDC 研究报告显示，中国市场是全球超融合存储增速最快的地区。**存储厂商深耕超融合市场，部署高性能、高稳定的存储设备系统。**随着市场规模的不断增加，华为、新华三、深信服、浪潮等越来越多的厂商加入超融合市场，在降低成本的同时，提升存储性能和功耗比，建立丰富的生态体系，扩大产品和服务的适用范围。超融合存储行业各企业的市场份额如图 7-8 所示。华为超融合基础设施 FusionCube 通过搭载 DPU 和存储系统低开销 EC 技术，提升了硬件资源利用率，减少了硬件数量需求，降低了生产、运输过程中的碳排放，获评"零碳算力共建计划"数据中心低碳产品与解决方案。新华三 SimpliVity 是集成数据保护功能的超融合存储，能够在提供极致性能的同时以更高的数据效率实现虚拟机的备份。

　　全闪存存储的高速发展，既是新应用对性能需求驱动的结果，也是闪存技术不断创新的成果。全闪存存储是全部由固态存储介质构成的独立存储阵列或者设备，可以提供百万级的 IOPS 和 1ms 以下的时延。**在需求侧，**新数据时代对海量数据存储的迫切需求，随着数据的爆炸式增长，云计算、物联网和区块链等新技术发展不断积累，EB 级容量、亿级 IOPS 和数据智能管理加速存储介质的变革。**在技术侧，**全闪存存储与传统的存储相比，具备更快的读取速度、更低的功耗，以及更低的故障概率优势，实现了对传统存储性能的全面超越，为底层存储介质的替换提供了客观条件。**在产品侧，**全闪存产品已经融入低、中、高端存储系统领域，成为重要的存储技术，各大存储厂商积极研制全闪存存储产品，例如，华为的 OceanStor Dorado 及浪潮的 HF 系列产品，并且，电信的 HBlock 可以部署在全部由 SSD 组成的集群中。以全闪存 OceanStor Dorado 为例，它是华为根据存储产品应用现状和存储技术的发展趋势，针对企业大中型数据中心，推出的新一代全闪存高端存储系统，能够满足大中型数据中心高性能、高可靠、高效率的业务需求。

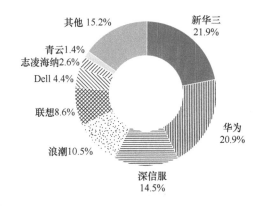

数据来源：IDC

图 7-8　超融合存储行业各企业的市场份额

7.2.3　深化薄弱环节应用创新，网络基础扎实发展

数据中心交换机与路由器等网络基础设施的技术能力不断夯实，数据中心内部网络和各数据中心之间的网络需要高扩展、高可靠和高效率，以连接数十台甚至上万台服务器，保障业务连续性，满足业务对计算和存储不断增长的需要。网络基础设施充分掌握核心技术，补齐上游薄弱环节，才能满足数据中心网络可持续发展的需要，支撑数据中心的跨越式发展。

我国交换机与路由器已经取得阶段性创新成果，设备研制能力、技术创新生态发展态势良好。核心交换机的架构如图 7-9 所示，**核心交换机**将所有的数据中心资源相连接，为计算、存储等资源提供高速数据交换，为安全设备提供网络接入，通过出口路由器与其他网络连接。我国厂商积极参与交换机的研制生产，市场份额逐步扩大，涌现出华为、锐捷、中兴、迈普、紫光、风云等创新厂商。**广域网路由器**将网络中的所有数据中心相连接，为各地数据中心网络之间提供高速、可靠的数据转发。广域网主要提供流量的高性能、大容量转发，同时要求网络结构设计简单，提供多业务的安全可靠传送。在广域网核心层，全网整网启用 MPLS/SRv6 技术，使同一个物理平面通过 MPLS/SRv6 技术实现多个逻辑业务承载平面，为了保证网络的安全可靠，在核心层采用大量可靠性技术，包括设备高可靠、网络高可靠、跨域高可靠等。在满足上述要求的前提下，提供大容量、高密度端口及高转发性能的核心网设备，以满足核心网的各项功能需求。

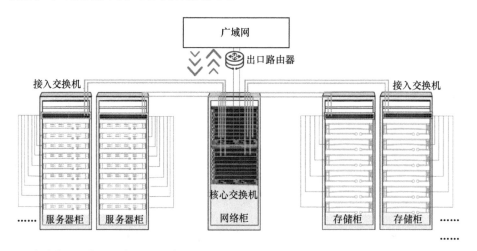

资料来源：中国信息通信研究院

图 7-9 核心交换机的架构

虽然交换机和路由器整机已发展良好，整机技术及设备软件方面国内厂商已具备较强的研发实力，但 **CPU、交换芯片、FPGA、电源转换芯片、连接器等重要芯片和器件等薄弱环节仍需大力稳固研发工作**。一是芯片研制能力仍薄弱,特别是芯片后端设计和生产封装能力需要牵引培育,强化全工艺流程的掌握。二是安全威胁扩大,需夯实芯片底座。芯片在保障交换机安全方面起决定性作用,可以极大提高网络设备抵抗网络攻击的能力。三是市场份额较小,产业建设前路漫漫。我国 FPGA 厂商的市场份额不足 20%。国内连接器发展起步较晚,高速连接器研制和生产仍面临严峻挑战,在基础理论、原材料、机械加工和产品测试等方面都有待加强。

随着劳动力成本优势凸显和市场需求扩大,光模块产业的市场份额不断提升,技术优势持续巩固,800G 时代即将到来。2021 年,LightCounting 发布的 2021 全球光模块排名前十的厂商中,中际旭创、华为、海信宽带、新易盛、光迅科技进入榜单,光模块厂商的竞争实力和市场地位快速提升。其中,中际旭创的市场份额约为 10%,位列全球第二。近年来,各个厂商加大 400G/800G 高速领域技术投入,在巩固 400G 技术优势的同时,扩大 800G 光模块生产规模和资金投入,800G 的产品也有望在后续开始逐步放量。根据 LightCounting 预测,2023 年全球光模块市场规模增长 4.34%,2024—2027 年这 4 年复合年均增长率为 11.43%,有望在 2027 年突破 200 亿美元,2024 年开始恢复较快增长。

7.2.4 增强网络安全硬件支撑,高性能、高可靠是关键

防火墙作为网络安全的第一道防线,必须满足高性能、高扩展性、高可靠性和低时延等要求。部署高集成度安全专用 CPU 并加强硬件整机系统所有部件的技术水平,可提升防火墙整机硬件能力,能够有效增强防火墙安全防护能力。

数据中心作为关键信息基础设施,承载着企业的核心业务,存储海量的业务数据,是企业正常生产和运行的关键资源,也面临着日益严峻的网络安全问题。为了保证数据中心网络和内部服务器的安全,通常需要在数据中心网络中部署防火墙产品,提供网络安全隔离、访问控制、攻击防范和入侵防御等功能。防火墙的架构如图 7-10 所示。在数据中心解决方案中,防火墙主要部署在数据中心出口、内网接入区、互联网出口这 3 个位置,不同位置的防火墙提供不同的安全防护功能。

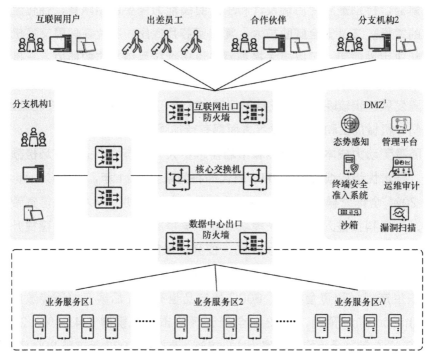

注：1. DMZ（Demilitarized Zone，非军事化区）。
资料来源：中国信息通信研究院

图 7-10 防火墙的架构

　　部署高集成度安全专用 CPU，加强硬件整机系统所有部件的技术水平，能够有效加强防火墙部件的防护能力。 SoC 架构可以提升 CPU 芯片集成度，在 CPU 外围集成安全专用业务处理模块，包括 NP 加速处理、硬件加解密、IPS 加速模块等，使用内部高速总线互联实现多核 CPU 与业务处理模块和接口扩展模块直接的通信，是解决防火墙算力瓶颈问题的积极尝试。实测数据表明，此类专用安全 CPU 的算力是通用 CPU 的 3～5 倍，且使用专用安全 CPU 的防火墙在小包吞吐、商密 IPSec 性能等方面是同等级别使用通用 CPU 的防火墙的 2.5～5 倍。降低数据泄露风险的关键是提升 PHY、CPLD、FPGA、电源芯片等 CPU 以外的硬件整机系统部件的技术创新能力、开发工具、工艺水平、设计能力和整体竞争力，使防火墙硬件整机具备 100% 的可持续发展技术能力。

7.2.5　打造开源操作系统生态，覆盖多样化应用场景

开源操作系统能够聚合供应链优势，加快技术创新优化，为多样性设备和全场景应用提供有效支撑。 开源操作系统采用开放的社区形式，与全球的开发者共同构建支持开放多元架构的软件生态系统，孵化支持多种处理器架构、覆盖数字设施全场景，推动企业数字基础设施软硬件、应用生态繁荣发展。**华为开源了 openEuler 操作系统。基于 openEuler，联通 CULinux、电信 CTyunOS、华为欧拉等服务器操作系统获得发展新机遇。** 华为数据显示，2021 年，中国联通携手 openEuler 社区发布操作系统 CULinux 数据中心（欧拉版）；2022 年欧拉装机量新增超过 200 万套。中国电信操作系统 CTyunOS是国内运营商中首个推出的基于欧拉的 x86 和 ARM 研发双版本，在全国上线 10000 余套。openEuler 操作系统发挥技术孵化作用，激发开源社区创新活力，在政府、运营商、金融、能源、交通、互联网等行业实现规模应用，装机量已累计超过 130 万套。**开源操作系统通过构建开放的技术生态，实现资源集聚和研发创新，是可持续发展能力提升的有效途径。** 一方面，企业关注操作系统生态的核心技术，壮大正在建立或筹划建立的开源软件基金会的技术生态；另一方面，尚需加强各类开源社区的资源集聚能力，吸纳更广泛的研发力量和更成熟的运行机制。

7.2.6　提升开发框架适配能力，实现异构算力规范化

AI 开发框架在算法易用性、硬件高效性和成本可控性等方面各具优势，适配技术管理能力和机制不断规范和完善。随着深度学习技术的发展成熟，越来越多的训练框架不断涌现。 例如，PyTorch、TensorFlow、MXNet等国外开发的训练框架，以其算法易用性、硬件高效性而成为学术界和工业界的标杆；同时，国内的 PaddlePaddle、MegEngine、MindSpore、OneFlow 等自主研发的深度学习训练框架相继开源，配合自主异构算力提供方的指定硬件，可在速度和成本等多个维度展现出相较于国外框架的独特优势。

产业持续加强对 AI 训练和推理框架的管理力度，实现深度学习训练框架

在异构算力上的适配和规范化发展。随着越来越多的训练框架出现，推理框架的迭代速度持续加快，NVIDIA 的 TensorRT 和 Intel 的 OpenVINO 是硬件厂商针对自己特定硬件的推理框架；MNN、NCNN 都是支持多种硬件的端侧推理框架；华为的端侧推理框架 MindSpore Lite 支持大部分业界主流的模型，但是现有推理框架难以满足既在硬件上支持 ARM CPU、Mali GPU 这些端侧通用硬件，又对专用硬件做良好的支持。

7.2.7 加快机密计算商用进程，数据要素实现高可靠

机密计算市场发展远超预期，众多科技巨头纷纷入局，大力探索和开发机密计算，商业应用步伐不断加快。 机密计算作为一种保护数据隐私的计算原则，基于硬件的可信执行环境（Trusted Execution Environment，TEE）保护正在处理的数据，通过确保数据的完整性和保密性及代码的完整性来帮助企业建立一个弹性和安全的环境。Everest Group 的市场调研结果显示，预计至 2026 年，机密计算市场在理想的情况下将以 90% ～ 95% 的年复合增长率增长，在不理想的情况下至少以 40% ～ 45% 的年复合增长率增长，其中中国占比将达到 10% ～ 15%。

各大厂商持续提升机密计算框架开发水平。 阿里云是较早推出机密计算的大型公有云服务商，已在全球范围内将机密计算商业化，目前其云上用户可以通过机密计算技术来实现更高等级的数据保护能力。我国通用计算芯片厂商创新的国密计算加速、信任根自主可控、离线远程验证等特性切中企业用户的痛点。当前，TEE 应用生态正处于高速爆发期，相信借此机遇，机密计算框架开发生态的壮大指日可待。

7.2.8 构建数据库发展新格局，推动新技术应用赋能

数据库生态不断完善，市场空间广阔，发展格局适应增长要求和技术要求。 数据库是企业海量数据存储、分析、计算与管理的核心部件，需胜任企业场景下数据管理和处理，同时应不受上游技术控制，可长期独立演进，提供一个长期安全、稳定的数据管理平台。IDC 数据显示，2022 年关系型数据库全球市场中，Oracle 占据约 42% 的市场份额，微软占据约 24% 的市场份额，

IBM 占据约 13% 的市场份额，3 家共占据约 79% 的市场份额。

我国数据库市场增长潜力巨大，形成"4+N"发展新局面。中国信息通信研究院数据显示，2020 年中国数据库市场规模约 241 亿元，预计到 2025 年将达到 688 亿元，年复合增长率为 23.4%。国产数据库领域形成达梦、人大金仓、南大通用、神舟通用这 4 家资深厂商，与阿里 OceanBase、华为高斯 GaussDB、华胜天成等新型厂商齐头并进的发展态势。尽管以 Oracle 为代表的国际大型厂商的技术壁垒、生态基础和先发优势较强，但随着数据库技术革新和信息技术创新迭代，传统关系型数据库大型厂商在集中式数据场景的技术优势被削弱，数据库厂商获得新的发展机遇。

7.3 数据中心可持续发展能力提升建议

7.3.1 发展模式加速转变，体系化布局逐步形成

我国数据中心硬件产业高度重视供应能力安全保障，逐步培养和发展自身全供应链生产、掌控核心竞争力，正在加速从"专注核心业务 + 全球供应协同"向"掌握底层技术 + 体系化生态布局"转变。全球产业发展形势的复杂多变，对包括我国在内的全球 IT 产业稳定供应带来不可忽视的影响，我国数据中心硬件产业要注重自身供应运营的安全保障，培养和发展自身可协调掌控的"全供应"竞争力。"十四五"规划指出，要加大重要产品和关键核心技术攻关力度，发展先进适用技术，从而实现产业各环节安全可控，强化全供应链的稳定性和运转能力，形成具有更强创新力、更高附加值、更安全可靠的产业供应体系。例如，华为提出全面布局根技术，倡议在底层基础领域构筑可持续发展能力，系统整合全球供应资源，以打造体系化新型生态系统。

7.3.2 软硬协同优势显现，计算性能指数级增长

面对单一硬件技术突破已无法满足产业技术升级与迭代需求的形势，软

件技术作为硬件性能提升的"倍增器"与"放大器"，"软硬协同"正成为硬件"技术瓶颈"的关键破局力。英特尔认为，硬件架构的每一个数量级的性能提升潜力，通过"软硬协同"能带来两个数量级的整体性能提升，帮助计算性能实现指数级增长。为了充分利用硬件，特别是专用芯片的算力，谷歌的研究人员通过改造 EfficientNet 在 Edge TPU 上取得能与数据中心大型机相媲美的性能表现，模型的定制化改造使得 Coral 开发板和 USB 加速器的性能可以充分发挥，为机器学习软硬协同的高性能开发提供了新的可能。华为发布的 GPU Turbo 是软硬件协同的图形处理加速技术，依靠华为强大的研发能力，通过重构系统底层图形处理框架，可将图形处理效率提升60%，功耗降低30%，硬件优势在软件技术的赋能下得到充分释放。

7.3.3 开源模式创新引领，集聚性资源激发活力

开源模式逐渐成为全球软件产业开发的重要范式，在诸多领域发挥着创新引领作用，并通过全球研发资源集聚，激发国内数据中心软件领域研发积极性。 数据中心作为技术密集型和资本密集型行业，在数字经济时代下，其基础设施属性使其相比于其他行业具有更为显著的规模效应。成熟的开源生态本质上是一套因技术优势而形成，又基于内外部资源的不断交互而反哺强化技术优势的良性循环系统。我国在软件相关领域虽然取得诸多世界级创新成果，并在应用层面走在世界前列，但是 AI 底层算法、云平台基础架构和芯片指令集等核心技术仍存在较大提升空间。

开源生态成为广泛吸纳全球研发资源并激活国内研发资源创新活力的重要平台，开源规模效应将带来发展机遇，夯实市场根基，加速技术迭代，带动我国数据中心软硬件核心技术和可持续生态建设的体系化突破。 目前，国内外有不少设备厂商、云厂商和电信运营商等在积极推动数据中心软硬件开源项目应用和发展。芯片方面，RISC-V 是当前较为热门的开放指令集，客户可以根据自身需求设计芯片，阿里、中兴、中国科学院和华为等均积极投入 RISC-V 芯片研究，并发布了相关成果；服务器方面，由中国移动牵头，中国电信、英特尔等单位在 ODCC 平台推动 OTII 边缘服务器研发应用，为数据中心边缘服务器发展提供了借鉴；网络设备领域，白盒交换机将网络中

物理硬件和操作系统进行解耦，使标准化的硬件能够与不同软件协议进行匹配，极大地提升了数据中心下游客户组网的灵活性，提高了网络运维效率，降低了建网成本；操作系统方面，腾讯推出了 OpenCloudOS 云操作系统，华为推出了 openEuler 华为服务器操作系统，阿里推出了支持多架构的 Linux 发行版操作系统 Anolis OS，众多开源操作系统的兴起能够提升我国数据中心操作系统自主可控能力，提升对不同应用场景的适配能力。

7.4 发展展望

为适应"东数西算"工程和新型数据中心在系统建设、运营管理和业务发展等方面的新要求，应当继续强化标准支撑，提升数据中心可信、可管、可控能力，促进产业高质量、规范化发展。

1. 规范系统建设能力，构建全方位评测机制

规范数据中心各维度可持续能力建设，构建起涵盖计算、存储、网络及相关系统的全方位、多维度、综合性标准与评测体系。 追踪技术热点和新技术发展方向，加强对数据中心关键技术、热点技术的标准支撑，规范数据中心技术创新体系，推进关键技术迭代升级，保障数据中心关键软硬件技术创新的连续性，对处理器（CPU 芯片）、内存、硬盘、RAID 卡等关键组件，以及基础软硬件的可持续发展能力进行测试评估，及时了解技术能力和应用效能，确保技术与产品高效适配；健全数据中心存储产品标准化能力，聚焦集中式存储、分布式存储、数据保护、超融合存储等关键器件，从 CPU、内存、主板、HDD 硬盘、SSD 硬盘、以太网卡、FC 网卡、RAID 卡、BMC BIOS、操作系统、存储软件、虚拟化软件、备份软件等多个软硬件的维度出发，制定适应性强、颗粒度细的评估要求和评测方法。部署高可靠性、高安全性的新型网络架构，持续推进核心交换芯片、高速光纤收发器、PCIe 接口等网络设备，以及操作系统、数据库、网络协议、网络控制等软件能力评估，保证数据中心网络体系产品的最终质量。

2. 规范算力管理模式，提升一体化服务效能

健全优化数据中心算力管理体系，全面提升算力管理效能，构建一体化高效管理模式。推进高性能算力、智能算力、通用算力等多元化算力的技术攻关和适配协同，加快数据中心从技术依赖型建设向算力可控型发展的方向演进，提升国产半导体制造设备及半导体器件自主生产能力，为数据中心关键器件供应提供切实保障；规范数据中心算力服务模式，提升资源利用效率，实现算力资源部署与土地、能源、用水、电力等资源的可持续发展；通过矩阵化合作，实现差异化技术和多元化产品的高效融合，打造融合全链条、面向全场景的一体化解决方案，通过组合优势，实现持续稳定供应；建立数据中心规范化管理架构，提供数据服务、算力服务和应用服务等，统筹关键技术攻关、核心器件研发、设备产品制造和数据中心建设等各个环节，高效有序推进可持续发展能力的提升和落地。

3. 健全产业服务生态，推动规范化研究应用

搭建数据中心可持续合作生态，聚合各环节优势资源，推动高质量、高可靠硬件设备与软件系统落地推广。联合产业上、中、下游主体以安全为基础，以技术为牵引，打造"资源可信、行为可控、设备可管、责任认定"的可持续发展标准，建设安全可靠的数据中心。数据中心可持续发展标准要以开放、合作为基础，广泛吸纳优秀的处理器、服务器、核心交换机、存储设备、操作系统、数据库等厂商参与，充分释放相关企业优势，形成符合厂商技术能力、满足产业发展要求的适应性标准，并打造开放的产业联盟与核心能力。厂商在遵循市场运行规则和产业发展规律的前提下，通过政、学、研、金、介等主体的差异化优势，与其在创新链、价值链、供应链、资金链等多个维度形成高度协同合作共赢模式，提升不同厂商间软硬件产品的适配性、兼容性，推动数据中心可持续发展标准落地实践与应用推广，加快实现数据中心基础软硬件的高质量发展。

4. 规范安全保障能力，形成系统性防护架构

规范数据中心安全保障能力，建立从设备到系统、从规划设计到开发应

用、从 IT 设备到解决方案的系统性、规范性、综合性建设体系和能力要求。数据中心可持续发展能力要求物理基础设施、IT 设备、运维调度管理等，以及芯片研制、算法适配、系统建构、设备生产、产品制造等各环节的运行与管理均实现高度安全、可靠，统一有效的标准能够助力实现安全防护水平和技术防御能力的科学化、标准化。因为当前我国在关键信息基础设施安全保护体系方面发展较快，所以需要采取规范化安全防护技术，防范网络恶意攻击和违法犯罪活动，保障关键信息基础设施安全稳定运行，维护数据的完整性、保密性和可用性。因此，需要建设跨平台的安全基础设施及信任服务设施，从操作系统到应用软件、从安全标准到策略、从技术实现到管理措施、从系统设计建设到运行维护的系统性安全保障要求。以国务院颁布的《关键信息基础设施安全保护条例》为基础，构建以安全可信的技术、产品和服务为核心的安全防护体系，能够保障数据中心在运算时并行实施动态的全方位整体防护，保护计算任务的逻辑组合不被篡改和破坏，构建计算与防护双重安全保障体系，规避防御病毒、木马和漏洞威胁，保障数据中心稳定运行。

第八章
数据中心智能化运维

8.1.1　基本概念

数据中心智能化运维是集 AI、大数据等新一代信息技术应用管理平台与数据中心自动化运行设施等深度融合的新型运维模式与综合解决方案。通过对运维设施、平台、体系与服务的全面建设,一方面充分利用数据中心基础设施管理(Data Center Infrastructure Management,DCIM)、数字化运维服务管理(Digital Operation Service Management,DOSM)等叠加自动化运行设施尽可能地实现系统自发现、自控制与自应急;另一方面搭建覆盖精细化运维工作全价值链的人、事、物、流程四维科学运维管理架构,重塑数据中心运维价值体系。数据中心智能化运维框架结构 1.0 如图 8-1 所示。

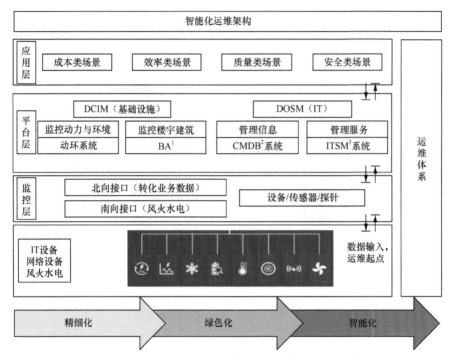

注：1. BA（Building Automation System-RTU，楼宇设备自控系统）。
　　2. CMDB（Configuration Management Database，配置管理数据库）。
　　3. ITSM（IT Service Management，IT 服务管理）。
资料来源：中国信息通信研究院

图 8-1　数据中心智能化运维框架结构 1.0

在数据中心运行状态中，从数据要素的流转过程看，数据经过传感器的采集、DCIM 的监控管理，到转化为业务可识别的数据，最后以数据驱动管理，产生预测性维护价值。将数据的标准化收集视为运维管理生命周期的起点，智能化运维由此可以被看作一项系统性工程，有着丰富的内涵与外延，需要通过数据中心设备、监控、管理平台与运维工作的有机结合，推动产业精细化、绿色化、智能化发展。

8.1.2　发展历程

我国数据中心运维的历史可以追溯到 2000 年左右，大体上可以划分为 4

个发展阶段。数据中心运维管理的发展历程如图8-2所示。

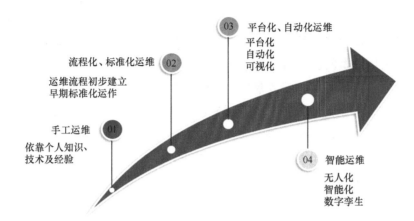

流程化、标准化运维
运维流程初步建立
早期标准化运作

03 平台化、自动化运维
平台化
自动化
可视化

02

手工运维
依靠个人知识、
技术及经验

01

04 智能运维

无人化
智能化
数字孪生

资料来源：中国信息通信研究院

图8-2　数据中心运维管理的发展历程

（1）手工运维

信息化发展初期，由于缺少运维工具和操作指南，较为依赖个人的知识、技术及经验。运维完全围绕人员展开，所有运维工作都由人工完成，当运维人员的工作出现问题时，会影响数据中心的运行。

（2）流程化、标准化运维

当运维业务量增长超过人力增长时，众多企业纷纷开始建立运维流程，通过初步的制度化、标准化运作，减少了因为不同人员操作带来的效果差异。在这一阶段，根据标准化流程和分析方法，不同操作人员完成的巡检报告质量水平可实现基本一致，降低了人员变动对数据中心企业运维的影响。

（3）平台化、自动化运维

到了我国数据中心产业的大发展时期，"云-边-端"一体化算力布局体系初步形成，不同形态的数据中心架构各异，运维方式也各不相同，数据中心现场生产和远程集中化管理的运维需求溢出。数据中心可以利用DCIM等平台或工具，梳理可复用和标准化程度较高的相关工作，使用算法整合的方式达到自动化的运维，并对执行的过程进行监管，优化运维管理。当前，我国数据中心总体呈现平台化、自动化、可视化等典型特征。

（4）智能运维

随着 5G、AI、云计算、大数据等新一代信息技术研发与应用风起云涌，赋能数据中心运维管理模式变迁。为有效应对数据中心产业不断提升人员效率和能源利用效率的发展需要，运维管理正在逐步迈入以设施、平台、体系、服务为核心要素的智能运维发展阶段。数据中心在全自动、互联、自运维的基础设施环境下，通过全方位的监控系统感知并准确定位故障，通知智能决策系统下发变更、维护等指令，实现运维从数据输入到预测性维护全过程的数字化，基于数据建模实现运维过程可视化，在"无人值守"的情况下安全高效地进行运维。随着数据中心业务海量数据的积累，AI、大数据等技术在数据中心运维领域还可以实现更多应用，智能化运维将从单点突破到全架构、全场景的优化落地，当前发展阶段距离实现真正的智能运维还有很长的路要走，预计未来将呈现无人化、智能化、数字孪生等典型特征。

8.1.3 目标与理念

（1）生产连续性

对于数据中心业务管理人员来说，用户的业务连续性取决于数据中心的生产连续性。业务连续性管理（Business Continuity Management，BCM）最早来源于传统的 IT 备份与容灾恢复计划，可以看作组织进行一体化管理的过程。通过业务连续性管理，可以对潜在风险进行识别，提供一个指导性框架来建立组织机构的恢复能力和有效应急响应能力。生产连续性则指在数据中心基础设施层面进行智能化运行的过程，数据中心基础设施根据既定的设计标准和架构冗余度，结合业务需求和管理要求，在不超过设计运行目标的异常情况下，可以按照预定义模式持续运行。即当产生外界故障变化时，数据中心基础设施可以根据实际需要进行一定程度的资源调度和应急操作来保障生产连续性。

（2）运维即服务

运维即服务（Operation as a Service，OaaS）是在借鉴了软件即服务（Software as a Service，SaaS）和研究了业界数据中心服务转型的基础上提出的新理念。近年来，运维在数据中心全生命周期中的关注度逐渐提升，作为数据中心企业的软性核心竞争力之一，其管理模式逐步从"以技术管理为中心"向"以服务为中心"转变。现如今，运维管理已经成为企业产品价值链上的重要环节，业界普遍认为实现服务的过程就是创造价值的过程，如果达成了"运维即服务"的发展目标，数据中心运维部门也会从传统的成本中心逐渐向价值中心转化。

（3）数据驱动管理

数据驱动管理指通过底层监控系统采集海量的数据，将数据进行组织形成信息，并对关键信息进行整合和提炼，实时、准确地为数据中心运营者提供管理决策依据，提高数据中心经营产出和效率。数据驱动管理模式是在数据的基础上经过训练和拟合形成自动化的决策模型，从而达成以数据和算法为驱动的预测性维护、智能化告警目标，全过程强调以数据"洞察力"驱动数据中心管理价值。

8.2 数据中心智能化运维发展核心

政策引导数据中心运维管理向智能化发展。2021 年 7 月，工业和信息化部发布的《新型数据中心发展三年行动计划（2021—2023 年）》明确提出"聚焦新型数据中心供配电、制冷、IT 和网络设备、智能化系统等关键环节，锻强补弱"。数据中心智能化运维是新一代信息技术与数据中心设施、平台、服务 3 层架构和体系深度融合的解决方案。深入分析与理解各部分的发展背景、推进逻辑，才能够更好地推动数据中心智能化运维发展。

8.2.1 设施自动化运行

当前，数据中心行业面临着大规模、高增长、急交付的发展挑战，运维工作面临成熟人才短缺、人员流动性较大、知识技能储备不足等诸多困难。为应对产业智能化运维下一发展阶段对于"无人值守"及无人化极致安全的发展需要，电气、暖通、安防等自动化运行设施将结合软件能力，从快速发现问题、及时通报问题、准确判断问题、高效处置问题等方面，助力数据中心破除"人为主责"的局面，满足客户越来越高的服务等级协议（Service-

Level Agreement，SLA）要求。自动化运行设施如图 8-3 所示。

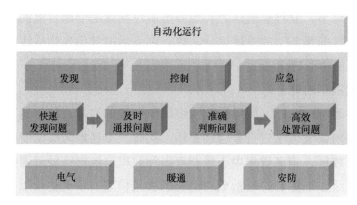

资料来源：中国信息通信研究院

图 8-3　自动化运行设施

数据中心设施自动化运行的发展与演进，与美国汽车工程师学会（Society of Automotive Engineers，SAE）对自动驾驶的成熟度定级相似。有研究表明，自动驾驶可为社会安全和效率带来一定积极影响。对于数据中心"智能驾驶"来说，基础设施如果能在故障时发挥其发现、控制、应急的能力，可取代人作为主责方完成相同的运行操作。数据中心安全、高效运行，是每一个运营者的核心目标，传统数据中心想实现这些，需要大量优质人才。随着新基建、"双碳"等国家政策发展落地，一方面，有限的人才资源制约着数据中心的快速健康发展，另一方面，过度依赖人也会增加数据中心运行的风险。从安全角度来看，据调查了解，数据中心故障宕机场景中，人为操作的事故占比超过 60%。数据中心面临的外部风险不确定性高，例如，区域性限电、极端天气、机电系统老化、能效控制失误等方面，想守住安全红线，仅依靠人是远远不够的，需要建设自动化运行设施来助力数据中心实现更深层次的安全性。从效率角度来看，和汽车的自动驾驶一样，数据中心设施的自动化运行可以降低对人员的依赖，提升运维效率。数据中心"智能驾驶"是一项系统性工程，需要全面考虑，打通从建设到运营、从硬件到软件各个环节，不仅要培养观念与习惯，还需要投入大量人力与时间成本。

SAE 将汽车自动驾驶级别划分为 L0 ～ L5，清晰定义了人工驾驶（No

automation）、系统辅助驾驶（Foot off）、部分自动驾驶（Hands off）、有条件自动驾驶（Eyes off）、高度自动驾驶（Mind off）、完全自动驾驶（Chauffeured）6 个等级。T/CCSA 403—2022《数据中心基础设施智能化运行管理评估方法》将数据中心的电气、暖通、安防等设施在多种故障场景下，取代人作为主责方达成相同的操作目标的程度进行了定义。数据中心自动化运行发展从全部人工运行的初级阶段到全自动运行的高级阶段分为 5 个等级。未来，数据中心或将达到第 4 等级，这一级别将实现自动预测性排障和分析、全自动应急处置及 AI 能效管理，运行状态几乎可以达到"无人化"。数据中心设施自动化运行能力分级之间的差异与关系如图 8-4 所示。

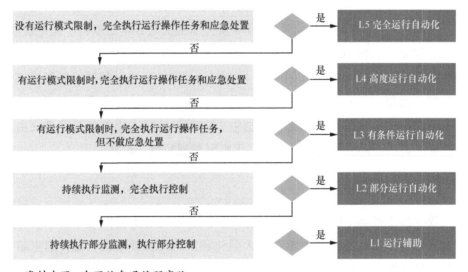

资料来源：中国信息通信研究院

图 8-4　数据中心设施自动化运行能力分级之间的差异与关系

L1 以人工为主，设施辅助，实现数据的监控采集，具备设施及系统的故障报警、电气自动切换能力，目前行业内很多存量数据中心处于该级别。L2 由人主责，设施辅助共同完成任务，不考虑设施的完成程度，始终以人作为完成任务的主责方。L3 以更进一步的设施主控、人工辅助，实现半自动运行和远程控制，故障后的应急操作可在设施半自动模式下完成，初步实现数据中心解放运维人员的工作。L4 实现设施高度自动化运行，可预测系统和设施劣化趋势和故障，能采取基于自动化的能效调控措施，初步实现数据中心解放运维人员大脑，在较长时间内允许无人在场。L5 完全实现运行自动化。设施全自动运行、调度、预测，不期望人进行干预，在特殊情况下，可由运维人员远程接管，做到现场无人值守。

　　未来，处于理想状态的智能化数据中心，软件业务部署会垂直贯通数据中心部件到上层的运维，从原来的分层解耦变成垂直整合。同时，智能运行的数据中心在运维效率、部署方式和最终实施环节上和传统的数据中心完全不同。

　　与机器人技术结合的数据中心智能化巡检、运维操作应用场景逐渐明朗，驱动智能机器人规模化商用。数据中心智能化巡检 / 运维机器人可以代替人工进行现场巡检、硬件插拔或维修操作，可以消弭人员带来的差异，进一步提升效率。当前，机器人、AI、物联网等多方面的先进技术已取得了长足发展。在工业领域，机械自动控制系统已日趋成熟，例如，机器人、机械手臂、自动导引运输车（Automated Guided Vehicle，AGV）、自动导航控制系统等诸多新型应用层出不穷，这也使得各行各业对机器人的接受程度大幅提高，其中不乏数据中心的用户。未来，数据中心内重复的标准操作可以逐步交由运维机器人进行，助力数据中心达成"用机器管理机器"的愿景。

8.2.2　平台智能化管理

　　数字技术推动 DCIM 智能化发展，监控管理等通用能力建设与应用将更加全面与深入。数据中心逐渐走向大型化和集约化，管理模块划分越来越精细化，这也意味着成本的飙升，以及对基础设施关键技术依赖的加剧。与此同时，物联网、AI、数字化 3D、数字孪生等新技术已被广泛应用。在 DCIM 中，监控管理、运维管理、运营管理、安全管理等通用能力的高效建设、精准应用是未来发展的重点。建设方面，DCIM 将向基础设施和多个子系统集中化管理发展；应用方面，包括部件级、设备级、链路级、数据中心级的运行状态、关键参数、故障告警等信息将向全局可视化的方向发展，以帮助管理者更直观地掌控数据中心的运行状态。DCIM 的管理范畴与服务能力如图 8-5 所示。

　　以运营管理能力中的容量管理为例，一直以来，数据中心企业追求相同成本下最大程度缩短项目上线交付时间，企业用户持续投入建设 IT 系统与数据中心，也是为了能够抢占市场先机、支撑经营决策。中国信息通信研究院数据显示，当前，我国数据中心规模超过 600 万架标准机架，但数据中心资源利用率有待提升，个别地区资源闲置率达到 50%，导致出现一定的资源浪费。与此同时，数据中心管理团队还面临另一个挑战，即当前数据中心能不能敏捷调配算力资源，以支持新业务快速上线。本质上，容量管理主要解决的是资源调配问题，其目标是应对非线性业务需求的增长，可以弹性使用算力资源，同时使得其成本可控，满足用户业务性能要求。

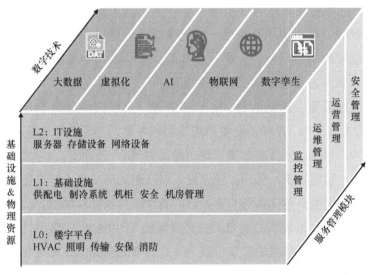

资料来源：中国信息通信研究院

图 8-5　DCIM 的管理范畴与服务能力

　　容量管理是当前数据中心产业规模大型化发展趋势下的迫切需要和必然要求。中国信息通信研究院发布的《数据中心白皮书（2022 年）》显示，我国数据中心机架规模持续稳步增长，大型及以上数据中心机架规模占比达到 80%，成为增长主力。一方面，受国家相关政策出台、企业业务需求增长等因素驱动，云计算数据中心的单体规模越来越庞大，成千甚至上万机架的数据中心屡见不鲜，超大型数据中心不断涌现。另一方面，大型云服务商、大型互联网企业需要管理数百个机房、数万台机架，这些机房和机架作为主要的不动产，需要高效地利用供电、制冷、网络、空间和承重容量，避免每个资源维度的闲置或者超容，以最终实现整体效率最大化。

IT层面，在数据中心未来的发展趋势中，多元化IT资源将在不同的业务和需求间实现动态分配。若要实现智能敏捷的调配，我们所关注的容量指标不仅仅指机位空间、电量等动力指标，算力也成为容量管理的重要部分。需要有效利用平台或工具来实时监测计算、网络、存储等资源的使用情况，并根据运行状态实时调整资源配置，实现资源的有效利用。长远来看，DCIM可以将基础设施管理水平提升至更高层次的业务智能调配，在下一阶段，新技术/新产品或将更好地实现机架功耗、服务器功耗、网络端口利用率的微观优化。例如，在机房功耗密度一定的情况下，通过调配部分机架的功耗峰值，达成机架内的最优解，为进一步实现集群化数据中心在基础设施、网络资源、计算资源方面的宏观优化提供基础。

基础设施层面，创新的DCIM容量管理，可以提供数据中心当前物理状态，并模拟未来添加、迁移和变更物理设备的效果，能够预测设备变更对空间、供电、制冷、网络、承重等容量管理方面的影响。一般而言，容量和变更管理有模拟结果、规划容量、管理工作流程，以及避免局部热点等方面的作用，可让运营者对数据中心整体运营有更长远、更全面的认知与规划。数据中心在全生命周期运营中，每天都上演着诸多资源调配NP-hard（非确定性）难题，管理者需要快速判断服务器的安装位置，并综合考虑安装位置对现有分支电路的影响、新增服务器对冗余和安全性的影响等因素。在传统数据中心模式下，运营人员通常根据有限的、零散的数据，依靠个人经验进行决策。如果判断错误，那么当机柜超过电源容量时，会导致服务器掉电等较为严重的问题发生。而DCIM能够在测量机柜中每个设备的用电量后，根据科学数据做出负载均衡决策。另外，DCIM还可以协助避免线路过载及断路器跳闸，使得运营者有机会在宕机前做出合理预判和调整。如果某台机柜接近容量阈值，DCIM还能够生成预测性模拟选项，并进行评估，以确定使用最佳的方法防止该状况的发生。

基于基础设施与IT设施融合管理的目标，智能化管理对象应覆盖基础设施（电力、制冷、机柜、安防）、IT设备（服务器、交换机、存储）及相关联的环境，管理活动应贯穿数据中心基础设施全生命周期的运维运营行为，提供集中监控、资源规划、日常运维、成本优化等管理模块。有效的运营管理系统可切实帮助数据中心保障基础设施的高可用性并提高基础设施资源利用率，降低能源消耗和人员综合成本，并通过流程化管理日常作业提升服务水平，提高数据中心经营产出和效率，实时、准确提供管理决策信息，最终实现以数据驱动管理价值。

在此背景下，数据中心智能化管理平台的建设宜遵循"以用户需求为导向，以价值为目标"的总体原则，其核心价值应包括安全、效率、合规。数据中心智能化运营管理平台建设原则见表 8-1。

表 8-1　数据中心智能化运营管理平台建设原则

安全	设施安全	以数据中心设施设备安全为目标，依托多种物联技术进行在线数据采集，通过机理、数理分析手段，实现事前预防预测、事中敏捷感知、事后精确处置
	人员安全	以数据中心作业人身安全为目标，通过标准化作业指引、知识赋能，实现高危操作可控和风险规避
	环境安全	以数据中心场地环境安全为目标，对人员出入、场地活动、环境趋势进行规范审计和全面监控，防患于未然
	信息安全	以软硬件系统信息安全为目标，系统健壮、无漏洞，数据资产可控可信，产品技术不受外部制约
效率	设施效率	以节能低碳、降本为目标，通过监测供电系统、制冷系统的质量、效率，应用数据分析手段发掘低效源头，主动调优运行参数，提高电能利用效率、制冷供冷效率
	人员效率	以提升人员运维工作效率为目标，提供电子化、标准化、流程化操作工具，打通线上线下作业壁垒，提升日常作业效率、服务响应能力，提高人均运维产出
	运营效率	以提升数据中心经营质量为目标，平台智能支撑运营管理者精细化资源投放，合理、充分发挥基础设施存量价值，提高运营收益
合规	管理合规	以可审计、可追溯为目标，确保过程有迹可循

资料来源：中国信息通信研究院

8.2.3　体系精细化落地

面向业务应用，日趋严格的用户服务要求推动企业搭建低成本、高效率的精细化运维体系。随着新型数据中心、"东数西算"工程等的落地与实施，一大批数据中心项目纷纷开启，新建数据中心以大规模、超大规模为主，海量的设备和复杂的系统为高效管理带来了挑战。如果缺乏与之相匹配的现代数据中心精细化运维手段，粗放的基础设施、IT、网络管理和维护方式势必会造成电力和网络成本的浪费，难以满足用户方对于业务的高需求和高要求。

高效运维流程体系应随着数据中心业务发展战略迭代更新，助力数据中心规范管理流程，提升运维价值。并不是建设应用好智能化管理平台、自动化运行设施或其他更先进的"器"，就可以完全保障数据中心的有序运营，一套行之有效的运维管理方法论可以帮助企业确立数据中心全生命周期运行维护管理的关键环节，帮助运维团队提升运维管理效率，高效挖掘运维价值。管理方法论应随着企业发展变化而不断更新，避免因"重器轻道"而产生运维团队自身熵增。加之运维是数据中心全生命周期中历时最长的一个阶段，运维体系建设及流程实施的重要性不言而喻。数据中心的精细化运维是一种运维分工更精细、运维质量更精益的管理体系。只有在运维体系建设、运维流程规范中不断突破与创新，才能实现数据中心"运维创效"的高阶目标。

通过积极运用技术手段并建立一套运维体系，可以全面覆盖数据中心运营的设备管理、流程管理、质量管理、资源管理、人员与组织管理各个关键环节所需要的框架及流程，形成数据中心运维全生命周期的服务能力。设备管理环节包括设备监控、告警管理、设备状态管理、设备健康度管理等关键活动。以设备健康度管理为例，要依靠大数据、AI 等技术，基于大量历史数据，对设备健康情况和所处的状态进行评价，并制定相应运维的活动计划。例如，当设备出现内部端口关闭告警，通过健康度分析，预判将会影响网络转发流量，这时就需要运维人员提前隔离设备，让网络流量不流经该设备。流程管理环节，主要包括维修、维保、巡检、演练等关键活动。以巡检为例，当前，日常巡检的很多工作可以被监控系统替代，因此应强化定期专项巡检来弥补监控系统的不足。例如，对不间断电源（Uninterrupted Power Supply，UPS）的专项巡检，可以全面检查 UPS 的外部和内部，专家团队可以采用红外热成像仪检测内部器件的温度，测量或查看 UPS 内部母线电容的电压、逆变器输出的波形和谐波、输入端的波形等，依此预判 UPS 是否存在故障或隐患。质量管理环节包括风险管理、事件管理、问题管理、资料文档管理等关键活动。以问题管理为例，与事件管理强调速度不同，问题管理注重诊断事件的根源，确定问题的根本原因，从而制定恰当的解决方案，防止类似事件的再次发生，因此问题管理比事件管理花费的时间更长。当前，应用无监督学习算法对大型服务器集群内部的故障进行故障原因分析在业界已有诸多实践。基于人工智能的问题管理多以告警事件、业务日志、网络及业务拓扑等为管理对象，依托无监督方式的机器学习算法技术进行算法智能降噪、算法智能聚类，实现智能事件关系整合，在海量的故障事件中高速、精准定位问题，解析原因，并提高解决问题的速度。资源管理环节，其中包括能效管理、容量管理、资产与配置管理等关键活动。以资产与配置管理为例，资产管理的控制目标偏重公司财务视角，配置管理则聚焦 IT 管理视角，识别和确认系统的配置项记录，报告配置项状态和变更请求，检验配置项的正确性和完整性等。目前已有大量数据中心企业利用射频识别（Radio Frequency Identification，RFID）技术，对单位的固定资产进行标签式管理，可实现资产全面可视和信息实时更新，且能够实时监控资产的使用和流动情况。人员与组织管理环节，包括供应商管理、交接班管理、培训与考核等关键活动。人员与组织管理更加强调管理者对自身所拥有的各种与人员相关的要素计划、组织、协调和控制的过程，在战术与操作层面都强调正确、合规。目前，相关标准中已提出数据中心精细化运维成熟度模型，表 8-2 详细定义了上述环节各个过程的目标与能力要求。

表 8-2 数据中心精细化运维成熟度模型

能力域	设备管理	流程管理	质量管理	资源管理	人员与组织管理
过程域	设备监控	维修	风险管理	能效管理	供应商管理
	告警管理	维保	事件管理	容量管理	交接班管理
	设备状态管理	巡检	问题管理	资产与配置管理	培训与考核
	设备健康度管理	演练	资料文档管理		

资料来源：中国信息通信研究院

8.2.4 服务价值化输出

广义的运维工作应包含管理与服务两个部分。向内归因，管理者应向自己提问"我需要管理什么？"，这里主要是对数据中心各个管理对象进行系统的计划、组织、协调与控制，是设备管理、流程管理、质量管理、资源管理、人员与组织管理的总称，对内管理应着眼效率提升。经济学中提到的著名理论"生产力决定生产关系"指出了运维工作的外延部分，即服务包含的内容，其本质上是管理者反思"我能提供什么？"的过程。相较于管理，服务是向外探索，指的是运维团队具备哪些能力，可以用何种方式对外输出，因此对外服务应强调敏捷升级。

根据 ODCC 的测算，2022 年我国数据中心基础设施运维市场营收已超过100 亿元，且近 5 年的市场增长率都在 20% 以上。数据中心运维服务将日趋细致与专业，因此，专业人才短缺问题或将长期存在、分化也将日趋严重。面向成本类、效率类等场景，各数据中心运营商是否运用赋能提效工具，而工具是否起到实际作用，影响着运维增值服务能力输出。部分数据中心在价值化运营下，会取得良好的效果，这也将推动形成规模越来越大的专业第三方运维服务市场。

1. 成本类场景

数据中心借助 AI 软件等进行绿色运维，不仅仅是为了符合绿色经济与"双碳"目标的要求，对于数据中心可持续发展来说，通过引入 AI 调优的方式降低用电量能耗，即便是节省几个百分点的耗电量，都意味着巨大的成本节约。切实提升能源利用效率，降低数据中心能耗，打造数据中心绿色运维服务模式，已成为新型数据中心发展的重要任务。一方面，数据中心在近几年"新基建"的建设热潮下，很多基础建设都已完成。接下来面临的问题是如何在运维和能效管理上进一步满足用户对于"最高能效、最低成本"的要求。另一方面，在互联网、金融行业等用户方的高标准 SLA 要求下，为与用户方的设备产品相匹配，提供更好的绿色运维服务，更加要求数据中心运维方在确保数据中心安全性、可靠性、灵活性等基础上，进行能效管理。

当前，数据中心节能潜力已经被充分挖掘，供电负载系数（Power Load Factor，PLF）下降值已接近天花板，冷却系统成为 PUE 节能的主战场。数据中心大多需要复杂的制冷系统设备，在目标温度及机房内外环境温度和湿度等多种参数的制约下，数据中心的能耗优化问题成为一个非线性多输入的控制优化问题。目前，业界趋于采用机器学习的方法，基于历史数据，用模型来学习从输入到输出的各种复杂变化。通过在系统中整合预训练好的深度学习预测模型，技术专家的能效调优经验可以协助运维工程师调整设备参数组合。设备经过调整参数操作之后，输出的结果将继续被采集和学习，深度学习预测模型不断迭代后可以确保其精确性与安全性。专家系统中的实际调控经验会作为人工智能算法模型控制推荐的方案，最终降低整体智能化运维的风险，达成系统性的能效智能优化，助力数据中心产业进一步降低制冷系统成本。

2. 效率类场景

电力系统的稳定运行和维持理想的物理环境温度是保证数据中心运营稳定的关键。许多数据中心通过监控系统和运维人员巡检，来检测机房内的电热异常行为，以减少电热问题带来的故障。但如今的数据中心电力、制冷及 IT 设备的拓扑类型、工作状态、业务负载千差万别，难以快速发现并定位问题。基于复杂的应用场景，目前较为常见的提效工具是计算流体动力学（Computational Fluid Dynamics，CFD）。利用 CFD 技术仿真可以找出气流短路和气流中热点所在位置，进而快速找出产生局部热点的原因，有针对性地进行优化改进。同时，还可以利用仿真结果对冷热气流隔离等改进方案进行评估和验证。

8.3 数据中心智能化运维发展实践

我们通过全面总结案例实践成效与具体做法，希望能为推动数据中心运维向精细化、绿色化、智能化发展提供有益借鉴与参考。

8.3.1 以自动化设施提升运行效率

我国互联网企业、第三方服务商积极开展自动化运行相关实践，但当前大部分数据中心还处于 L2 的水平。中国信息通信研究院调研结果显示，在电气、暖通系统自动化运行实践水平方面，90% 以上的数据中心在市电故障等场景下，实现告警后高压变配电系统按照设计要求分配电能的难度较大，在智能化运行先进理念和软件、硬件协同联动方面尚且存在优化空间。如何实现数据中心"智能驾驶"，自动化设施在发现、诊断、处置全流程场景的覆盖度成为关键。在数据中心向自动化运行演进过程中，企业需要从逻辑侧、参数侧、设计与管理侧等方面重新考量运维问题，并进一步对弱电领域进行探索。

专栏 1：万国数据北京四号数据中心——自动化运行设施应用

　　万国数据服务有限公司（以下简称"GDS"）深耕数据中心行业多年，在《中国第三方数据中心运营商分析报告（2022 年）》中规模及综合能力指数位列第一。如何在快速扩张的情况下保证数据中心的高效安全运行成为 GDS 的一大挑战。为此，GDS 从多年以前就开始探索和实践数据中心智能运行模式，历经三代更迭，形成 GOCC—ROCC—DCU（全球运行指挥中心—区域运行指挥中心—单座数据中心）三级数据中心运营架构的智能运行体系。在此期间，GDS 自主研发了智能运行系统，涵盖智慧园区、基础设施管理、智能监控、运营管理、运维服务、节能减排、资源规划等各个方面，推动数据中心安全、智能、绿色运行。目前，万国数据北京四号数据中心已经实现 L3 智能运行，从发现、诊断、处置这 3 个方面实现系统为主、人工为辅的智能运行模式，进一步保障了数据中心的安全稳定运行。此外，GDS 通过在基础设施建设方面大量应用融入专业经验的自动化装置代替人工操作，提高了故障报警及响应速度，并结合自行开发的运行管理平台及应用软件，实现了从本地到区域，再到全国的高效、高质量运维。

8.3.2　以 DCIM 平台促进智能管理

　　当前，数据中心可视化管理平台、AI 软件层出不穷，市场上常见的一些运维管理软件主要用于向数据中心决策者汇报展示使用或用于运维人员日常工作。根据 ODCC 对我国数据中心动环建设应用水平的调研发现，许多业主表示动环 /DCIM 等产品智能化发展脉络难以把握，因此还存在大量中小型数据中心依靠人工与表格统计来进行管理，通过中国信息通信研究院测试并达到智能化管理 L4 的数据中心屈指可数。在数据采集规范、质量方面，采集器断开 5 分钟后，仅有 30% 的数据中心可以实现端数据断点续传。在故障场景告警速度方面，近一半的数据中心平台端收到告警的速度大于 30 秒，仅有不到 20% 的数据中心可以实现 20 秒内完成告警，有效降低了运行风险。

　　在推动 DCIM 高水平建设、智能化应用的过程中，也涌现出众多优秀实践案例。例如，腾讯怀来瑞北云数据中心基于腾讯自研的数据中心自动化管理平台"腾讯智维"，构建了链接园区、区域、总部的三级闭环管理体系，并通过重构告警链路实现了秒级敏态感知，通过应用图计算、物模型等技术实现了告警极速收敛、故障自动定位，其准确率高达 99%。数据港张北 2A2 数据中心通过采用微服务架构、数据采集技术架构及分布式数据存储架构等数据分析平台，将纷繁复杂的各类运行数据转化为可直接分析的有效数据，并深度挖掘数据内涵，降低人为判断干扰，减少灾难性宕机、数据丢失等问题，提高了整体系统的安全性和稳定性，大幅提升了数据中心的运营管理能力和管理效率。中国·雅安大数据产业园 1 号楼采用 AI 技术进行精准运维，依据实时的运行数据提前为运维人员示警，并结合建筑信息模型（Building Information Modeling，BIM）运维模型的机电逻辑拓扑，梳理出故障发生的根本原因，辅助运维人员对数据中心进行科学化、智能化管理。

专栏 2：湖北中烟云网端安智慧管控中心——智能化管理平台应用

湖北中烟工业有限责任公司（以下简称"湖北中烟"）锚定"双一流"战略目标，大力推进数字化、网络化、智能化数据中心建设，赋能公司业务高质量发展。湖北中烟在数字化转型过程中，为促进基础设施持续高质量运营，通过建设云网端安智慧管控中心，建立起以用户和应用为核心的智能运维体系，全面提升业务、资源、安全、服务相融合的运维管理能力。业务方面，可实现可视化、端到端、高质量的业务应用管理，满足业务高可用要求；资源方面，通过定义 IT 运维管理对象的基础信息标准并建立数据管理流程，为众多运维服务场景提供数据服务；安全方面，可实现安全运维双域融合，从监控、审计、风险、处置 4 个维度建立了一套可度量的"统一安全运维管理体系"；服务方面，可实现运维服务过程可视化、可量化、可追溯，提高运维服务质量及用户满意度。

通过建设云网端安智慧管控中心，湖北中烟成功构建"全领域、全方位、全覆盖"的智能运维体系，实现总部分支协同、安全运维融合、数据支撑决策，保证基础设施及业务系统稳定运行，推动生产、运营、物流等业务流程的数字化，保障信息化建设与管理的投入产出效益，持续巩固发展优势。

专栏 3：深圳联通坪山数据中心——智能化管理平台应用

近年来，深圳联通响应国家"双碳"目标，在坪山数据中心，联合北京市中保网盾科技有限公司积极探索，一是基于 DCIM 采集的数据，开发了智能巡检系统，实现了数字化运维。运维数据分析后可指导运维策略优化，也可支撑运维体系向精细化发展，提高了运维的可靠性，降低了运维过程中对运维人员的依赖；二是引入"大数据、AI"等技术，对数据中心资产和巡检过程等各类信息进行全量采集和自动化管理，持续分析机房 IT 设备、配电和暖通系统与设备用电数据，并结合天气的变化，及时精准调整系统与设备的运行策略，降低耗电量；三是通过联动蓄电池智能管理系统和"主动能量管理"模块，增加系统的供电时长，提升电力保障能力，通过电压和容量一致性管理，以及充放电控制，延长电池使用寿命，提高备电经济性。

智能化管理系统的应用，使得坪山数据中心实现 2022 年全年维护、维修时效 100% 达标，事件处理零延迟，运行维护零事故。助力达成"运行数据可视化、历史数据可查询、远程运维可管理、应急处置有预案、故障情况可分析"的运维升级。

8.3.3　以技术手段赋能运维体系变革

现阶段，我国数据中心运维标准化、流程化程度较高，大多数数据中心已基于信息技术基础架构库（Information Technology Infrastructure Library，ITIL）等通用方法论将流程固化在系统上。在存量时代，随着数据中心由重建设转向重运维，如何在海量运维信息中发现价值，提升运维管理水平，成为价值运维管理的新引擎。在"东数西算"等国家政策引导下，数据中心的大型化、高密化、集群化发展趋势也让各种管理问题凸显。

多元化应用场景对数据中心运维实施提出新要求，近年来，数据中心相关设备厂商、大型数据中心企业开始探索将大数据、人工智能等技术深度用于运维管理体系，例如，提高数据采集的实时性和准确性，研究训练节能、告警等数据模型，开展故障预测等，来进一步提升运维管理实施过程的智能化水平。当前已有众多数据中心自动化管理运维的工具和软件，包括腾讯、百度、阿里巴巴等企业自研的智能运维管理平台、双碳管理平台等一系列工具和软件，也出现了多种以新技术新产品赋能多层运维体系的优秀解决方案。

专栏 4：中联绿色大数据产业基地 1 号楼——精细化运维体系应用

作为致力于成为"零碳"大数据中心标杆的中联绿色大数据产业基地，在日常运营、风险管理、应急能力等方面实现高水平运维和智能化管理。一是完善优化流程，助力数据中心有"智"可循。为保证数据中心稳定运行，运维团队采用 7×24 小时全天候驻场模式，依托智能化运维平台实现工单流程一体化管理和电子巡更。同时，定期组织专家巡检、实操演练等深度运维工作，由此改善运维流程。二是坚持高质量运行，保障数据中心"智"在必得。通过对数据中心设施、环境进行全面评估，预测各类型潜在风险，使运维人员能够更加及时地识别并应对数据中心风险，保持零事故的运维记录。三是强化设备管理，支撑数据中心"智"算在握。应用数据中心运营管理（Data Center Operation Management，DCOM）系统，结合数据中心的运维特点，构建业务完整、流程规范的运维服务管理体系，实现数据中心设备管控的电子化、规范化、流程化、自动化。四是注重节能减排，推动数据中心以"智"赋治。通过 DCOM 系统，对数据中心运行容量、能源利用进行实时监控、动态管理，不断优化配电系统的标准和节能运行方式配置，以确保设备处于最优配置、保持高效运行。五是持续组织优化，确保数据中心"智"理有方。基于对数据中心供应商进行规范管理，可以优化供应链，降低采购成本，确保 SLA 水准。同时，制定完善的培训与考核制度，结合多种培训形式提升团队工作效率及运维能力。

8.3.4 以巡检机器人释放运维人力

当前，业内众多数据中心对巡检、运维机器人的应用落地进行了积极实践和有效探索，但产业界对于智能化运维机器人仍存在不同的理解和认识，还需要机器人研发厂家、数据中心用户方、设计建设单位等进一步协作，加快行业对于机器人的实践应用，推进数据中心逐渐走向真正的智能化运营。

专栏 5：超维科技智能轮式巡检机器人 SQR–W200——智能化运维机器人应用

超维科技最新一代的数据中心智能巡检机器人产品——SQR-W200 智能轮式巡检机器人，具备强大的算力和灵活精准的导航定位技术，支持多种 AI 算法，具备数据中心环境中多种设备及其元器件的识别和告警功能。SQR-W200 作为数据中心数字化转型的工具，于 2021 年 12 月被中国农业银行西藏自治区分行数据中心应用，通过稳定的性能、自定义的识别策略和灵活的巡检计划，支撑了该数据中心自动化巡检需求，保证了数据中心持续稳定地对外提供服务。

SQR-W200 智能软式巡检机器人应用 AI 深度学习、机器视觉算法等新技术，识别每个机柜的指示灯、设备温度等状态，精准判定各设备的运行情况；通过打通配置管理数据库，实现设备资产的精准盘点和告警；通过打通工单系统实现对第三方外来人员的随工监视；通过机器人内置的多媒体模块实现迎宾接待等。机器人功能目前均以用户实际需求为出发点，以技术创新为驱动力，与用户共同推进现代化数据中心自动运维的产业发展，有效提升了西藏农行、中国进出口银行、网联清算有限公司等金融行业数据中心用户的运营自动化水平。

8.4 发展展望

当前，我国数据中心产业正处于蓬勃发展之中，在快速增长的同时也实现了质量提升，而从产业全生命周期中运维管理的发展水平来看，我国数据中心的运维管理还有较大的提升空间，在满足合规性、可用性的前提下，距离经济性、服务性的要求还存在一定差距。大多数管理者不得不承认，数据中心的运维服务严重同质化，运维管理利润率呈下降趋势。数据中心产业已向每位从业者提出了关键性问题：如何才能提升数据中心运维核心竞争力？数据中心设备、监控、管理平台与运维工作怎样结合，才能促进数据中心的运维精细化、绿色化与智能化发展？

推进数据中心智能化运维发展，需要综合考虑全国数据中心由于数字化发展阶段不同带来的影响设备、监控、平台、应用多层架构标准化层面的差异。此外，在众多新技术发展方向热点频出的时期，还需要了解新技术在个性化应用场景中的优劣势、经济效益和社会效益，确保新技术真正为数据中心降本增效，形成稳固闭环。

当前，我国在推动数据中心产业智能化运维发展方面已有一些探索，但整体仍面临诸多障碍。例如，各家厂商研发重心不同，难以把握动环/DCIM等产品智能化发展脉络，缺乏统一规范的基础共性标准和应用标准，导致部分数据中心对于平台产品应用水平不足，制约智能化运维管理落地见效。例如，数据中心企业在设计之初会根据自身业务安全等级情况，综合考虑架构、设备、冗余度、应用场景等因素，按照高标准建设电气系统、暖通系统，但出于安全考虑，无论基础设施的自动化设计程度如何，大部分数据中心仍然采取运维人员主要负责、设施辅助共同完成任务的方式。例如，运维人员还存在对手工运维方式的路径依赖，导致对平台等工具"不想用"；运维人员数字化基础薄弱，技术、技能等方面存在较大短板，导致"不会用"；机器人系统等新型运维解决方案使用成本较高，且有一定技术门槛，导致"不敢用"，这些严重制约了运维服务的价值创造。

未来是数据中心运维的"黄金十年"，智能化与精细化趋势正加速到来。在推进产业向智能化发展的过程中，应重点从以下几个方面着手。

一是加强核心技术研发，以创新驱动智能化运维持续发展。面向运营管理阶段的数据中心，强化融合 AI、大数据等关键技术的设备、平台/工具创新发展，探索数据中心 AI 的智能化运营系统在容量管理、能耗管理等方面的算法优化。前瞻布局数据中心智能运维机器人系统，突破数据中心智能运维机器人系统在多层、多房间楼宇内的多模态环境感知、精准空间定位、柔性安全操作、智能人机协同、多系统联合调度等方面的技术与算法优化。

二是健全标准测试体系，系统性推进智能化运维落地见效。建立适用于我国数据中心 DCIM、动环建设应用现阶段能力水平的标准化框架，并开展相关测试，为用户选品、行业规范提供重要参考。推动数据中心管理成熟度和自动化程度的提升，形成多种自动化规则和解决方案，引导自动化运行设施取代人作为主责方达成相同的运行目标。建立数据中心精细化运维标准体系，开展数据中心运维管理水平相关测试，帮助数据中心提升运维管理效率，高效挖掘运维价值，助力我国数据中心代理运维方提高自身方案的完备度，提升其咨询、实施的能力。

三是推动交流互动合作，共建共享产业协同发展优质生态。进一步发挥ODCC等行业组织和高水平平台的专业作用，为数据中心智能运营相关从业者提供技术交流、产业创新、成果发布、资源对接的渠道，广集行业各方力量共建智能运营生态圈。加强对数据中心领域智能化运维的宣传，通过对概念与理念、典型案例的宣传和引导，增进社会及行业从业者对智能化运维的认识与了解，为行业树立标杆典范，为数据中心智能化运维发展营造良好的环境。

第九章
第三方数据中心服务商研究

9.1.1 数据中心市场格局

在"东数西算"发展战略和信息技术加速赋能产业应用的背景下，2022 年我国数据中心行业热度持续高涨，激发新一轮数据中心服务商投资热潮，产业聚集效应凸显。当前，我国数据中心市场由基础电信运营商和第三方数据中心服务商组成。其中，基础电信运营商是以中国电信、中国联通、中国移动为代表的提供基础电信业务的企业，第三方数据中心服务商则是专门提供数据中心机柜租用、带宽租用、服务器托管、代理运维等服务的企业。

目前，基础电信运营商和第三方数据中心服务商依然是我国数据中心市场的重要参与者，另外，云计算厂商和其他新进入的企业也在加速涌入数据中心市场，多方在共同推进数据中心行业的数字化转型和智能化升级的同时，也为数据中心市场带来新的竞争和合作机遇。

政策推动基础电信运营商加强基础设施建设，引导第三方数据中心服务商提供特色服务。为构建新型数据中心发展格局，政府出台一系列政策，坚持多元主体共同建设，鼓励不同主体在数据中心建设运营中优势互补。国务院印发的《扎实稳住经济的一揽子政策措施》指出，未来要着力扩大投资，引导基础电信企业适度超前部署大数据、工业互联网等新型基础设施建设。工业和信息化部印发《新型数据中心发展三年行动计划（2021—2023年）》提出，推动基础电信企业强化网络等基础设施建设，鼓励第三方数据中心服务商继续发挥特色化、差异化定制优势，促进产业朝向互联网创新应用发展。

基础电信运营商掌握优质资源，注重前瞻性布局，促进东西部均衡发展。基础电信企业不仅拥有广泛的网络带宽和全国范围内的数据中心机房资源，同时还拥有多样化的客户和合作伙伴，包括政府和大型企业等客户资源。在"东数西算"工程进入全面建设阶段后，3家基础电信运营商也加大对数据中心产业的投入力度，将新型数据中心与算力网络建设作为资本重点支出方向，并融合技术、应用等优势，加快落实东西部算力基础设施建设。工业和信息化部数据显示，截至2022年年底，3家基础电信运营商为公众提供服务的数据中心机架数量达到81.8万架，其中，中西部地区机架数占比达21.9%，比2021年同期增长0.6%。基础电信运营商优化建设布局，推动数据中心协同化发展，积极缓解东部数据中心过度集中的局面，促进我国东西部地区资源比例均衡发展。

我国第三方数据中心服务商处于行业成长扩张期。其建设布局多分布于京津冀、长三角、粤港澳等一线城市地区及周边地区，凭借高效的管理运维能力和领先的云网整合技术，可提供附加值更高的数据中心服务。目前，国内第三方数据中心服务商数量持续膨胀，其中，大型服务商有万国数据、世纪互联、数据港等，小型服务商也在不断涌现，行业市场迎来加速整合期。总体来看，第三方数据中心服务商市场整合发展更多体现在资金流向趋于集中、优质项目流向趋于头部企业，一方面，大型服务商第三方数据中心企业具有更强的资金实力、资源储备和品牌影响力；另一方面，市场整合会促进行业的集中度提高，进一步增强它们在资金和资源方面的优势。

云计算厂商加强自建自用数据中心，行业市场竞争加剧。得益于移动互联技术的快速发展，企业上云已成为普遍趋势，越来越多的传统企业、互联网企业纷纷加入云市场。在此背景下，云计算厂商把握发展新机遇，加强数据中心建设。当前，我国主流数据中心云厂商主要分为公有云、私有云、独立第三方云计算厂商 3 类。其中以阿里云、腾讯云等企业为代表的公有云厂商自 2020 年起宣布未来几年将提高对服务器、系统、网络、芯片等关键核心技术应用的创新投入，通过自建数据中心的方式，加大对人工智能、数据中心等新型基础设施的投资。面对云计算厂商的竞争，第三方数据中心服务商需要寻求差异化的发展模式，提高自身的市场竞争力。

各路企业、资本等新进入者涌入，引发数据中心投资热潮。在政策和需求的双轮驱动下，新进入者逐渐涌入日益蓬勃的数据中心行业。这些新进入者涵盖了钢铁企业、房地产企业、食品企业及汽车等游离在数据中心产业链外的企业，这些企业都希望通过自身的资源优势，占据数据中心市场的一席之地。新进入者的加入为数据中心市场服务带来了更多的资本和技术，凸显了数据中心行业的巨大潜力和前景，促进了数据中心行业的竞争和发展，使得整个行业向多元化和个性化发展，同时也为用户提供了更多选择。

9.1.2　第三方数据中心服务商产业规模

1. 数据中心建设规模

我国数据中心基础设施建设规模稳步攀升。目前，随着我国数据中心产业发展需求急速上升，数据中心建设规模不断扩大，算力总规模已位列全球第 2。为满足对算力要求较高的人工智能应用需求，互联网企业开始向专业的第三方数据中心提供商寻求合作，以获取更加可靠、稳定的数据服务，数据中心建设规模也因此飞速扩大。据工业和信息化部的统计，2022 年我国数据中心机架规模稳步增长，全国在用数据中心机架总规模超过 650 万标准机架。2017—2022 年我国数据中心总体在用机架规模如图 9-1 所示。

单位: 万架

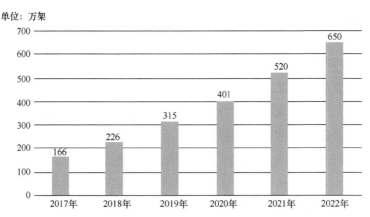

数据来源: 工业和信息化部

图9-1　2017—2022年我国数据中心总体在用机架规模

2. 第三方数据中心服务商市场规模

从产业市场收入和相关服务业务收入方面分析,近5年我国数据中心市场规模呈现大幅增长的趋势。中国信通院测算结果显示,2022年数据中心业务市场收入约1900亿元,近3年年均复合增长率为27.2%。2017—2022年我国数据中心业务市场收入及增长率如图9-2所示。

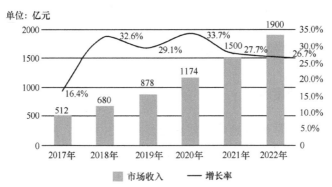

数据来源: IDC,中国信息通信研究院云计算与大数据研究所

图9-2　2017—2022年我国数据中心业务市场收入及增长率

第三方数据中心服务商市场份额保持高速增长,首次超越基础电信运营商。2022年基础电信运营商及第三方数据中心服务商数据中心业务收入分布

如图 9-3 所示，2022 年基础电信运营商总体占比约为 48.32%，其中，中国电信占比约为 19.27%，中国移动占比约为 14.70%，中国联通占比约为 14.35%，3 家共计 48.32%；第三方数据中心服务商市场份额约为 51.68%，较 2021 年同期增长了 1.81%。近年来，第三方数据中心服务商凭借资本实力和业务能力较强等优势，市场地位不断提升，市场份额持续扩大。

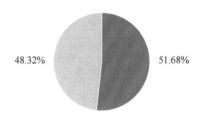

48.32%　　51.68%

■ 第三方数据中心服务商　■ 基础电信运营商

数据来源：IDC，中国信息通信研究院云计算与大数据研究所

图 9-3　2022 年基础电信运营商及第三方数据中心服务商数据中心业务收入分布

9.1.3　第三方数据中心服务商经营模式

第三方数据中心服务商增值服务类型丰富，并倾向于加大与云服务商合作力度。第三方数据中心服务商深耕数据中心服务领域，其专业性和定制能力也越来越强。为提供全面的解决方案，帮助用户降低运营成本、提高效率，从而在市场赢得更多的机会。第三方数据中心服务商不仅向用户提供服务器存放、宽带接入、主机维护托管等基础业务，还积极拓展多样化的增值类服务，例如，数据同步、灾备服务、流量监控等。此外，第三方数据中心服务商还可以提供个性化的定制设计等服务，涵盖数据中心设计、建设、运营等全生命周期流程，可满足用户不断变化的业务需求。随着云计算技术的发展，第三方数据中心服务商也逐步加强与云服务商的合作。他们共同构建云服务平台，提供云计算服务，发挥资源共享、弹性扩容、快速部署等优势，帮助企业及客户提高业务灵活性和可扩展性。光环新网开展旗下子公司光环云业务，并以"数据中心＋云计算"为核心，专注于行业云应用服务，逐步强化与垂直行业上云用户和行业生态伙伴的合作；数据港提出混合云解决方案，为企

业提供安全可靠的互联网新技术、存储和网络等资源，助力企业快速、弹性、低成本地发展其自身业务。数据中心提供业务服务类型如图 9-4 所示。

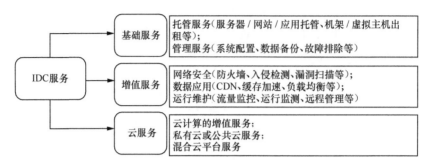

资料来源：中国信息通信研究院云计算与大数据研究所

图 9-4　数据中心提供业务服务类型

　　发展绑定大客户模式成为第三方数据中心服务商的重点经营导向。长久以来，我国核心城市和其他边缘城市间数据中心行业发展相差较大，数据中心投资和机房部署差距尤为明显，边缘地区建设运营受限于上架率低的影响，其发展不尽如人意。在"东数西算"工程的引导下，算力资源分布趋向均衡，第三方数据中心服务商优化建设布局，将数据中心部署到各大枢纽集群以及核心城市以外的其他城市。为了提升企业数据中心整体上架率、提高企业盈利水平，众多第三方数据中心服务商相继绑定优质大客户资源，以扩大自身市场的影响力。例如，奥飞数据近年来先后同百度、快手等大型互联网企业签订长期合约，通过深度绑定战略客户的方式，助力其业务迅速延伸。

　　第三方数据中心服务商通过收并购等方式拓展行业新赛道。我国数据中心行业不断扩展，行业内收并购数量持续增加，国内大型第三方数据中心服务商借助自身融资便捷、资金配置灵活等优势，通过收购成熟的数据中心项目，以达成缩短数据中心建设周期、降低数据中心建设成本和拓展数据中心建设规模的目标。此外，部分第三方数据中心服务商为获取土地、建筑、能耗等关键资源指标，选择收购储备核心地段的数据中心项目，满足企业持续上涨的业务需求。例如，科华数据为扩张数据中心业务和解决公司与股东间的竞争关系，收购上海成凡股权；万国数据为优化北京业务布局，收购顺义区大型数据中心等。然而，数据中心收并购不只出现在行业领先者中，行业新进入者同样利用收并购方式寻求行业创新发展的新切入点，实现"主营业务＋数据中心"并行发展。例如，远洋集团通过远洋资本战略性并购云泰数通，开拓数字地产领域，并且不断利用收并购、与当地政府或当地城投联合建设等方式，扩充其数据中心业务。

9.1.4 第三方数据中心服务商发展新定位

定位一：第三方数据中心服务商加速向绿色数据中心转型。自数据中心产业高速发展以来，数据中心设备能耗问题一直是亟待解决的难题，中央和各地政府相继出台绿色建设、倡导节能减排的相关政策文件。2021年10月，《关于严格能效约束推动重点领域节能降碳的若干意见》提到，将数据中心行业纳入重点推进节能降碳领域。为了减少数据中心能源消耗和环境污染，第三方数据中心服务商通过创新技术应用降低 PUE 值、提高可再生能源使用比例、优化能源结构、降低碳排放强度，聚焦数据中心绿色低碳、健康有序发展。

在众多节能减排措施中，降低电源使用效率是实现数据中心绿色低碳高质量发展的必要条件之一。当前，为降低电源使用效率值，第三方数据中心服务商开始探索应用绿色节能技术，通过采用预制化技术、新型制冷技术、选用高效能服务器电源以及实行数据中心全生命周期管理的方式实现节能降耗。中国信息通信研究院调查结果显示，2022年，我国强势领跑的第三方数据中心服务商平均 PUE 值低于 1.4。未来，随着数据中心绿色发展进程日益加快，能效水平不断提升，第三方数据中心服务商 PUE 值将持续降低。

此外，众多第三方数据中心服务商共同助力低碳节能算力生态构建，为我国数据中心绿色高质量发展贡献力量。例如，秦淮数据积极推进"零碳算力"战略，通过对建筑、空调、电气等关键技术创新突破，开展源网荷储一体化应用，打造绿色数据中心；2022年万国数据将可再生能源使用效率再次提高至34.3%；世纪互联在绿色数据中心、节能减排及新型储能等方面开展应用创新，推出"深寒"空调节能系统、"源网荷储"一体化、"净零碳数据中心新型能源系统"等低碳节能方案，率先在业内实现"数据中心＋光伏＋规模化储能"的创新应用，向"双碳"目标稳步迈进。第三方数据中心服务商绿色低碳行动措施见表9-1。

表9-1　第三方数据中心服务商绿色低碳行动措施

IDC 服务商	绿色低碳行动
秦淮数据	坚持"零碳主义"理念，打造"零碳算力"标杆
万国数据	提升可再生能源利用率，稳步推进零碳愿景
世纪互联	推出"深寒"空调节能系统、"源网荷储"一体化、"净零碳数据中心新型能源系统"等低碳节能方案
普洛斯	全方位落实节能技术，打造绿色数据中心样本
有孚网络	新技术、智能运维平台全方位部署，实现数据中心绿色建设运营
浩云长盛	选择可再生能源丰富地区，建设绿色节能云计算基地

资料来源：企业公开信息、企业调研整理

定位二：运维管理和技术服务能力成为衡量第三方数据中心服务商发展的**关键一环**。我国第三方数据中心服务商逐渐由资源禀赋的角逐转向运维、创新服务能力的转变，进一步增加了数据中心管理运维的难度。数据中心运维技术和服务能力是第三方数据中心服务商的核心竞争力之一，可以在市场中更高效、更精准地响应客户需求，使客户服务内容趋向于全面化、标准服务覆盖更多环节。

例如，万国数据在公有云、私有云建设、云迁移和运维领域经验丰富，具有骨干网络链接能力，对数据中心中不同机房和机柜，提供高速网络连接和管理；秦淮数据构建"可再生能源 + 大数据"联动方式，整合通信电力、网络等资源，向企业或客户提供人工智能、混合云计算、大数据、离线计算、数据挖掘等业务，其端口使用率超过70%，可实现在不同的机房建筑之间的双路由光缆互联；普洛斯专注发展高效、智能化的管理运维能力，独立搭建集 AI、数字孪生技术的面向多数据中心的中央统一管控平台系统，可实现全国、园区及楼栋三级监控，可标准化监控数据。由此可见，数据中心运维服务能力已上升至第三方数据中心企业持续经营发展的关键一环，是企业综合发展的"生存"基础，各类节能运维技术的掌握和进化成为行业的核心驱动力。

定位三：第三方数据中心服务商积极推进数据中心模块化、预制化建设。采用预制式模块化的数据中心可极大缩短数据中心建设成本和建设周期，还可以对各个独立模块分别调试和运行，有效提高设备和系统的运行效率和稳定性，降低维护成本和维护风险。近年来，第三方数据中心服务商主动寻求标准化带来的速度和效率，为此，其新建的数据中心更加青睐应用预制模块化方案。例如，普洛斯在新建项目中应用多系统预制化解决方案，通过融合多种模块化产品理念、BIM和数字孪生工具，持续创新提效、模块化迭代和信息化运营，实现数据中心配电、制冷等系统快速应用和交付；有孚网络采用高度定制化和标准化模块设计，完备电气、供冷等配套设施，满足金融、人工智能、能源等客户选择标准或定制服务的需求。

9.2 // 市场运营投资方向

9.2.1 国内市场建设运营

第三方数据中心服务商紧跟"东数西算"布局规划指引，加速数据中心集群布局。例如秦淮数据积极融入"东数西算"国家级零碳工程示范项目，依托甘肃庆阳丰富的可再生清洁能源，布局建设零碳数据中心产业基地，满足京津冀、长三角、粤港澳大湾区等区域的算力需求；万国数据充分利用西部地区"风、光、天然气"等优势资源，打造绿色智能数据中心，位于乌兰察布的在建、在用数据中心已有3座；世纪互联逐渐向西部地区扩大业务布局，计划用地200亩（1亩≈666.66平方米）于乌兰察布建设云计算中心，并提升绿色能源使用比例；奥飞数据制定了"双碳"目标及新能源战略规划，在江西南昌、云南昆明等地均布局了数据中心项目。

第三方数据中心服务商经营状况持续向好，业务交付量快速攀升。据企业披露的财务报告数据显示，2022年，万国数据、世纪互联、秦淮数据、数据港等多家第三方数据中心服务商均实现了营收增长。与2021年相比，万国数据2022年的数据中心总签约面积增加了73894平方米，已达到630716平方米，同比增长13.3%。2022年，世纪互联净营收70.7亿元，同比增长14.4%，世纪互联第四季度批发业务获得超过100MW容量的大客户订单。秦淮数据积极秉持以客户增长和技术创新为双轮驱动的发展趋势，2022年实现营收45.5亿元，同比增长60%，净利润6.52亿元，增长106%。数据港承接了大量定制型数据中心项目建设和运营需求订单，实现营业收入约14.55

亿元，同比增长 16.88%。另外，对比 2021 年同期营业收入，宝信软件、铜牛信息、润泽科技等第三方数据中心服务商也实现了营收增长。

第三方数据中心服务商聚焦绿色智能，加速推进数据中心"智能建造"，相关专利申请数量逐年上升。当前，为响应国家政策号召，第三方数据中心服务商遵循"绿色低碳"发展路径，探索建设绿色智能数据中心，相关专利申请量呈现增长态势。例如，秦淮数据已获得及在申请中的专利 423 项，同比增长 51%，其研发的"玄冰"无水冷却技术，可用以解决缺水地区数据中心用水难题。奥飞数据将零碳数据中心作为业务发展方向，围绕数据中心散热提效和节能技术，已获得多项软件著作权和发明专利。

9.2.2 海外市场投资布局

国际市场，多国收紧数据中心建设，提出监管新要求。近年来，新加坡、荷兰、德国、法国、克罗地亚等国家先后出台相关政策，限制新建数据中心占地面积和容量增长。2022 年，新加坡政府对新建数据中心项目设置了准入门槛，要求新建数据中心 PUE 值低于 1.3，并通过 BCA-IMDA 绿色标志（GM-NDC）认证。荷兰政府规定，在阿姆斯特丹新建数据中心，PUE 值应低于 1.2。德国、法国、克罗地亚政府也对新建数据中心 PUE 值提出类似的要求。日本政府提出了数据中心节能降耗的目标，要求到 2030 年，数据中心能耗降低 30%。鉴于国外数据中心行业政策变化，国内部分第三方数据中心服务商海外业务受到影响，营业收入增速不及预期。

第三方数据中心服务商加速拓展海外市场，重点布局大型数据中心。例如，万国数据在韩国、东南亚等国家和地区均规划部署了大型数据中心业务。其中，为支持马来西亚政府实施数字化战略，万国数据于马来西亚柔佛州努沙再也科技园布局建设大型数据中心，推动当地产业数字化转型。2022 年，世纪互联在发展经营网络及零售类托管服务的基础上，积极参与新加坡数据中心容量申请，并逐步探索布局东南亚数据中心定制业务市场。秦淮数据已在马来西亚、印度、泰国等国家建设了多座超大规模数据中心，并计划将东南亚及南亚的数据中心容量扩展至 150MW，例如，在印度交付新孟买数据中心，并于泰国完成数据中心收购。可以看出，国内领先的部分第三方数据中心服务商已将亚太新兴地区市场视作营收增长的引擎，加速布局大型数据中心建设，以巩固市场领先地位。

东南亚、"一带一路"地区成为第三方数据中心服务商投资热门地区。近年来，由于移动支付、电子商务、移动游戏、短视频等数字业务持续发展，东南亚地区数字消费市场加速扩张，互联网经济规模实现高速增长，对数据中心的建设需求也随之上升。同时，在国家政策的引导下，"一带一路"合作伙伴也成为第三方数据中心服务商新的投资焦点。例如，2022 年，奥飞数据在沙特阿拉伯首都利雅得投资新建数据中心，以满足该地区互联网、医疗健康、金融服务等行业在数字化进程中不断增长的业务需求。

9.3 创新发展趋势

9.3.1 建设跨区域算网协同的资源部署架构

加大与电信运营商的合作，整合数据中心算网资源，构建跨区域数据中心环网。数据中心之间需要进行大量的数据传输，因此对传输网络的安全可靠性、实时传输性及大容量传输能力有很高的要求。第三方数据中心服务商与电信运营商加强合作，打通了同城数据中心之间的光纤环网，并与电信运营商的骨干网络直联，降低了数据中心网络的端到端时延。此外，为满足异地数据中心对各类流量进行实时调度的需求，第三方数据中心服务商选择构建跨区域数据中心传输环网，并通过云网一体化融合平台，整合包括云连接、数据中心互联、互联网出口 BGP 资源、SDN 与 SD-WAN、NFV 构架在内的网络资源，输出更优质的服务。

通过云网融合打造"云 + 网 +X"新业务，构筑服务商差异化优势。多数第三方数据中心服务商经过多年深耕，在全国不同省（自治区、直辖市）均有数据中心建设布局。其为丰富业务来源，进一步提升市场竞争力，积极转变"单打独斗"的发展思路，与公有云服务商、私有云服务商及网络、安全、备份、运维管理等相关领域服务商建立合作，强化与公有云服务商的近云接入能力，推动各地数据中心间高速互联，同时加强计算、存储、安全、网络等虚拟资源池的建设。在融合云和网络资源的基础上，第三方数据中心服务商构建了包括虚拟化计算、整合存储、安全资源池、智能运维、备份恢复、开发支持等基于混合云环境下更加全面的服务资源和服务能力，从而提供差异化的云网融合解决方案。

推动云网融合服务升级，构建全新服务生态。当前，多云、混合云凭借基础架构资源灵活性等方面的优势，已成为企业获取灵活、快速组合云服务的重要方式。数据中心作为计算、存储、数据和应用服务的核心载体，也需要通过高速、低时延、广泛连接的网络服务，实现资源的广泛汇聚与多生态的互联，以满足多云、混合云的服务需求。在此背景下，部分第三方数据中心服务商加速更新迭代云网一体化服务，例如，建设统一的云网融合服务平台，推出智能网络服务、定制云服务、云管家服务等，从而满足不同的业务场景需求。

> **案例1 云网融合服务——万国数据**
>
> 万国数据推出涵盖 DevOps 开发管理系统、云连接服务、边缘云功能服务、云迁移云灾备服务、云安全服务、智能运营保障服务的云网融合平台，提供了企业应用云市场、蓝图设计器、混合云/多云资源编排、云网端到端编排、虚拟机/容器/物理机混合交付、生态合作应用集成环境等功能。

9.3.2 推动数据中心实现智能运维管理

第三方数据中心服务商以智能化设施实现自动化运行，但其运行效率仍需提高。中国信息通信研究院调研发现，在电气、暖通系统自动化运行实践水平方面，90% 以上的数据中心在市电故障等场景下，实现告警后高压变配电系统将电能按照设计要求进行分配的难度较大，在智能运行先进理念和软、硬件协同联动方面存在优化空间。因此，为实现数据中心"智能驾驶"，第三方数据中心服务商仍需从逻辑侧、参数侧、设计与管理侧等方面审视运维问题。

第三方数据中心服务商多采用 DCIM 平台促进智能管理。DCIM 平台通常由数据感知、数据采集、数据传输、数据处理、数据显示等部分组成，采用微服务架构，以能效管理、资源管理、资产管理、告警管理、巡检管理等模块化功能为核心，通过对数据中心基础设施的监测、管理和优化，将运营管理和运维管理有机融合，可提供数据中心全生命周期管理。

部分第三方数据中心服务商采用巡检机器人释放运维人力。当前，业内众多数据中心对巡检、运维机器人的应用落地进行了积极探索。智能巡检机器人通过硬件与人工智能相结合的方式，一方面释放运维能力，另一方面提高数据中心的运维安全性，从而优化数据中心的运营效率。据 Gartner 预测，到 2025 年，全球接近一半的云数据中心将部署具有人工智能和机器学习功能的先进机器人，使其运营效率提高 30％。纵观国内，我国企业研发的数据中心巡检机器人，已应用于机房、配电室等多种不同场合，可对数据中心服务器、空调、配电柜等设备的指示灯、仪表盘、数码表、开关等的工作状态进行实时检测，并结合自研的图像识别算法，对设备状态进行识别告警。目前，部分第三方数据中心服务商已在数据中心应用巡检机器人代替人工巡检。

案例 2　科华数据——智能巡检机器人

科华数据于某大型国有银行总行数据中心 AI 智能微模块项目应用巡检机器人，该项目设计和应用微模块轨道自动巡检系统及多功能联动控制系统，实现无人化巡检、智能化管理的微模块机房。

9.3.3　推广绿色低碳的节能技术及应用

第三方数据中心服务商通过绿电交易、绿证采购、场地可再生能源等组合方式，提高数据中心可再生能源的使用比例。一是布局新能源业务助力数据中心绿色发展。针对光伏、储能光伏领域，科华数据形成"数据中心、智慧电能、新能源"三大业务矩列。奥飞数据投资运营分布式光伏发电项目，并选取廊坊讯云数据中心作为战略试点。二是参与可再生能源市场化交易。这是第三方数据中心服务商较多采用的方式，万国数据、世纪互联、秦淮数据等第三方数据中心服务商均与电力企业签署战略合作框架协议，以提升可再生能源的使用比例。三是因地制宜，充分利用当地清洁能源。工业和信息化部发布《关于数据中心建设布局的指导意见》，国内的大型数据中心开始往气候适宜、能源充足的地区（例如宁夏、山西北部等）建设，浩云长盛、中联数据等多家企业均加快了在西部地区的建设布局。

第三方数据中心服务商联合液冷企业，推动液冷技术走向商业应用。随着实践案例不断增多，液冷产业生态逐渐完善。液冷技术与风冷相比，具备高稳定性和高散热效能优势，因此受到第三方数据中心服务商的广泛关注。一方面，第三方数据中心服务商加大与液冷企业的合作，积极推动液冷技术在自建数据中心的应用，部分边缘数据中心也开始引入液冷边缘服务器，推动液冷技术应用场景从云端扩展到边缘。另一方面，国内部分领先的第三方数据中心服务商开始对液冷技术展开探索，进行运营管理工具的开发和迭代。同时积极加入液冷技术相关的产业联盟，共同推进液冷服务器、冷却液技术要求和测试方法的制定。

案例 3　普洛斯——制冷技术服务

　　普洛斯推进制冷系统预制化、应用新解决方案与设备革新，其制冷系统可以基于能效最优原则进行高效设计和设备选型。例如，普洛斯常熟东南数据中心结合冷板式液冷技术，选择高效高压冷水机组和低功率冷却塔，采用间接蒸发冷却、高水温风墙等技术，实现数据中心绿色节能。

9.3.4　构筑高效可靠的数据中心安全体系

新型数据中心面临的安全威胁不断增加，第三方数据中心服务商助推数据中心安全防护体系构建。新型数据中心在构建高效算力服务的同时，"高安全"作为其建设和发展的基本特征也受到业界的广泛关注。目前，针对数据中心网络安全风险、主机安全风险、数据安全风险、应用安全风险和运维安全风险，第三方数据中心服务商联合 IT 企业，展开数据中心安全防护体系架构设计，构建了"物理防护 + 技术防护 + 管理防护"的安全综合防护体系。在物理防护层面，重点关注机房配套环境条件建设，主要包含电气系统、暖通空调系统、消防系统、监控安防系统等。在技术防护层面，主要涉及数据安全、应用安全、虚拟化安全和安全管理方面的建设，其中，数据安全保障是构建数据中心安全综合防护体系的核心环节，也是第三方数据中心服务商和数据中心用户最关注的问题。在管理防护层面，主要涉及组织体系建立、制度规范建设和执行，其中组织体系包括组织机构、职责分工、人员管理，数据中心管理机构承担数据中心的运维、研发工作等进行日常管理及安全保密工作。

加速新型数据中心安全等级评估标准和机制研究。目前，在安全技术能力评测方面，业界普遍采用的是商用测试仪表等测试方法，其大多数只能针对已知攻击报文或威胁特征的防御效果进行简单的验证和识别。传统的安全测试方法与真实的安全攻击手法、事件场景差距较大，且过于依赖特征辨识，缺乏动态交互式的多阶段攻击模拟，很难满足后续新型数据中心安全产品和技术能力评测工作的需要。在此情况下，围绕数据中心安全等级评估，ODCC 等行业组织联合第三方数据中心服务商，加快推进评测标准和机制研究工作。目前，新型数据中心安全能力技术和测试方法等行业标准已通过中国通信标准化协会进行立项研究，旨在引导数据中心建设向更高安全等级迈进。

9.4 综合评价

9.4.1 体系构建

第三方数据中心服务商是数据中心产业链中游重要的组成部分，目前针对第三方数据中心服务商的研究，更多侧重于企业、市场、建设地点及方式，缺少对第三方数据中心服务商更加系统、客观的评价体系研究，致使产业界对其发展情况缺乏清晰认知。为科学量化我国第三方数据中心服务商数据中心业务发展水平，中国信息通信研究院云计算与大数据研究所数据中心团队构建了第三方数据中心服务商发展指数，从服务商数据中心业务总体规模、能力建设、企业财务状况和数据中心绿色低碳建设 4 个维度进行衡量。数据中心业务总体规模包括在运营总机架规模、在建及在运营数据中心个数等 6 个规模指标；数据中心业务能力建设包括在运营超过 1000 个机架的数据中心个数、数据中心相关专利著作数、相关技术研发人员数等 6 个能力指标；企业财务状况包括企业总营业收入、数据中心业务营业收入等 5 个财务指标；

数据中心绿色低碳建设包括在运营数据中心平均 PUE 和获得 DC-Tech 数据中心绿色、低碳等级测试情况等 3 个指标。第三方数据中心服务商发展指标体系见表 9-2。

表 9-2　第三方数据中心服务商发展指标体系

评估对象	评价维度	评价指标
第三方数据中心服务商	总体规模	在运营总机架规模
		在运营机架中一线城市占比
		在建总机架规模
		在建机架中一线城市占比
		在建及在运营数据中心个数
		在运营数据中心平均单机架功率
	能力建设	在运营超过 1000 个机架的数据中心个数
		在运营超过 3000 个机架的数据中心个数
		在运营超过 5000 个机架的数据中心个数
		数据中心相关专利著作数
		相关技术研发人员数
		海外市场建设机架规模
	财务状况	企业总营业收入
		固定资产额
		数据中心业务营业收入
		数据中心业务同比增长率
		数据中心业务毛利率
	绿色低碳	在运营数据中心平均 PUE
		在运营数据中心清洁能源使用情况
		获得 DC-Tech 数据中心绿色、低碳等级测试情况

资料来源：中国信息通信研究院云计算与大数据研究所

9.4.2　总体规模指数 TOP10

在加快数字经济发展、实施"东数西算"重大工程等政策的大力驱动下，各地政府对数据中心的发展给予了很大的支持，陆续发布相关落地扶持政策，包括税收优惠、土地和能源优惠等，推动数据中心规模快速得到增长。第三方数据中心服务商承接良好的发展局面，2022年迅速推进数据中心建设布局，在满足业务需求的同时，提升数据中心上架率和使用率，发展高技术、高算力、高能效、高安全的新型数据中心。

第三方数据中心服务商总体规模指数TOP10企业如图9-5所示，排名依次为万国数据、世纪互联、数据港、中金数据、秦淮数据、光环新网、有孚、普洛斯、中联数据和浩云长盛。从企业数据中心总体规模的各项评价指数来看，万国数据、世纪互联等第三方数据中心企业在总机架规模、数据中心数量、一线城市分布占比方面具有较大的优势，且上架率较2022年提升显著，具有良好的规模效益。

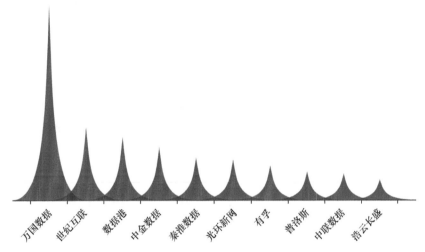

资料来源：企业调研统计、企业官网或财报整理

图9-5　第三方数据中心服务商总体规模指数TOP10企业

9.4.3　能力建设指数TOP10

处于领先地位的第三方数据中心企业在国内一线城市及周边地区拥有丰富的高品质数据中心资源，其凭借领先的技术水平、产品服务和市场影响力，拥有设计、建设及运营大型数据中心的能力。同时由于专注数据中心服务领域时间较长，积累了充裕的数据中心全生命周期的管理经验，在机房电力保障、消防、监控、网络安全等运维技术方面获得多项专利著作。除了向内部优化技术和管理，部分第三方数据中心企业还积极探索新的发展机会，在我

国西部地区及海外双向拓展数据中心资源，致力于成为全球数据中心提供商。

第三方数据中心服务商能力建设水平维度主要衡量第三方数据中心企业大型及以上数据中心的建设能力、企业获取专利著作能力、企业技术人员研发能力、海外数据中心拓展能力等。第三方数据中心服务商能力建设水平指数 TOP10 企业如图 9-6 所示，排名依次为万国数据、数据港、世纪互联、秦淮数据、浩云长盛、有孚、光环新网、科华数据、普洛斯和鹏博士，其中，万国数据、数据港、世纪互联等第三方数据中心服务商服务领域广泛，产品应用逐步从互联网领域延伸到人工智能、金融、电商等其他领域，其占比逐年提高，并且在扩大经营区域、优化结构布局、创新技术研发投入、满足客户出海需求等方面前景广阔。

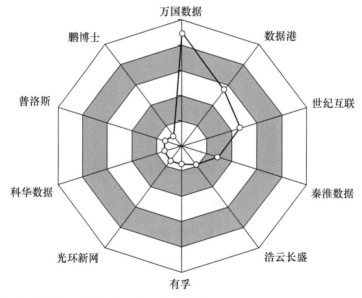

资料来源：企业调研统计、企业官网或财报整理

图 9-6　第三方数据中心服务商能力建设指数 TOP10 企业

9.4.4　财务状况指数 TOP10

在财务状况方面，第三方数据中心服务商企业经营状况整体呈持续增长的趋势，尤其体现在企业的数据中心业务收入方面，2022 年万国数据、世纪互联、秦淮数据等多家第三方服务商数据中心营收超过 40 亿元，且其数

据中心业务同比增长率在 20% 以上。第三方数据中心服务商财务状况指数 TOP10 企业如图 9-7 所示，排名依次为万国数据、世纪互联、秦淮数据、光环新网、普洛斯、数据港、中联数据、科华数据、鹏博士和有孚。

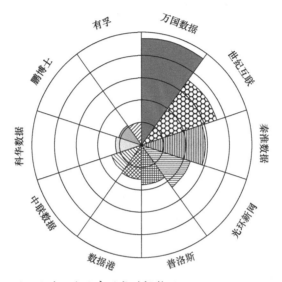

资料来源：企业调研统计、企业官网或财报整理

图 9-7　第三方数据中心服务商财务状况指数 TOP10 企业

9.4.5　绿色低碳指数 TOP10

在"双碳"目标的背景下，第三方数据中心服务商为进一步打造绿色数据中心，降低数据中心供电损耗和污染，提升数据中心服务器电源系统效率，通过应用节能技术、可再生能源转型、绿电交易、碳交易等赋能数据中心产业上下游低碳发展，促进新型数据中心产业发展和低碳建设，充分发挥绿色科技产业动能。在绿色低碳能力维度方面，不少第三方数据中心企业在彰显行业大型企业的担当与责任的同时，通过多项数据中心绿色、低碳等级评估权威测试认证。

第三方数据中心服务商绿色低碳指数主要包括企业在运营数据中心平均 PUE、在运营数据中心清洁能源使用情况和获得 DC-Tech 数据中心绿色、低碳等级测试情况。第三方数据中心服务商绿色低碳指数 TOP10 企业如图 9-8 所示，排名依次为秦淮数据、数据港、万国数据、中金数据、有孚、世纪互联、普洛斯、光环新网、浩云长盛和中联数据。

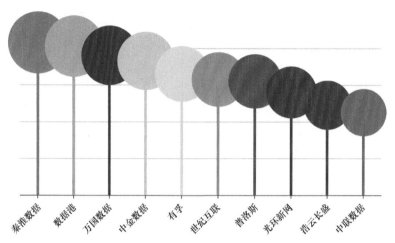

资料来源：企业调研统计、企业官网或财报整理

图 9-8　第三方数据中心服务商绿色低碳指数 TOP10 企业

9.5 全景图谱

2023 年我国第三方数据中心服务商全景图谱如图 9-9 所示。

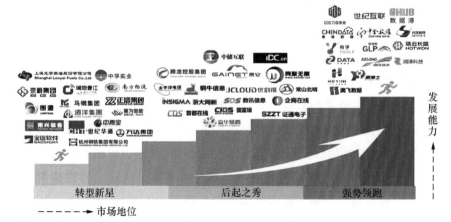

资料来源：企业调研统计、企业财报，中国信息通信研究院

图 9-9　2023 年我国第三方数据中心服务商全景图谱

9.5.1　强势领跑

2023 年强势领跑第三方数据中心服务商产业图谱如图 9-10 所示。

万国数据。第三方数据中心服务商领跑者，数据中心机架规模在全国遥遥领先。近年来持续完善北京、上海、广州、深圳等一线城市和"东数西算"关键枢纽资源布局，积极响应和践行数据中心绿色低碳转型战略，打造国际化平台，并响应"一带一路"倡议，部署中东、东南亚等地区数字高地。

世纪互联。深耕多年、专业经验积累丰富的先行者，具备互联互通的网络资源优势，且基于区块链理念提出并构建"超互联"新型网络空间基础设施体系，可将各类计算资源以松散的方式整合起来，形成强大的算力供给，在未来其数据中心业务将快速向微巨互联、源网荷储四联动、数字孪生等趋势推进。

数据港。数据中心定制化业务方面出类拔萃，积极推动超大型客户的个性化项目建设，开展"批发型 + 零售型"双引擎并行定制服务，满足客户不同规模与要求的差异化定制，未来几年将继续夯实主营业务，提升综合运维能力，拓展客户渠道及创新业务模式。

秦淮数据。绿色数据中心建设的杰出者，2022 年延续超大规模发展模式和绿色能源战略发展理念，有序跟进国家枢纽节点建设，拓展印度、马来西亚等海外市场，形成国内外双线业务格局，业绩长期稳定上升。

中金数据。金融行业数据中心服务合作伙伴，拥有高度可靠的数据中心基础设施和安全布控的管理服务，面向金融、政府、电信、互联网等行业提供高品质第三方数据中心服务，近些年聚焦内蒙古地区算力枢纽节点建设，打造成本最优、安全可信、灵活高弹、扩展性强的算力基地和数字经济产业园区。

光环新网。零售型业务卓越的盈利能手，业务辐射范围广泛，涉及北京、上海、河北燕郊、杭州、乌鲁木齐等地区，可为客户提供数据中心到云网个性化零售解决方案。2022 年重点完善节能减排工作，制定数据中心绿色减排方案。

有孚。专注网络云计算平台"一站式"服务的出色服务商，为客户提供专有云、私有云、混合云、基础建站等通用解决方案。近年来，服务和产品广泛部署于金融、制造、电商、医疗、教育等领域，助力企事业单位迈向数字智能化道路。

	GDS万国数据	世纪互联	数据港	CHINDATA 秦淮数据	中金数据 CENTRIN DATA	光环新网 SINNET	有孚 YOUDLE	普洛斯 GLP	浩云长盛 HOTWON	DATA	KELONG 科华技术	润泽科技	HOYINN	鹏博士	奥飞数据
开展IDC业务时间	2001年	1996年	2009年	2015年	2005年	2001年	2012年	2015年	2015年	2016年	2014年	2009年	2020年	2000年	2004年
主要特点	第三方数据中心服务商第一领跑者	深耕多年、专业经验积累丰富的先行者	数据中心定制化业务方面出类拔萃	绿色数据中心建设的杰出者	金融行业数据中心服务合作伙伴	零售型业务卓越的盈利能手	专注网络云计算平台“一站式”服务的出色服务商	规模储备不断壮大的行业翘楚	持续拓展一线城市数据中心的开发者	踏实研究技术和产品的耕耘者	专业技术和制造能力突出的行业促进者	潜心开发及运营超大规模、高等级、高效高能数据中心集群的开拓者	创新提出“投产即零零碳”发展理念的新晋绿色筑基者	具有“轻资产、重运营”独特经营模式的行业精英	管理团队、带宽网络等基础资源以及客户个性化服务等方面极具优势的资深服务商
合作/服务企业客户类型	超大规模云服务、大型互联、金融、电信、IT服务、大型国内私营企业、跨国公司	大型互联网、政府及传统企业、金融等企业	大型互联网、云计算企业	大型互联网企业	政务、大型互联网、金融等企业	大型互联网、云计算、金融、电信等企业	大型互联网、云计算、电商、金融、人工智能、政企等企业	电信、大型互联网、金融、政企等企业	大型互联网、云计算、广电等企业	大型互联网企业	大型互联网、云计算、政企、金融等企业	大型互联网、云计算、电信、政企等企业	云计算、互联网、金融、教育、政府、通信等企业	云计算、大型互联网、金融、政府等企业	大型互联网、电信等企业

资料来源：企业调研统计、企业财报，中国信息通信研究院

图 9–10　2023 年强势领跑第三方数据中心服务商产业图谱

普洛斯。规模储备不断壮大的行业翘楚，自研集 AI、数字孪生技术等面向多数据中心的中央统一管控平台，具有领先的定制化设计能力，持续推进数据中心应用多系统预制化解决方案和制冷预制化方案，在数据中心专业交付能力和管理运维团队方面极具优势。

浩云长盛。持续拓展一线城市数据中心的开发者，数据中心布局立足北京、上海、广州、深圳等一线城市，项目储备规模大，2022 年积极部署覆盖宁夏中卫、成都枢纽节点，实现数据中心自动化运营建设，致力于为客户提供稳定、智能、绿色的数据中心。

中联数据。踏实研究技术和产品的耕耘者，具有强大的整合资源和丰富的技术沉淀能力，专注于开展定制化、特色数据中心服务，近年来建立了国内单体最大的超大型数据中心基地，着力于为客户提供全方位的定制化云服务方案。

科华数据。专业技术和制造能力突出的行业促进者，积累了深厚的技术沉淀，多次获得专利著作等知识产权，引领数据中心行业技术创新，在数据中心智能管理运维、低碳节能等技术方面实力不凡，以产品技术创新作为市场核心竞争力，保持行业领先地位。

润泽科技。潜心开发及运营超大规模、高等级、高效高能数据中心集群的开拓者，建设布局主要分布在长三角、粤港澳、成渝等一线城市以及甘肃枢纽节点，其区域、规模发展空间广阔，2022 年企业数据中心上架机柜总量不断增加，业绩呈现快速增长态势。

合盈数据。创新提出"投产即零碳"发展理念的新晋绿色筑基者，深耕京津冀枢纽集群建设，推动算力可持续发展，践行"源网荷储一体化"发展，构建绿色数据中心，2022 年合盈数据（怀来）科技产业园荣获"碳中和数据中心引领者 5A"认证。

鹏博士。具有"轻资产、重运营"独特经营模式的行业精英，以更稳健的方式打造集自营自建、合作共建、受托运营为一体的新型数据中心平台。近年来，通过深扎数字经济产业园，与地方政府积极合作，发挥机制优势，面向地方产业数智化全方位赋能发展。

奥飞数据。在管理团队、带宽网络等基础资源以及客户个性化服务等方面极具优势的资深数据中心服务商，数据中心业务模式采用"批发＋零售"双轮驱动，保持客户结构朝多元化发展，近些年，通过持续绑定大客户的方式积极拓展业务。

9.5.2 后起之秀

2023 年后起之秀第三方数据中心服务商介绍见表 9-3。

表 9-3 2023 年后起之秀第三方数据中心服务商介绍

服务商名称	业务板块	IDC建设规模	主要分布区域	典型案例
CIDS 国富瑞数据	数据中心业务、云计算、网络与安全、智能运维	38个数据中心	北京、天津、广州、泰州、安溪	北京通州数据中心 北京亦庄数据中心 北京东单数据中心
INSIGMA 浙大网新	数据中心业务、软件开发、大数据商务智能、云架构	7个数据中心	杭州、上海、成都	杭州转塘数据中心 千岛湖数据中心 西南云数据中心
SDS 数讯信息	数据中心业务、云计算、网络服务、IT增值服务	5个高等级数据中心	北京、上海	IDX BJ2数据中心 IDX SH4数据中心
CDS 首都在线	数据中心业务、云服务平台、IaaS产品	94个数据中心	北京、上海、石家庄、无锡、苏州	文昌航天数据中心 湘北大数据产业园
NETNIC 企商在线	数据中心业务、网络基础服务	50多个云计算数据中心及边缘数据中心	北京、深圳、上海、廊坊、杭州、温州、南京	三里屯金融算力中心 亦庄国际数据码港 上海呼玛数据中心
SZZT 证通电子	数据中心业务、云计算、金融科技	6个大型数据中心	深圳、广州、东莞、长沙、武汉	湖南长沙云谷 深圳光明云谷 广州南沙云谷
铜牛信息 TOPNEW INFO	数据中心业务、云服务、互联网接入服务	4个大型数据中心	北京、天津	北京天坛数据中心 CBD数据中心 国门数据中心
常山北明	数据中心业务、数据信息服务和灾备服务	1个大型数据中心	石家庄	常山云数据中心
UCLOUD优刻得	数据中心建设、云服务	全球30多个云计算中心	上海、内蒙古	乌兰察布数据中心 上海青浦数据中心
蓝华易腾 FOREST ETERNAL	数据中心业务、云加速、云计算	4个大型数据中心	北京	联通鲁谷数据中心 移动沙河数据中心 电信兆维数据中心
太平洋电信	数据中心、企业组网、专线接入、企业上云	6个自建数据中心	北京、上海、天津、重庆、南京	天津数据中心TJCS1 上海数据中心SHCS1 北京数据中心BJDS1
网聚无限	数据中心建设、云计算	2个自建数据中心	北京	中国国际电子商务数据中心 北京翼马数据中心
腾龙控股集团	数据中心深度定制、互联网增值服务	7个数据中心	北京、上海、广州、深圳、天津、重庆	北京兆丰数据中心 北京房山数据中心 两江数据中心

资料来源：中国信息通信研究院云计算与大数据研究所

9.5.3　转型新星

2023 年转型新星第三方数据中心服务商介绍见表 9-4。

表 9-4　2023 年转型新星第三方数据中心服务商介绍

跨界企业	原主营业务	业务公司	开展年份	数据中心实例	
南兴股份	家具智能装备制造	唯一网络	2018年	东莞沙田数据中心 南兴云计算数据中心 唯一志享（华南）数据中心	
杭钢股份	钢铁生产	—	2018年	杭钢云计算数据中心	
宝信软件	应用软件研发	飞马智科	2012年	飞马智科智能装备及 大数据产业园	
世纪华通	互联网游戏	上海珑腾	2020年	世纪华通深圳 数据中心	
万达集团	房地产开发	—	2021年	万达廊坊数据中心 万达云基地数据中心	
朗源股份	果品种植加工	—	2015年	广州南沙数据中心 武汉一光谷华师云数据 中心	
赛为智能	人工智能产品 及解决方案	—	2015年	深圳银德保税仓数据中心 贵州安顺数据中心	
远洋集	住宅开发、不 动产开发运营	远洋数据	2021年	北京马驹桥绿色数据中心 广州观达路数据中心	
中青宝	游戏、元宇宙	宝腾互联	2017年	深圳观澜云数据中心 乐山未来城云数据库中心	
正信集团	房地产	合盈数据	2018年	怀来科技产业园	
城地香江	工程建设	城地云计算、 香江科技	2018年	上海联通周浦数据中心 沪太智慧云谷数字科技 产业园	
龙宇燃油	燃料油采购	金汉王技术	2016年	北京金汉王数据中心 无锡中物达大数据存储 中心	
中孚实业	铝精深加工	中孚蓝讯	2015年	河南云计算数据中心	
南方物流	物流运输	—	2018年	南香谷云数据中心	

资料来源：企业调研统计、企业财报、中国信息通信研究院

9.6 // 发展展望

　　第三方数据中心服务商作为数字化转型的重要支持者和服务提供者,在当前数字经济快速发展和新技术要素不断迭代的环境下,扮演着至关重要的角色。第三方数据中心服务商历经多年积累和沉淀,秉持自身发展优势,协助政府积极把握"新基建"内涵,加速高质量数据中心建设,以技术、服务赋能产业发展,成为我国数据中心产业市场的佼佼者。

　　未来,随着新兴技术和细分应用场景的落地,第三方数据中心服务商将面临更大的市场机遇和竞争挑战。为此,第三方数据中心服务商需要不断提升自身的服务质量和水平,加强技术创新和质量管理,不断拓展服务内容和应用场景,以满足不同客户的需求,从而在激烈的市场竞争中占据更大的优势。同时,第三方数据中心服务商也需要积极应对政策法规和市场需求的变化,制定灵活的企业战略和市场策略,拓展新的业务领域和市场空间,实现可持续发展。

第十章
算力网络评估体系研究

10.1 研究背景

10.1.1 算力网络提出背景

数字经济时代，算力逐渐成为一种新的生产力，广泛融合到生产生活的各个方面，为千行百业数字化转型提供新动能。为抓住数字经济这一历史性发展机遇，打造融合感知、传输、存储、计算于一体的新型基础设施成为自上向下的全局战略。在此背景下，需要将大量散落在全网中的闲置算力通过网络汇聚成统一的计算资源，并进行管理和调度，再通过网络将计算资源提供给客户使用和服务，至此，算力网络应运而生。

2021 年 5 月 24 日，国家发展和改革委员会、中共中央网络安全和信息化委员会办公室、工业和信息化部、国家能源局联合印发了《全国一体化大数据中心协同创新体系算力枢纽实施方案》，明确提出围绕国家重大区域发展策略，建设全国一体化算力网络国家枢纽节点，并在国家枢纽节点之间进一步打通网络传输通道，加快实施"东数西算"工程，提升跨区域算力调度水平，构建国家算力网络体系。同年 7 月，工业和信息化部发布了《新型数据中心发展三年行动计划（2021—2023 年）》，进一步明确了"四高三协同"的新型数据中心建设计划，为构建全国算力网络体系奠定了良好基础。"东数西算"工程和新型数据中心发展行动计划的提出与启动，均对一体化算力网络的发展提出了迫切需求。

10.1.2　算力网络研究进展情况

1. 国际大国高度重视算网发展

全球高度重视基础设施的信息化升级，"算力"＋"网络"融合设施部署被各国视为布局新一轮国家竞赛的重点方向。随着信息通信技术和产业变革的深入推进，世界主要国家纷纷加大投入，融合多维感知、异构计算、智能调度的算网设施成为各国竞争的重要战略赛道。当前，以算力基础设施和网络基础设施发展为着力点，全球多国出台相应的政策与激励措施，抢抓新一轮科技革命和产业变革机遇。例如，依托在云计算领域的技术和产业优势，美国政府以提升"算"＋"网"融合服务能力为目标，加速推进信息高速公路的建设。欧洲各国主要聚焦区域性算网设施，逐步构建基于数据安全的信息通信技术基础设施。

2. 我国算力网络研究进展

"十四五"期间，我国制定新型基础设施建设计划，率先提出"东数西算"战略布局，聚焦全国一体化算力网络，全面推动算力网络发展和落地部署。

我国基础电信运营商持有网络带宽资源，并在全国范围内广泛布局算力基础设施，它们有着多年研究与实践经验，是算力网络发展的主力军。中国移动将算力网络阐释为以算为中心、以网为根基，网、云、数、智、安、边、端、链（ABCDNETS）深度融合的新型信息基础设施，提出"算力泛在、算网共生、智能编排、一体服务"的算力网络发展目标，启动中国移动算力网络试验示范网，以技术创新为牵引，围绕新算力、新网络、新算网、新模式、新安全、新绿色六大技术方向进行技术验证，全面开展算力网络创新试验，并积极探索任务式和并网交易等新服务模式，推动算网产业生态繁荣。中国电信在业内率先提出云网融合的发展方向。多年来，中国电信全力践行云网融合，坚持"网是基础、云为核心、网随云动、云网一体"的原则，持续创新面向客户的云网一体的运营服务技术。中国电信将云网融合谋划为 3 个发展阶段：协同阶段（2021—2022 年）、融合阶段（2023—2027 年）、一体阶段（2028—2030 年），从资源和数据、运营管理、业务服务、能力开放 4 个维度实现云网融合。中国联通以 CUBE-Net3.0 为引领，实现"联接 + 计算 + 智能"融合服务的新一代数字基础设施建设发展，积极推动网络从"云网融合"迈向"算网一体"，并明确将实施路径划分为三大阶段："协同供给"阶段（2021—2022年）、"融合运营"阶段（2023—2025 年）、"一体共生"阶段（2026—2030 年）。中国广电也于 2023 年 4 月提出夯实算力云网，加强视听传播能力建设，正在积极规划建设一体化算力体系，打造集约化云资源池，布局区域性集群式智能计算中心，打造"算网大脑"，构建中国广电新型算力网络体系。

除了基础电信运营商，云厂商和设备厂商也在积极参与算力网络理论研究与技术研发，推动产业融合发展。在云厂商方面，阿里云发布了云骨干网，用以连接其分布在全球的数据中心，该技术在一定程度上促进了算力网络的技术升级。在设备厂商方面，超聚变在助力运营商构建算力网络的同时，也正在打造双生态模式，促进绿色算力网络进行无边界量级计算，进而加速推动算力网络的建设。

10.1.3　算力网络发展面临的挑战

1. 产业生态有待形成

算力网络涉及领域较多，包括互联网、通信、软件和信息技术等行业，产业规模大，交互关系复杂。算力网络上下游产业众多，上游为算力基础设施、网络基础设施等底层基础设施，中游为算网大脑、算网运营等相关平台，下游为千行百业的应用场景。当前算力网络处于产业格局建立初期，仅上游算力基础设施领域发展较为成熟，其他环节仍有极大的竞争空间与合作机遇，产业生态亟须统一共识。为推动算力网络建设，应构建统一合作平台，联合多方力量，加快凝聚产业共识，共推、共创算力网络产业影响力，构建算力网络生态圈。

2. 标准体系尚未建立

标准化建设是推动算力网络有序发展的重要手段，但目前算力网络相关标准尚未健全，缺乏算力与网络资源统一标识、统一调度和统一管理的标准体系，无法有效保障算力资源与网络资源的高度协同和统一调度。同时随着算力调度的发展，在算力编排、算网大脑及算力产品交易等技术领域也亟须研制相关标准，以保障算力网络的服务质量。三大基础电信运营商作为国内算力网络发展的主力军，应着力联合算力网络各方主体在算力度量、算力交易、网络架构、层间接口、协议、调度引擎等领域形成多方认可的算力网络标准体系。

3. 产品方案和业务模式亟须设计

由多元异构算力和动态网络构成的算力网络产品具有种类多、数量大、分布广等特征，为满足使用者对不同业务场景的多样需求，算力网络产品具有开发周期长、开发过程技术受限，以及开发和商业模式不确定等困难。算力网络产品作为发展过程中直接服务用户的形式，需要跨厂商、跨应用、跨位置的集成交互进行融合，为达到此目标，行业需要搭建统一开放的开源应用创新平台，同步开展架构、能力、协议等方面的技术验证工作，共同探索绿色、高效、可落地的算力网络产品商业模式，为不同业务需求提供匹配的算网产品服务。

4. 主体责任仍未明确

目前，在整个算力网络体系中，算力提供者、网络运营者和服务使用者的责任边界划分较为模糊，模糊的责任边界可能会造成算力资源的重复使用，并影响算网产品的精准调度。算力网络中的算力资源来自不同的提供商，存在异构算力匹配难等问题；网络资源来自基础电信运营商，运营商网络之间深度融合受限、跨网资源调度困难、网络利用率和传输效率较低。随着算力网络的发展，应出台相应的规划与准则来进行责任划分，促使不同主体共同建设算力网络，支持算网产品在多领域的规模化示范应用，服务国家战略与重点行业领域，形成兼容可替代、自主可控、性能先进的一体化算力网络体系。

10.2 算力网络总体架构

10.2.1 算力网络的定义及内涵

算力网络是以通信网络设施与异构算力设施为基石，将数据、计算与网络等多种资源进行统一编排管控，实现网络融合、算力融合、数据融合、运维融合、智能融合以及服务融合的一种智能化新型网络。算力网络在发展过程中将以网强算，借助基础网络系统化优势，改变算力单点薄弱现状，有利于国家布局整体算力；同时也将以算促网，将算力调度的高需求转化为网络超宽带高智能发展的动力，有利于网络持续领先发展。高质量算力网络是数字经济蓬勃发展的有力助推器，将赋能千行百业的数智化转型，同时也是下一代互联网关键技术之一，将成为我国信息通信技术融合创新的重要方向。

10.2.2 算力网络总体架构

算力网络是多元异构、海量泛在的算力设施底座，通过网络连接形成一体化算网技术与服务体系，发展过程中应重点关注算网基础设施、算网编排管理和算网运营服务相关技术，同时应保证算力网络整体的高效集约、绿色低碳和安全可靠。因此，将算力网络概括为"3+2"多层架构，其中，"3"指基础设施层、编排管理层、运营服务层，"2"指算网节能和算网安全。算力网络总体技术架构如图10-1所示。

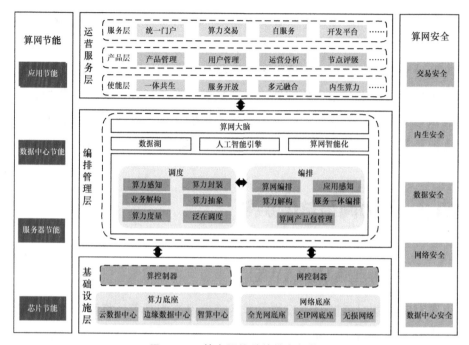

图 10-1　算力网络总体技术架构

基础设施层。这是算力网络新型一体化基础设施的坚实底座，包含算网服务的基本要素以及算网控制器。算力底座和网络底座构成算力网络的坚实底座，以多源异构的算力体系支撑愈加复杂化的业务需求，以超大带宽、超低时延的网络传输实现数据与泛在算力的连接。

编排管理层。这是算力网络的调度中枢，包含智慧内生的"算网大脑"，是承上启下支撑算网一体化服务的核心，主要包含算网统一编排、统一调度，以及基于数据湖和人工智能引擎的算网智能化模块支持。向上支持算网能力的统一开放，向下与各类算力和网络基础设施要素协同联动。

运营服务层。这是算力网络的服务和能力提供平台，在需求端对一体化资源统一分配，实现各类算力设施及网络设施算力接入、交易及共享，实现算网产品的一体化服务供给，使用户享受便捷的"一站式"服务和智能无感的体验。同时作为算力网络的服务端口，通过向用户提供高效、泛在的精细化服务，全面应对各行各业数智化转型场景及各类算力业务消费需求，实现算力网络的经济价值。

算网节能。算力网络在发展过程中需要始终秉持绿色低碳理念，注重芯片节能、服务器节能、数据中心节能、应用节能，减少从算力产出到算力应用全环节的碳排放量。

算网安全。安全是算力网络的重中之重，围绕数据中心安全、网络安全、数据安全、内生安全和交易安全，构筑"高可靠、高信用、高可用"三位一体的算力网络安全体系。

10.2.3　关键技术分析

在算力方面，多样异构算力、存算一体、在网计算、空天地一体等算力技术研究是其重点方向，同时通过层次化的算力度量评价体系，形成标准可量化的算力度量模型，实现分布式算力调度，赋能算网数据感知，实现算力节点的有效算力实时上报等技术是需要重点突破的关键领域。

在网络方面，以全光网络为底座，网络协议、网络架构、网络模型等方面集约化发展技术是其重点方向，全面提升网络对计算的感知能力，实现"云、网、边、端"的融合连接是需要重点突破的关键技术。

在编排管理和运营服务方面，协同数据、网络、计算等各类资源实现统一管理、调度和编排，综合多种服务场景进行运维建模，形成典型场景化的运维模型；融合人工智能、大数据、区块链等技术，打造具有意图感知、数字孪生等自主学习能力的智能中台，研发算网大脑等技术是其重点。

在绿色安全方面，从芯片节能、服务器节能，到数据中心节能，再到应用节能，由产出到应用，逐层递进的节能技术是算力网络绿色节能重点研究方向，算力网络安全体系搭建是安全方面需要重点突破的核心内容。

10.3　算力网络的发展阶段分析

为了满足未来社会对信息处理的巨大算力需求，实现"网络无所不达、算力无所不在、智能无所不及"的愿景，依据基础电信运营商、互联网厂商及设备厂商对算力网络各项技术的积极探索研究，算力网络的演进将经历3

个阶段，即从算网协同逐步走向算网融合，最终发展为云网一体。

随着云边算力趋向泛在化，网络更加扁平化、灵活化、服务化，算力网络走向算网协同阶段，通过对业务、算力资源和网络资源的协同感知，将业务按需调度到合适的节点，实现对算网资源的统一编排、统一运维、统一优化，最终实现算网共弹共缩。随着边缘计算、云计算和人工智能的大力发展，算力已经无处不在，网络需要为"云–边–端"算力的高效协同提供更加智能的服务，形成统一的算网控制大脑，计算与网络将深度融合，迈向算网融合的新阶段。随着"云–边–端"三级算力全泛在、空天地一体网络全互联，网络资源和计算资源将实现全面融合新形态，算力网络最终将走向云网一体阶段，算网共进，提供新服务、打造新模式、培育新业态，真正解决算网融合问题，实现在网计算、云上计算、算网一体共生。

10.3.1　算网协同阶段

算网协同阶段，物理层面上数据中心与网络设施协同建设发展，算力和网络开始布局，并在运营等方面协同发展，通过算控制器和网控制器实现算网资源互调，提供算网"一站式"服务。

本阶段算力资源内涵进一步扩大，除云端算力外，还包含一切可利用的网络可达的"云–边–端"算力设施所提供的算力资源，多样异构算力资源进行全面感知。网络可基于不同场景下的流量学习获得最佳的流量转发及控制策略，网络传输及调度能力均得到极大提升，并实现云间互联。通过对应用、算力等资源进行全面感知，将服务调度到合适的边缘网络进行计算。本阶段是算力网络的起步阶段，算网协同阶段的核心是"协同"，算力和网络协同供给、协同编排、协同运营和"一站式"服务。

10.3.2　算网融合阶段

算网融合阶段，在对算力和网络进行全面感知的基础上将多方算力与网络进行融合，面向协同推理、区块共识等位置分布式计算场景，将算力任务与数据的调度协同增强，以实现网络与算力的融合共生，服务未来网络各种新业态。

算网融合阶段应具备端到端业务开通以及可视、可管、可控能力，需要跨越组织、业务、运维、运营、应用等进行全局规划。本阶段是算力网络发展的第二阶段，算网融合阶段的核心是融合，融合应用形成数字连续体，有统一的算网大脑，实现算力和网络的融合运营、智能编排、统一服务等特性。

10.3.3 云网一体阶段

云网一体阶段，算网设施在协议层面一体共生，全社会算力资源被广泛纳入算网体系，并在此基础上形成泛在多方算力交易平台，同时网络通过内生算力进行自身算力升级，可直接为客户提供服务。

本阶段算网的边界被彻底打破，形成算网一体化基础设施，为用户提供包括算力、网络、管理、运营、数据等多技术要素融合的一体化服务。此阶段主要关注的是算力网络的服务能力，将对算网数智等多要素能力进行深度融合，通过自动感知用户意图，提供种类丰富、类型弹性多样的算网产品，开创算力网络服务新模式。本阶段是算力网络发展的第三阶段，作为算力网络的成熟阶段，其核心是"一体"，包括一体化供给、一体化运营、一体化服务。

10.4 算力网络评估体系

在需求与政策的双重驱动下，全国各地及行业头部企业大力推进算力网络技术、基础设施建设及产业应用的发展。为全面梳理、客观评价我国算力网络发展状况，对我国算力网络拥有更科学、具象的认识，本节将结合算力网络发展阶段特征和重点影响因素，构建我国算力网络发展评估体系，客观评价我国算力网络发展水平，助力我国算力网络健康有序发展。

10.4.1 评估体系需求分析

1. 衡量算力网络发展程度

在算力网络建设过程中，建设与运营主体不同、使用的技术手段及能力不同，都将使算力、网络及算力网络的调度与融合朝着不同的方向进行建设与发展，算力网络的发展阶段和发展程度也因此呈现不同的态势。通过构建统一的算力网络评估体系，将算力网络的发展分阶段进行研究，根据算力网络所处的阶段，多层次、多维度地选取具体评估分析指标，以此来评估和衡量算力网络的发展状态。统一的算力评估体系，可为第三方评估算力网络提供指引，获得更为真实、准确的评估结果。并借助评估体系形成对算力网络的一致性标尺，帮助运营商、算力供应商明确自己的发展阶段，并助力其对未来的发展方向进行合理的规划与预测，全面支撑我国算力网络健康有序发展。

2. 指引算力网络规划的设计

现阶段，算力网络涉及多个技术领域，业界各方对算力网络的理解并不一致，导致算力网络的规划和设计面临交叉领域的理论研究难和技术攻关难等诸多挑战。通过构建统一的算力网络评估体系，将算力网络的发展分阶段进行研究，可以助力业界各方对算力网络的理解达成一致，衡量确认业界关注的算力网络关键技术特征，为算力网络的行业应用提供理论基础支撑，指引算力网络各发展阶段的规划和设计工作，从源头上减少算力网络发展过程中可能出现的矛盾，保障算力网络高质量发展。

3. 引导算力网络运营和服务

算力网络服务运营的实现是通过整合调度不同位置、不同类型的算力资源，为用户提供成本最低的一体化算网服务，将服务模式从"资源式"转变为"任务式"。算力网络服务运营的目的是向上提供算力网络的开放服务能力，全面接管算力资源、网络资源，通过网络实时感知用户的算力需求以及自身的算力状态。在算力网络运营和服务过程中，服务架构及相关技术的可行性需要进行评估验证。构建统一的算力网络评估体系，可以综合评估算力网络的运营和服务现状，为用户提供评估算力网络服务的标准，同时也可以帮助运营商、算力供应商明确其算力网络运营和服务的发展现状，明晰问题所在，从而引导算力网络运营和服务的正确发展，更好地为用户服务。

10.4.2 重点评估方向

通过分析算力网络发展 3 个阶段的特征，结合算力网络的整体架构，得出算网协同、算网融合、云网一体阶段分别在算力网络总体架构中涉及的重点技术层面，为后续分析各个阶段重点评估方向奠定基础。各发展阶段涉及的算力网络技术层面见表 10-1。

表 10-1　各发展阶段涉及的算力网络技术层面

重点 技术层面	算网协同阶段	算网融合阶段	云网一体阶段
基础设施层	√*	√*	
编排管理层	√*	√*	√*
运营服务层		√*	√*

注："√*"表示规划建设重点

1. 算网协同阶段

根据算力网络总体技术架构来看，算网协同阶段主要涉及架构中的基础设施层和编排管理层。该阶段的特征主要包括算网协同编排调度、多样算力布局、网络高效互联等。算网协同阶段主要特征及技术特点如图 10-2 所示。

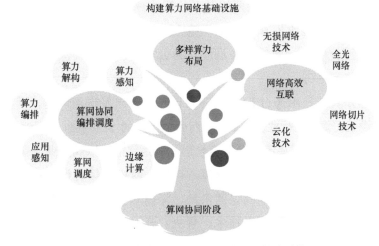

图 10-2　算网协同阶段主要特征及技术特点

（1）算网协同编排调度

通过算网控制器对云、边等分布式算力进行统一纳管，实现多云之间、云和数据中心之间、云和边缘之间的一体化资源调度；通过网络控制器对接跨域、跨专业的连接网络，实现网络端到端连通，实现跨行业、跨地区、跨层级的算力资源调度。算网协同编排调度需要用到算力感知、算力解构、算网编排、算网调度、边缘计算等技术。

算力感知。首先，通过异构硬件设备对算力进行度量与建模，从而实现现场 GPU、FPGA、CPU 等异构资源统一描述。其次，需要对不同算法所需的算力进行度量，根据用户需求映射为所需算力资源，使网络充分感知用户的需要。在此基础上，需要搭建算力路由层，对网络、计算等多维资源进行感知通告，实现算网协同调度。算力路由层包括算力路由控制面和算力路由转发两种技术。算力路由控制面通过对算力节点信息通告和生成算力拓扑来建立算力感知路由表，按照业务需求进行算力调度。算力路由转发通过 IP/SRv6 扩展增强来实现网络感知应用等功能。最后，通过算力管理，对算力和网络进行管理与监测。

算力解构。通过算网统一编排，将应用的大量功能组件分为多个部分，在不同的计算节点进行（预先提供各类网络应用的任务分解方案）。因为与整个任务需要的算力相比，子任务需要的算力低，通过拆分任务，将多级算力协同调度，可以更充分地利用网络节点的算力资源。

算网编排。通过收集算力信息，结合网络信息进行联合编排，之后将编排策略下发至控制器，完成业务调度，为公有云、私有云、算力及网络资源的统一调度奠定基础。

应用感知。该技术通过 IPv6 将应用信息及需求发送至网络，网络在收集到信息后调整资源，进行业务部署，从而保证应用的 SLA 要求。在边缘计算中，应用感知网络技术可以将流量分配至合适的网络路径，以满足业务需求。

算网调度。这是为客户提供计算、存储、网络一体化调度服务，打造算力基础设施与基础网络之间的协同供给，将需求分发调度至最优算力、最优网络路径，通过泛在计算调度技术，解决"云-网-边-端"四级架构融合演进中算力的有序构建和供给问题。

边缘计算。边缘计算是在靠近物或数据源头的网络边缘侧，融合网络、计算、存储、应用核心能力的分布式开放平台，就近提供边缘智能服务，满足行业数字化在敏捷连接、实时业务、数据优化、应用智能、安全与隐私保护等方面的关键需求，可以极大地降低用户接入网络内容和计算服务的时延，对提升网络性能、改善用户体验具有重要意义。边缘计算一般分为云边缘、边缘云和边缘网关3种主要形态。边缘云属于云服务的一种，为云服务在边缘侧的延伸，主要依赖于云服务或与云服务紧密协同，边缘云的原理是在边缘侧构建云服务能力。其管理调度能力主要由数据中心侧云服务提供，常见的车联网、MEC等都属于边缘云形态。边缘网关形态以云化技术重构原有的嵌入式网关系统。网关在边缘侧提供了边缘计算等能力，在云端控制器和端控制器提供边缘节点的资源调度、统一编排等相关能力。

（2）多样算力布局

算力基础设施布局从集中式走向分布式，在兼顾能源、气候、站址等多方面因素的考虑下，形成东西地域协同、"云–边–端"多级协同的算力布局。在多样算力布局中技术的主要特点是构建算力基础设施。

构建算力基础设施。多元化算力需求爆发，将促进算力基础设施规模大幅增长，算力基础设施主要由数据中心、智算中心、超算中心和边缘数据中心组成。在数据中心方面，从产业需求来看，数据量暴增，对数据中心的需求不断增长，5G、工业互联网、物联网、人工智能等信息技术与应用正在加速发展和布局。预计未来几年，我国数据中心产业仍继续保持高速增长趋势。在智算中心方面，随着人工智能算力需求的增加和新基建政策的推动，以AI服务器为核心的基础设施、提供AI算力为主的智算中心将随着人工智能技术日趋成熟，继续保持指数级增长的态势。在超算中心方面，随着产业升级和企业数字化转型加快，高性能算力需求不断旺盛，超算中心也将在"十四五"期间迎来发展新阶段。在边缘数据中心方面，随着制造业的信息化发展以及工业互联网建设推进，对于边缘算力的需求将日益迫切，边缘数据中心将成为算力基础设施未来市场增长的内生动力。

（3）网络高效互联

网络通信的性能对于算力的高效可扩展性发挥着更为重要的作用。网络基础设施以算力高效互联为目标完成架构升级，中心算力节点间骨干网互联，边缘节点间分支网络按需组网，实现算网布局协同。此阶段特征主要涉及无损网络技术、全光网络、网络切片技术、云化技术等。

无损网络技术。这是网络基础设施用以满足海量算力和海量数据高效存储需求的支柱，通过流量控制、拥塞控制、负载均衡等技术实现零丢包、低时延、高吞吐的网络环境，在协议包转发、响应时间、处理时间以及设备吞吐量等主要指标上有优异表现。通过无损网络的建设，算力、网络、存储才能相互匹配，协同发挥更大的作用。

全光网络。其使用光纤作为传输介质，具有传输距离远、速率高、衰减少、抗干扰能力强、生命周期长等特点，可提供可靠、快速、操作简易的网络服务。

网络切片技术。这是一种新型网络架构，在同一个共享的网络基础设施上提供多个逻辑网络，每个逻辑网络服务于特定的业务类型或者行业用户。每个网络切片都可以灵活地定义自己的逻辑拓扑、SLA 需求、可靠性和安全等级，以满足不同业务、行业或用户的差异化需求。在算力网络的发展过程中，运营商通过网络切片技术，将不同业务部署在不同切片中，按业务需求提供高度灵活的按需调配的网络服务，可以为交互和控制类业务提供确定性时延保证，同时降低建设多张专网的成本，提升运营商的网络价值和变现能力。

云化技术。通常采用 SDN 来控制平面和具体的网络设备解耦，使控制转发分离，SDN 是云化的重点。同时，NFV 也被用来解耦设备软/硬件，将所有物理网络资源虚拟化，允许网络在不添加更多设备的条件下增长。云间互联通常采用 SRv6，利用 SRv6 的可编程性实现算网信息协同，以实现控制面和数据面的多维度创新。SRv6 技术即 SR+IPv6，是基于 IPv6 转发平面的 SR 技术，其结合了 SR 源路由的优势和 IPv6 简洁易扩展的特质，具备可编程、易部署、易维护、协议简化的特点，应用领域从骨干网、城域网向数据中心网络逐步扩展，可以有效统一云内网络、云间网络、入云网络的承载协议，提供云网一体化网络的综合承载方案，满足新业务对 IP 地址规模扩展的需求，实现网络对多样化新业务的感知和智能传送。

2. 算网融合阶段

根据算力网络总体技术架构来看，算网融合阶段主要涉及架构中的基础设施层、编排管理层和运营服务层。该阶段的特征主要包括算力服务与业务建模、端到端服务、算网大脑构建等。算网融合阶段主要特征及特点如图 10-3 所示。

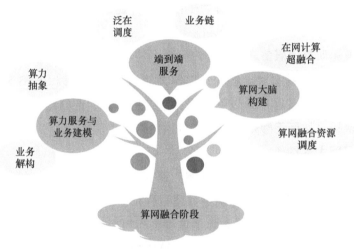

图 10-3　算网融合阶段主要特征及技术特点

（1）算力服务与业务建模

在将算力业务请求任务拆解后进行一体化编排的同时，通过算力抽象与业务解构技术，统一建模度量抽象算网能力，对算网能力进行原子化封装，实现综合业务和资源的统一调度。

算力抽象。该技术是通过对底层硬件设施的感知屏蔽，建立支持多种异构硬件开发的框架模型，对上统一编程标准，对下屏蔽硬件差异，使代码可以跨硬件架构开发、编译，提高了程序的灵活性，用户对开发无感知。

业务解构。该技术是基于运营商对全网状态的感知，将一个任务分解为若干个子任务，各个子任务可以分别在不同的算力节点上进行计算，实现各个计算节点间的协同。

（2）端到端服务

该服务是将人工智能、大数据等要素能力相融合，提供统一的、多维度的算网产品，保障端到端服务质量，用户无须关注资源的位置和形态，便可享受所需的算网服务。该服务需要采用泛在调度与业务链技术来实现。

泛在调度。通过算力感知功能获取网络中的算力资源信息（包括计算、存储、通信等资源），并通过对网络资源状态的监控获得链路信息。通过算力结构功能将用户的服务请求分解为子任务，并通过算力调度功能，规划部署方案，或对已有的部署进行调整。

业务链驱动算力服务。根据客户需要，将不同算力服务链接，结合 SRv6 技术，构建算力交易平台。各种生态算力将自己的服务以 SRv6 SID 形式在网络中进行注册，使客户通过购买服务来使用算力。而网络则通过业务链将算力服务链接，从而无感知地将服务提供给购买者。

（3）算网大脑构建

通过结合 AI 技术打造"算网大脑"来实现算网资源的统一纳管，服务灵活编排，实现算网资源互视和确定性质量保证。而算网大脑的构建与在网计算超融合以及算网大脑内融合资源的调度密不可分。

在网计算超融合的核心是将部分计算任务从主机侧迁移至网络侧，对交换机、DPU 处理卡等网络设备进行计算加速，从而优化网络性能指标。传统网络将计算任务与结果在节点间传输，而具有较强算力的异构网络设备可以协同进行轻量级计算任务，从而降低数据中心网络内部的网络流量。由于部分计算任务由网络侧完成而不需要发送至边缘处理，可以大幅减少时延以及任务的传输跳数。

为了实现算网融合资源调度，首先，需要分析算网物理资源拓扑与业务微服务模型的映射关系，构建面向业务需求与特征的算网资源优化问题。其次，需要对问题进行分解，通过降低变量的关联性来降低复杂度。根据其逻辑关联性确定优化方向以及整体方案的关联统一，从而实现最优配置。

3. 云网一体阶段

根据算力网络总体技术架构来看，云网一体阶段主要涉及架构中的编排管理层和运营服务层。该阶段的主要特征包括算网一体共生、多元融合、内生算力等。云网一体阶段主要特征及技术特点如图10-4所示。

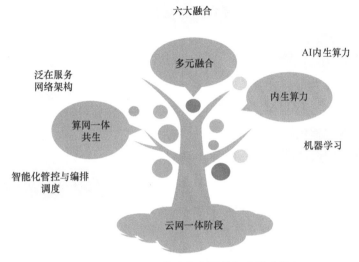

图10-4　云网一体阶段主要特征及技术特点

（1）算网一体共生

算网一体共生是指在协议层面实现一体共生，算力资源状态将被引入网络路由域，通过网络控制分发算力节点的算力、存储、算法等资源信息，并结合用户需求，提供最佳算网资源的分发、关联和调配。

泛在服务网络架构。该架构建立了归属无关机制，保证客户可以随时随地发出服务请求，以获取所需服务。同时引入统一的服务命名体系，打通应用和网络的统一分配和调度，从而提供优化的网络调度和服务质量。

智能化管控与编排调度。该服务标识由网络进行分配且在服务中保持不变。在数据面上客户通过携带服务标识发起连接请求，边缘算力节点根据服务标识选择最匹配的节点并进行资源编排，执行SLA策略。

（2）多元融合

将运营、管控、数据、算力、网络、协议这六大方面进行多元融合，使算力网络具备了综合服务的能力。

六大融合。运营融合提供了"云、算、网、安"的一体化运营平台，提供了一键式电商化服务；管控融合则将"云、算、网、安"协同编排，统一运维；数据融合则是将采集到的数据（例如配置数据、安全数据等）集中于数据池，构成数据中台；算力融合提供了算力管理、算力计算等能力，通过算力分配算法、区块链等技术实现应用与交易；网络融合形成了空天地海一体化通信；协议融合进行了端到端"IPv6+"协议融合，实现了"云-网-边-端"的协议融合。

（3）内生算力

内生算力是指通过 AI、机器学习等技术使网络节点具备内生的算力资源，可以直接为客户提供服务。

AI 内生算力。这是云网一体的关键技术。为了满足网络与行业对服务质量的要求，未来网络需要构建一套 AI 服务的质量评估与保障体系，并基于目标性能对功能、数据、资源等进行编排。为此需要进一步研究智慧内生技术，例如，数据 / 模型 / 资源的 API 设计、自动模型搜索与构建技术、流程编排自动更新技术等。此外，需要将 AI 内生算力与通信进行融合，其不仅用于网络性能、网络智能运维，也用于保障网络架构、功能、服务性能等。为了提升服务效率与资源利用率，还应对 AI 与网络进行联网优化。已有的研究包括 AI 模型信源与信道联合编码、分布式实时协作推理等。

机器学习。机器学习目前广泛应用于图像识别、语音识别等领域，也被应用于通信系统中。机器学习模型主要有黑盒法与展开法两类建设方法。黑盒法是将现存非通信领域的经典学习模型应用到通信领域，而展开法是针对现有通信模型进行展开重构模型。更新 / 部署机器学习模型的方法是内生业务部署，这种方法有利于保护模型内部结构。强化学习具有与环境交互从而提升决策准确度的优势，因此被应用于通信系统中，以降低环境变化带来的影响。应当注意的是，系统内推演时需要考虑不同单元以及不同层之间的标准化问题。对于机器学习的模型描述信息可以通过参数传递或内生的方式进行传递。在训练及推演数据时，最好使用来源于目前空口的数据，在必要时对其进行优化。

10.4.3　总体框架及指标体系建立

1. 评估体系研究框架

构建算力网络发展评估体系研究框架，助力算力网络发展评估。主要涵盖以下内容。"一个定位"为"以网强算，以算强国，形成算力网络评测体系，助力算力网络发展"；"五大层级"为算力网络总体技术架构的五大层级，作为评估算力网络六大特征影响因素提出的依据；"3+6"表示"三大阶段"和"六大特征影响因素"。总体来看，算力网络的发展分为 3 个阶段，即起步阶段（算网协同）、发展阶段（算网融合）和成熟阶段（云网一体），设定算力、网络、调度控制、融合服务、安全可控和低碳节能 6 个重要影响因素对算力网络发展的 3 个阶段能力进行综合评估；四大原则为一体高效、安全可信、绿色低碳和科学公正原则；"N 个技术评价点"表示整个算力网络评估体系中的多个技术特征，即算力感知、算力计量、算力编排、算力调度和算力交易等，通过技术点可以更好地确定算力网络在各个阶段的服务能力。算力网络发展评估体系研究框架如图 10-5 所示。

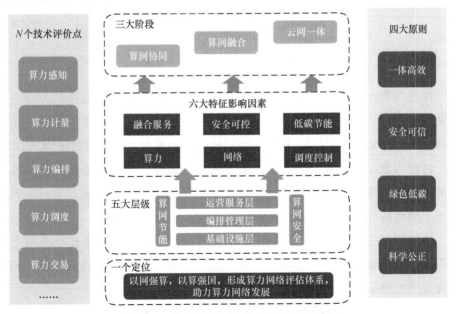

图 10-5　算力网络发展评估体系研究框架

2. 评估因素及关键技术特征选取

基于我国算力网络发展的分析,并综合相关机构和企业对算力网络发展及相关指标体系的研究,结合算力网络总体技术架构和算力网络发展各个阶段的技术特点、发展问题、未来趋势等内容,在充分征求专家意见的基础上,从融合服务、安全可控和低碳节能、算力、网络、调度控制 6 个维度选取关键技术特征建立我国算力网络发展评估体系,全面客观评价我国算力网络发展状况。算力网络发展评估因素如图 10-6 所示。

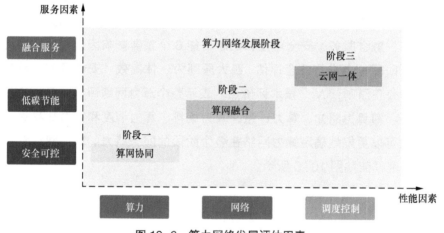

图 10-6 算力网络发展评估因素

性能因素一:算力。主要基于算力底座多样性、异构算力感知力等方面来衡量,主要评估通用计算、智能计算、超级计算、边缘计算等算力底座的多样性,以及 CPU、GPU、FPGA、DPU 等异构算力的感知和度量情况。

性能因素二:网络。主要基于基础网络可靠性、网络传输敏捷度、数据跨链传输性能等方面来衡量,通过考虑通信网络的质量和效率,可以从网络带宽、网络协议、网络加速和网络时延等方面进行评价。

性能因素三:调度控制。主要基于算力调度能力和算网编排能力两个方面来衡量,主要考虑算力和网络的衔接能力,可以从跨区域调度、多云间调度和算网大脑平台建设等方面进行评价。

服务因素一:融合服务。主要基于算力交易、弹性按需和算网产品 3 个方面来衡量，主要考虑算力网络的运营服务能力，从可提供的算力网络产品情况、算力交易平台建设等方面进行评价。

服务因素二：低碳节能。主要基于硬件设备节能能力和基础设施节能能力两个方面来衡量，通过考虑算力网络在各个阶段的节能低碳能力，可以从芯片节能、服务器节能、数据中心等基础设施节能和应用节能等方面进行评价。

服务因素三：安全可控。主要基于基础设施安全、数据安全和交易安全3个方面来衡量，通过考虑算力网络在各个阶段的安全保障能力，可以从设备自主可控选型、数据中心等基础设施安全能力、网络安全能力、数据安全技术体系建构等方面进行评价。

10.4.4　评估体系构建

在评估工作开展的过程中，按照科学的研究与分析方法，首先需要明确算力网络现状及所处的阶段，并依据上述建立的评估因素及关键技术特征对算力网络进行评估，得到我国算力网络发展评估体系。算力网络评估步骤如图 10-7 所示。

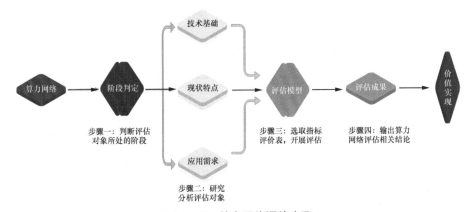

图 10-7　算力网络评估步骤

评估过程可分为 4 个步骤。

步骤一：判断评估对象所处的阶段。结合算力网络的整体技术架构，分析评估对象在总体架构中涉及的技术层级，判断评估对象所处的发展阶段。

步骤二：研究分析评估对象。分析评估对象的技术基础、现状特点、未来应用需求等内容。

步骤三：选取指标评估表，开展评估。根据评估对象所处的发展阶段，以及技术基础、现状特点、应用需求等分析结果，选取具体评估分析指标（详见表 10-2、表 10-3、表 10-4），形成算力网络评估指标体系，对评估对象开展具体评估。

步骤四：输出算力网络评估相关结论。依据评估结果输出评估对象各项技术特征的情况分析结论，可以为各地方、各企业推进算力网络技术产业发展、基础设施建设及算力网络应用提供参考。

表 10-2　算网协同阶段评估分析指标

	算力		网络			调度控制	安全可控			低碳节能	融合服务	
算网协同	基础算力提升	异构算力容器化	基础网络性能	网络基础设施建设	网络互联互通能力	算力分发能力	基础设施安全	网络安全	芯片、操作系统自主可控	绿色低碳数据中心（普及液冷等）	数据中心服务能力	网络服务能力
	算力规模 国产化算力占比 可调用算力占比 机架规模 算力节点数	含有的异构算力种类	时延 丢包率 抖动 带宽	网络加速能力 灵活组网能力 网络硬件兼容性 专网与互联网互通	网络切片 SRv6 全光网络	SD-WAN性能						

表 10-3　算网融合阶段评估分析指标

	算力		网络	调度控制	安全可控	低碳节能	融合服务	
算网融合	云化资源池能力	算力技术	网络能力	算网大脑构建	调度安全	算网节能能力	算力交易、打造算网服务产品	算力计费、一站式运营服务能力
	虚拟化技术	算力抽象能力 算力卸载能力 存算一体能力 异构算力互联能力	本地分流能力 QoS 服务能力 网络切片能力 带宽管理能力	统一应用编排能力 统一资源管理能力 跨域调度能力 感知能力 算网封装能力				

表 10-4　云网一体阶段评估分析指标

	算力		网络		调度控制	安全可控	低碳节能	融合服务			
云网一体	多样算力架构	算网融合技术	网络基础设施升级	确定性网络构建	云网一体平台构建	算网安全能力	算网节能能力	创新业务培育能力	一体化无感知服务能力	云网融合产品升级	一体化算力交易中心
	内生算力能力	算力路由在网计算	空天地一体化建设全光网络	应用感知能力确定性网络能力	泛在调度能力云网感知能力智能编排能力自主优化能力						

10.5　发展展望

通过对算力领域技术更新迭代路径进行深入研究，对算力网络未来发展趋势做出研判。

1. 算力网络发展加快，算网基础设施高质量发展

算力网络是实现算力服务泛在可达、灵活取用的重要途径，同时也是算力基础设施和网络基础设施融合创新发展的重要形态。当前，我国算力网络发展尚处于起步阶段，相关技术、运营机制及监管体制仍不完善，但算力网络是下一阶段我国信息通信技术发展的重要方向。在"东数西算"工程的背景下，以算网设施为基础，通过算力调度构建全国一体化算力网络，成为推动全国算力资源优化配置的关键。未来，以"东数西算"工程为牵引的全国一体化算力网络将逐步建成，并实现泛在算力的灵活高效调度。以推动算力网络高质量发展的目标为驱动，我国算力网络发展评估体系针对算力网络发展的不同阶段进行客观评价，为各主体算力网络的发展提供有效支撑。

2. 算网运营主体跨界发展，催生算网新业态

在当前算网市场中，网络由运营商管理，算力由运营商、云厂商及第三方服务商提供，云厂商及第三方服务商是重要的算力提供者，但不具备网络

运营能力，因此难以满足部分场景下的算力服务需求。运营商同时具备算网资源和发展算网融合的能力，但是其云服务能力与云厂商存在一定的差距，依靠自身力量发展算网融合无法为更多用户提供服务。在算力网络发展的各个阶段，算力网络建设主体将会加快合作协同，催生出更多新模式、新业态。运营商网络管理能力以接口形式得到部分开放，并获取更多算力市场。云厂商网络管理能力将持续加强，算网服务质量得以提升。第三方服务商将基于某特定服务场景业务需求提供定制化建设服务方案。在算力网络大发展背景下，多主体将会进一步合作协同，催生出算网融合、云网一体成熟的解决方案。

3. 明确应用场景，加强算网标准评估研制工作

当前，算力网络技术发展不成熟，且未形成技术标准及实际的产品服务，需要进一步明确算网应用场景，在此基础上开展政策、技术、标准、平台等研究将至关重要。在算力网络发展的各个阶段，需要联合算力网络各参与主体，共同制定相关标准，统一算网服务标准及相关接口标准，为算网资源高质量服务打下基础，支撑引导不同应用场景下的算力网络体系建设。当前制定的评估体系还处于起步阶段，为更好地匹配算力网络发展的各个阶段特点，迫切需要整合各方力量，有针对性地做好算力网络评估工作。并在建立健全算力网络评估体系基础上，着力开展集技术验证与应用创新为一体的评估测试工作，加速评估体系落地实施和产业应用推广，进一步促进算力网络创新发展。

参考文献

[1] 中国信息通信研究院，ODCC. DPU 发展分析报告（2022 年）[R].

[2] 吴美希，王少鹏，谢丽娜，王月. 边缘数据中心规划发展研究 [J]. 信息通信技术与政策，2020(6):25-29.

[3] 郭亮. 边缘数据中心关键技术和发展趋势 [J]. 信息通信技术与政策，2019(12):55-58.

[4] ODCC. 边缘计算技术白皮书 [R].

[5] ODCC. AI 应用对边缘计算的需求分析研究报告 [R].

[6] ODCC. 边缘计算架构及特征研究白皮书 [R].

[7] ODCC. 中国边缘计算产业生态研究与案例分析报告 [R].

[8] ODCC. 数据中心算力碳效白皮书 [R].

[9] ODCC. 新型电力系统背景下源网荷储一体化发展白皮书 [R].

[10] ODCC. 数据中心绿色设计白皮书 [R].

[11] ODCC. 绿色数据中心可持续发展能力提升指南 [R].

[12] 中国信息通信研究院, ODCC. 数据中心智能化运维发展研究报告（2023年）[R].

[13] 中国信息通信研究院. 中国第三方数据中心服务商分析报告（2023 年）[R].

[14] ODCC. 我国算力网络发展评估体系研究报告 [R].

致　谢

感谢所有为本书做出贡献的专家和单位。

团队将与产业界一道，持续进行政策支撑、技术研究、标准编制以及产业生态的共建，与算力产业发展携手同行。

《算力：筑基数字化竞争力》编委会

2023 年 12 月